谨以此书献给我的导师樊启荣教授

本书系2017年度教育部人文社会科学研究青年基金项目“责任保险法之现代转型及其制度重构”（17YJC820033）的最终成果。同时受中央高校基本科研业务费专项资金（18CX05029B）、中央高校基本科研业务费“托举计划”专项（22CX04006B）资助

# 责任保险法之现代转型及其制度重构

刘玉林 著

法律出版社
LAW PRESS·CHINA
北京

图书在版编目(CIP)数据

责任保险法之现代转型及其制度重构 / 刘玉林著
. -- 北京 : 法律出版社, 2022
ISBN 978 - 7 - 5197 - 6418 - 0

Ⅰ. ①责… Ⅱ. ①刘… Ⅲ. ①责任保险 - 保险法 - 研究 - 中国 Ⅳ. ①D922.284.4

中国版本图书馆 CIP 数据核字(2022)第 017092 号

责任保险法之现代转型及其制度重构
ZEREN BAOXIANFA ZHI XIANDAI ZHUANXING JIQI ZHIDU CHONGGOU

刘玉林 著

策划编辑 似 玉
责任编辑 似 玉
装帧设计 汪奇峰

出版发行 法律出版社
编辑统筹 法律应用出版分社
责任校对 朱海波
责任印制 刘晓伟
经　　销 新华书店

开本 A5
印张 8.125　字数 190 千
版本 2022 年 7 月第 1 版
印次 2022 年 7 月第 1 次印刷
印刷 北京新生代彩印制版有限公司

地址:北京市丰台区莲花池西里 7 号(100073)
网址:www.lawpress.com.cn
投稿邮箱:info@lawpress.com.cn
举报盗版邮箱:jbwq@lawpress.com.cn
销售电话:010 - 83938349
客服电话:010 - 83938350
咨询电话:010 - 63939796


书号:ISBN 978 - 7 - 5197 - 6418 - 0
定价:48.00 元

凡购买本社图书,如有印装错误,我社负责退换。电话:010 - 83938349

# 序

在保险的谱系中，责任保险是一个相对“年轻”的险种，只是于19世纪末所谓“不道德”或“不合法”的质疑声退潮，并被视为“社会必需品”之后，方于20世纪开始普遍流行起来。其作为一个新兴的第三方保险，与传统的财产损失保险之第一方保险相较，显得十分特别且复杂：责任保险涉及三方当事人——受害人、被保险人和保险人，而不是双方当事人——被保险和保险人；责任保险涉及两个法律问题，即被保险人对受害人的民事侵权责任和保单承保的范围及其有效性，而不是一个法律问题，即保单承保的范围及其有效性，而且在实践中，与保单承保的范围相比，被保险人对受害人的民事侵权责任是一个更难证明和裁决的问题。另外，就保险价值于保险契约订立技术上具有限制保险金额之功能以观，于财产损失保险中极为重要的保险价值之概念，对责任保险并无任何意义可言。责任保险上述“异质性”所导致的疑虑在于：我国现行《保险法》将关于责任保险之第65条、第66条规定，置于“财产保险合同”章节之下，是否妥当？以传统的损失填补之保险法理来架构责任保险，是否会扞格不入、相互龃龉？如此诸端，乃本书作者研究之缘起。

本书作者主要运用法史学分析、比较法分析以及目的功能解释等研究方法，考察了德、美等责任保险先进国家或地区之立法例、判例及其学说，梳理了责任保险百年史中“三阶段”演进历程，总结了现代责任保险之“双重功能”及其发展趋势，即对受害人“有正当理由”之损害赔偿请求权予以满足以及对“无正当理由”之损害赔偿请求权予以抗辩防御，推导出现代责任保险之法本质为“诉讼保险”。从而，现代责任保险已经脱离了100多年前原初之历史风貌，进化为不同于财产保险之“特种保险”，具备了以下独立的理论体系与运作模式：责任保险之给付内容呈“二元结构”：“责任脱免给付”与“抗辩防御给付”，前者针对合理的理赔请求之情形，保险人向受害人给付而使被保险人从责任负担中“脱免”，为第三方保险；后者针对不合理的理赔请求之情形，保险人为被保险人抗辩防御并负担必要费用，为第一方保险。被保险人请求权为“不利益地位豁免请求权”，即从“受索赔请求之不利地位”中解脱，其本旨并非“金钱给付”请求权，而是“恢复原状给付”请求权。责任保险保险事故之时程性问题，“损害事故发生”与“受索赔请求”两个时间在理论上均具可采性，学理上分别称为“事故发生基础制”与“索赔请求基础制”；鉴于各种损害事故之差异性，立法论并无必要统一地锁定于“受请求之时”，应留给当事人契约自由，以应对“长尾责任”之需，为实务运作保留弹性的空间；被保险人请求权消灭时效之起算点，应因基础制不同而有异，但事故发生之通知义务则均具“两回性”，即损害事故发生之时与受请求之时均应通知保险人，以利于保险人及时应对抗辩防御。基于以上基本结论与观点，本书作者草拟《保险法》关于责任保险规定之修改建议稿，期能对未来修法有所参酌。

与已有的责任保险法议题相关研究成果相较，本书之新意主要在于，着眼于责任保险三方当事人所构成的法律关系之特质，力求三方当事人之间的利益衡平；并非仅着重受害人之保护，而沉湎于赋予受害人直接请求权之谜思。换言之，责任保险突出特征在于保险人、被保险人和受害人之间的“三方博弈”，因此，一个设计良好、运作效率高的责任保险法，应当竭力寻求三方主体的利益衡平。被保险人从受请求之不利地位中豁免，确保其财务安全与心境安宁；受害人优先地、排他地、独占地从责任保险金受偿，确保其损害能确实获得赔偿；保险人掌管诉讼和解以防范道德危险，避免责任成本之不当扩张与行政成本之不必要的支出，维护危险共同体成员之利益。这正是现代责任保险法制理论与制度所应当秉承之理念与努力追求之目标。在任意责任保险中，受害人保护之方式只需将被保险人请求权之内容，转化为请求向受害人给付而脱免责任，除去其“金钱给付债权”之色彩，并建构配套措施即为已足；实无赋予受害人直接请求权，以突破“债之相对原则”所衍生分离原则之必要，以维护私法原理之统一性与价值一贯性。基于上述，有理由相信本书堪称保险法领域一部新的学术力作。

本书作者自2010年9月考入中南财经政法大学法学院，在我的指导下攻读硕士和博士学位。在6年求学期间里，其作为核心成员参与了我主持的国家社会科学基金项目，撰写和发表了多篇阶段性研究成果，充分展现了其学术潜质和能力。她不仅天质聪颖、知性优雅，而且具有山东人豪气果决的气质。尤其是作为女生，勇于超越自我、不断进取，实属难能可贵！自2016年6月博士毕业到中国石油大学(华东)任教以来,先以博士论文为基础申报教育部2017年人文社科研究青年基金项目并获批准立项,后又顺利晋升副教授职称。作为其导师,为她的进步与成就倍感欣喜。兹值本书付梓之际,以庄子之名言寄语作者:丘山积卑而为高,江河合水而为大。

是为序。

樊启荣　谨志

2022年2月27日于保险法研究所

# 前　言

现代责任保险已逐渐演变成“诉讼保险”，显示出诸多不同于传统财产保险之特质。但是，遗憾的是，《中华人民共和国保险法》（以下简称《保险法》）中有关责任保险的规定，并未体现到责任保险的“异质性”特征，而是将其规定在“财产保险合同”中，利用传统财产保险理论和具体制度解决责任保险问题，致使实务中争议不断，问题迭生。在现代责任保险转变为“诉讼保险”背景下，系统而深入地研究现代责任保险法的基本理论及其制度构成，对于进一步推动责任保险法之现代化、健全保险法之体系、规范责任保险实务之经营，具有重大的理论与实践价值。

本书除导论和结论与建议外，主体内容包括五章，分别从责任保险之源流及现代法本质、权义结构、给付义务启动、防御义务履行以及我国责任保险法之审思与前瞻五个方面展开。

第一章考察责任保险之源流并探究现代责任保险之法本质。观诸域外，责任保险共经历了三个阶段的发展：第一阶段责任保险目的在于保护被保险人，性质为第一方纯粹损失填补保险；第二阶段责任保险目的在于保护受害第三人，性质为第三方“责任”保险；第三阶段责任保险目的又重新回归保护被保险人，性质为第一方和第三方保险的合并。在演变过程中，现代责任保险逐渐彰显出“诉讼保险”之法本质，其功能除损失填补外，还包括权利保护。责任保险演变成兼具“诉讼保险”之法本质的形态，不仅可以从理论上回避分离原则之缺失，简化责任保险法律关系，而且可以更好地化解矛盾纠纷，实现社会安宁和谐。

第二章阐释现代责任保险权义结构之“二元性”。从被保险人给付请求权入手，依据现代责任保险发展趋势、责任保险缔约目的、损失补偿原则等角度，论证“不利益豁免请求权”理论之正当性，该请求权包括对正当请求的“免责请求权”和对不正当请求的“防御请求权”。与之相对，责任保险保险人的给付义务除免责义务外，应扩张包括防御义务。

第三章厘清责任保险保险人给付义务之启动。保险人何时履行给付义务，换言之，即责任保险的保险事故何时触发。本章从责任保险事故之特殊性、保险事故学说发展角度出发，论证“受请求说”的正当性。责任保险事故的“延伸性”特质决定了事故认定的困难性；在学说发展过程中，责任保险事故认定时点从“时间上的后置型”推移到“时间上的前置型”，“受请求说”主流地位得以确立。此外，保险人给付义务的履行需要依赖被保险人通知义务之行使，为使保险人更好地履行给付义务，被保险人需要在“事故发生”和“索赔发生”时履行“二次”通知义务。

第四章探讨责任保险保险人防御义务之履行。从基本理论、履行标准、利益冲突情形及解决方式、法律后果四个方面展开。保险人的防御义务包括抗辩义务与和解义务，它们属于保险人的法定义务，其理论基础是诚实信用原则和权利不得滥用原则。保险人防御义务履行标准应当采用“形式说”，只要受害第三人起诉或赔偿请求落入保单承保范围，保险人就应履行防御义务。保险人履行防御义务时，在承保范围、索赔金额、防御律师、专家责任保险等方面，均会与被保险人产生利益冲突。保险人一旦违反防御义务，那么他就需要承担丧失抗辩控制权和履约请求权等失权后果，以及负担被保险人防御诉讼的必要费用与和解金额等损害赔偿。

第五章分析和构建我国现代责任保险法制。我国《保险法》虽经历四次修法，但有关规定仍显落后，与现代责任保险立法精神仍有差距，迫切需要立法予以再造。首先，由于责任保险的基本构造、法理基础以及具体制度均有别于一般财产保险，因此，应将责任保险独立于财产保险合同。其次，对于保险人是否可以参与索赔流程，尽管实务中约定保险人有参与权，但我国《保险法》并没有予以规定，更何况保险人具有防御义务。未来修法时，我国责任保险的权义结构应选择“免责请求权——免责义务”和“防御请求权——防御义务”之“二元论”，增加保险人防御义务之规定，要求保险人在被保险人接到受害第三人赔偿请求时，协助被保险人进行防御。为保障保险人防御义务的完美履行，我国《保险法》应增加责任保险被保险人通知义务之规定，要求被保险人在“事故发生”和“索赔发生”时履行“二次”通知义务。

最后作出观点总结，并试完善我国现行相关规定及立法的修改建议稿。

# 目录

# 导 论

“这是一个危机四伏、充满损害的社会。”①德国著名社会学家贝克教授曾对中国社会的现状作出这样的判断：“当代中国社会因巨大的变迁正步入风险社会，甚至将可能进入高风险社会。”②在风险社会背景下，保险成为国家治理不可或缺的重要工具。2014年8月10日，国务院颁布的《国务院关于加快发展现代保险服务业的若干意见》（国发〔2014〕29号）（以下简称国十条）将保险业服务国家治理体系和治理能力现代化作为立足点，文中指出：“发挥责任保险化解矛盾纠纷的功能作用。”这表明，我国政府开始从国

① 王泽鉴：《侵权行为》，北京大学出版社2009年版，第3页。

② 薛晓源、刘国良：《全球风险世界：现在与未来——德国著名社会学家、风险社会理论创始人乌尔里希·贝克教授访谈录》，载《马克思主义与现实》2005年第1期。

家治理的战略高度来思考发展责任保险，毋庸置疑，这将为我国责任保险业带来强大的发展动力。“赔偿的需求开启了责任保险的时代。”①现在的责任保险已非昔日吴下阿蒙，其已发展成为财产保险中的重要组成部分。

我国责任保险发展的外部环境已经具备，但总体来看，我国责任保险业的创新能力和创新意识仍然不强，根本无法满足国家治理体系和治理能力现代化以及经济社会发展的强烈需求。其中之缘由：一方面缘于我国责任保险法制发展缓慢，未能符合现代责任保险的先进发展趋势，致使人们对其需求萎靡；另一方面缘于理论上对责任保险的认识不清、不详，致使其仍停留在传统责任保险的认识上，无法发挥责任保险快速化解矛盾纠纷的作用。韩非子云：“法与时转则治，治与世宜则有功。”任何一种法律制度，只有紧跟时代步伐，不断扬弃、改造和更新，才能展现其真正魅力，保持其活力。为使我国责任保险法制符合国家治理体系和治理能力现代化的需求，顺应国际先进发展趋势，实现我国由保险大国向保险强国转变，责任保险需要“苦修内功”，加大创新力度，进行法制之再构造。

法国著名比较法学者勒内·达维德曾言：“比较法有助于更好地认识并改进本国法。”②运用比较法，能够更好地追踪先进国家或地区责任保险业的步伐，实现我国保险法规范体系和理论构建的现代化。观诸国外责任保险的百年发展，责任保险已发展成为人们广泛重视的一项业务，尤其是在发达国家，责任保险已然成为保险公司的重要业务种类，并且构建了独立的运作系统和理论体系。在责任保险业发达的国家或地区，无论是隶属英美法系的美国，还是隶属大陆法系的德国，责任保

① Ivar Strahl, *Tort Liability and Insurance*, 3 Scandinavian Studies In Law 202 (1959).

② ［法］勒内·达维德：《当代主要法律体系》，漆竹生译，上海译文出版社 1984 年版，第 11 页。

险皆已从“纯粹损失填补保险”发展为“诉讼保险”。责任保险除具有消极填补被保险人责任损失的作用外,还具有积极发挥权利保护的作用,即保险人为被保险人积极努力地抗辩,以尽量减轻或免除被保险人可能承担的赔偿责任,并将被保险人从纷繁复杂的诉讼程序中解放出来,确保其心境之安宁。这是现代责任保险的发展趋势,也是被保险人购买责任保险的根本目的之所在。为实现此目的、顺应现代发展需要,已有诸多国家进行责任保险法制之重建,更有甚者,在相关法律规范中单独列出“责任保险”之章节,对责任保险具体制度根据现代化趋势进行立法规范,2008 年的《德国保险合同法》为典型代表。

令人遗憾的是,我国责任保险法制及理论研究依然滞后,无法顺应现代责任保险之先进发展趋势,进而阻碍责任保险化解矛盾纠纷功能之发挥。

首先,我国责任保险法制落后,难以反映现代责任保险的发展趋向。我国《保险法》于 1995 年颁布实施时,即有责任保险制度相关规定,但仅有两个条文。在短暂的二十几年的发展历程中,《保险法》经过了 2002 年、2009 年、2014 年和 2015 年四次修法。2002 年修正《保险法》时并未对责任保险制度进行完善,其仍仅有两个条文三款规定;在 2009 年修订《保险法》时,对保险合同法部分进行了大幅修改,些许欣慰的是,此次修订也对责任保险规定稍有修改,在原来两个条文三款规定的基础上增加了两款规定。[①] 2014 年和 2015

① 我国 2009 年《保险法》第 65 条第 2 款和第 3 款是此次修法时新增加的内容,第 1 款和第 4 款的规定是 1995 年和 2002 年《保险法》中存在的内容,一直未进行修改。第 65 条第 2 款规定:“责任保险的被保险人给第三者造成损害,被保险人对第三者应负的赔偿责任确定的,根据被保险人的请求,保险人应当直接向该第三者赔偿保险金。被保险人怠于请求的,第三者有权就其应获赔偿的部分直接向保险人请求赔偿保险金。”第 3 款规定:“责任保险的被保险人给第三者造成损害,被保险人未向该第三者赔偿的,保险人不得向被保险人赔偿保险金。”

年两次修正《保险法》时,责任保险规定均未有改动。之后,2018 年最高人民法院《关于适用〈中华人民共和国保险法〉若干问题的解释(四)》(以下简称《保险法司法解释(四)》)第 14 条至第 20 条对责任保险的司法适用问题进行了详细解释。这些专门规定责任保险的条文,能否解决责任保险面临的问题,值得探究。

从我国 2015 年《保险法》的规范来看,责任保险仍规定于第二章第三节"财产保险合同"中,责任保险属于财产保险范畴,应当适用关于保险的一般规定和有关财产保险的规定。但是,有许多以具体物为保险标的的财产保险规定与理论,不能适用于责任保险。如责任保险事故发生是否仍以意外事故的发生为时点;保险事故发生后,责任保险被保险人如果按照一般财产保险的规定履行出险通知义务,通知义务之目的能否实现;责任保险被保险人的请求权性质仍为"金钱给付请求权",该请求权能否涵盖现代责任保险的权利保护功能;除保险金给付义务外,责任保险人是否还需履行其他义务等。诚如我国著名保险法学者邹海林教授所言:"保险和财产保险的基础理论奠定了责任保险的发展基础,但责任保险的基础理论尚难以被保险和财产保险的基础理论包含。责任保险是否能够而且有无必要建立自己独立的基础理论体系?这倒是一个十分有趣的问题。"①

其次,我国责任保险理论之研究更是局限于对传统责任保险之认识上,虽有零星的、破碎的对某项制度的现代化研究,如责任保险保险人抗辩义务、受害第三人直接请求权制度、责任保险事故发生标准等,但是,系统的研究仍然欠缺,现代责任保险之本质和全貌仍未得以揭示。在责任保险已经高度发达的时代,以传统的纯粹损失

---

① 邹海林:《责任保险论》,法律出版社 1999 年版,第 2 页。

填补保险为基础所建构的财产保险规范，应当随着责任保险的发展增加符合实益的内容，如转变责任保险权义结构、增加保险人防御义务等。

总之，我国对现代责任保险法制的整体理论研究是滞后的，责任保险具体制度的构建更是未能体现现代责任保险的发展趋势。对责任保险具体制度应如何进行现代构造研究的欠缺，终将影响我国责任保险的稳定发展。因此，为导正责任保险之经营，健全责任保险业之发展，从法学的角度来看，完善责任保险法制仍是我国《保险法》立法不容忽视的重要课题。

# 第一章　责任保险之源流及现代法本质

责任保险是一种“年轻”的保险，发展至21世纪20年代，仅有几百年的历史。在这几百年的发展过程中，责任保险逐渐摆脱传统的损失填补保险的阴影，发展成为一种“变异”的财产保险形式。现代责任保险已呈现出诸多传统损失填补保险所不具有的特性，需要进行理论的归纳和总结。本章从责任保险目的和功能的历史演变切入，分阶段进行详细阐述，逐渐呈现现代责任保险的法本质，并从理论和实践两个层面对其进步意义进行论证。

## 第一节　责任保险之历史嬗变

责任保险作为一种“年轻”的保险，是脱胎

于传统的损失填补保险而逐渐发生“变异”的现代险种。现代责任保险已形成和发展了诸多传统损失填补保险所不具有的理念，需要进行理论上的总结。德国著名法学家鲁道夫·耶林曾指出：目的是一切法的缔造者。不过，目的是多种多样并相互竞争的，它们随着历史和社会文化的变化而变迁。① 庞德认为，可以用历史的方法处理法律目的的研究问题，可以对那些有关法律目的的观念在法律律令和法律准则中的发展过程进行研究。② 从法律史的角度考察法律的目的，比较方便的做法是考察法律目的的观念在各个法律发展阶段的演变。

## 一、萌芽阶段：责任保险合法性之争及其肯认

保险制度曾因给人们带来福祉而受到褒奖，也因诱发邪恶而饱受鞭挞，责任保险制度也概莫能外。责任保险诞生之时，其合法性备受质疑。例如，法国一个商事法院在1844年以责任保险能够助长行为人的不注意、违背公序良俗为由判决该险种无效。③ 在美国，责任保险合同的效力问题普遍受到人们的责问，甚至法官在判决中认为责任保险违背侵权法遏制事故发生和公平目标实现的愿景，因此，违背了社会公共政策的要求。④ 但是，随着责任保险逐渐重视保护受害第三人及社会公众之利益，其合法性也逐渐被认可。

### （一）责任保险之缘起

凡是一个制度形成并盛行于世，必有其来龙去脉和合乎这个时

---

① 参见［德］伯恩·魏德士：《法理学》，丁小春、吴越译，法律出版社2003年版，第60页。

② 参见王婧：《庞德：通过法律的社会控制》，黑龙江大学出版社2010年版，第110～111页。

③ 参见刘士国：《现代侵权损害赔偿研究》，法律出版社1998年版，第28页。

④ 参见文才：《论完善我国的责任保险法律制度——兼论责任保险对侵权行为法的影响》，西南交通大学出版社2010年版，第15页。

代的背景。“责任保险虽然盛行于今日，但其最初不过是海上保险契约中的一个约款而已，该约款规定船主对于船长或其他船员的不法行为之损害所负担的责任或由于船舶碰撞的结果对第三人负担损害赔偿责任由保险人负赔偿之责。”①因此，责任保险最初并非独立的保险，其是附属于海上危险而附加存在的，并无特殊的地位，此为责任保险之萌芽。责任保险能够发展成为独立的险种，其渊源是多方面的，下文从法律、经济两方面进行详细阐述。

1. 法律方面：民事法律责任之存在

责任保险既然名为“责任”保险，必然与法律责任关系密切，这种法律责任主要是民事责任。倘若没有有关的民事法律制度作为基础，民事赔偿法律责任就无从谈起，进而也就不会有以此为保险标的的责任保险的产生，人们也不会有这样的保险需求。所以说，责任保险的产生以民事法律责任的存在为前提。

按大陆法系国家学者的通说，责任保险在19世纪初叶创始于法国。法国于1804年3月21日正式颁布实施《法国民法典》（后人也称之为《拿破仑法典》），在这部法典中，首先规定了损害他人身体或财产者必须承担赔偿责任。不仅如此，法国还制定了《矿害责任法》（1841年）、《劳工赔偿法》（1898年）及《航空事故法》（1924年）等特殊责任法，确立了无过错责任，相应地，赔偿责任不断扩张。由于法律责任风险的存在，法国便率先开办了责任保险，建立了责任保险制度。在法国建立责任保险制度后不久，德国也仿效法国开办了责任保险。德国于1884年颁布实施《劳工伤害保险法》，推行工业

① 庄修文：《责任保险之研究》，中国台湾地区中华文化学院法律研究所1976年论文，第1页。

事故社会保险制度,使工业事故的无过错责任得以落实。[①]

责任保险虽最早于法国创办,但真正的发达地是在英、美。19世纪中叶后,责任保险在欧美国家的许多领域开始实施。英国责任保险的产生较早,发展较为迅速。沃顿(Warden)保险公司在1875年签发了第一张有记载的公众责任保险单。[②] 同年,还出现了马车第三者责任保险,专门承保因使用马车而引起的赔偿责任。英国责任保险真正滥觞于《雇主责任法》(Employer's Liability Act),该法于1884年公布后,使保险制度发展为另一新的形态,即承保由于雇主的过失行为而对受雇人依法应负的损害赔偿责任。英国第一家雇主责任保险股份有限公司即于此时成立并开始营业,并于1886年在美国设立分支机构,[③]这也使美国的责任保险事业在1887年以后愈见成长,在1889年美国自己创办了承保雇主责任保险业务的公司。[④]

由此而知,民事法律责任与责任保险具有相互平行的关系,责任保险的产生过程可由民事责任的形成与发展进行探索。

2. 经济方面:工业革命分散责任风险之需要

在18世纪以前,因为各国社会形态仍以农业为重心,法律责任的形态与相关规定仍有限,人们主要通过财产保险来保护个人或企业的资产,并无责任保险的需求。到19世纪后半叶,随着工业化国家的发展,侵权行为的态样与发生频率增加,工业损害问题日益严

---

① 参见郭宏彬:《论责任保险的法理基础——"责任保险危机"的解读与克服》,中国政法大学2010年博士学位论文,第27页。

② See W. I. B. Enright, *Professional Indemnity Insurance Law*, Sweet & Maxwell, 1996, p. 83.

③ 参见郑功成:《责任保险理论与经营实务》,中国金融出版社1991年版,第2页。

④ 参见郑功成:《责任保险理论与经营实务》,中国金融出版社1991年版,第2页。

重，诸如大量的工业事故、交通事故、环境污染、产品致人损害等，给社会大众造成不可预见的损害。可以说，工业生产在为社会创造财富的同时，也给社会带来比以往任何时候更多、规模更大的危险。除此危险之外，因工业危险造成损害的赔偿责任，往往会超越侵权人的经济能力；同时，受害第三人能否得到足够的赔偿，也依赖于侵权人的经济能力。所以，这种损害与赔偿之间的不确定性，无疑也是一种危险。在理性与法治社会中，对于危险事故，一般大众不再将其视为上天惩罚而逆来顺受。如何降低这些危险所造成的经济损失，成为管理危险的重要工作。毋庸置疑，责任保险成为解决这个问题的最佳方式。大量客观存在的民事损害危险和人们转移危险的需求，是责任保险产生的基础。总之，随着工业革命的快速发展，社会生活的日趋复杂，人们接触不安全因素的可能性随之增加，有意无意中对他人造成损害的概率增加，人们开始通过投保责任保险来保护自己的利益。为了满足工业革命带来的赔偿风险的分散需求，责任保险应运而生。19 世纪末，几乎所有与工业社会有关的责任保险形式都已经发展起来。

由上述内容可知，由于民事法律制度的发展与社会发展的进步，责任保险得以产生并发展。虽然相较于已有 600 多年历史的海上保险，责任保险属于产生较晚的保险险种，但是，责任保险在保险业中的地位是很高的。有学者曾言："保险业发达与否是衡量一个国家经济水平的尺度，责任保险又是衡量整个保险业发展水平的尺度。"①

（二）责任保险合法性之质疑

在 19 世纪初期，许多国家都曾经禁止责任保险合同的销售。可

① 郭宏彬：《论责任保险的法理基础——"责任保险危机"的解读与克服》，中国政法大学 2010 年博士学位论文，第 2 页。

以说，责任保险的发展历经曲折，绝非一帆风顺。民众普遍认为，责任保险会助长道德危险，且与法律要求的“公平正义原则”不符；责任保险使个人承担责任的意识淡薄，会助长犯罪行为和危险公共利益行为的产生。①

1. 违反社会公共道德

所谓公共道德，是旨在维护公共秩序的道德规范。公共道德源于人的社会属性，为了生存和发展，人们需要依赖公共活动和社会交往。为了有秩序地进行公共活动和社会交往，公共道德准则的建构是必不可少的。所以，有违社会道德的行为应受到法律的制裁，对行为人科以必要的责任。正因如此，有人认为，如果人们在社会交往和活动中只要花费一点儿费用（在这里指保险费），就可以让别人对他违反公共道德的行为埋单，这可能亵渎社会公共道德准则，公共道德也有可能因此而丧失。而公共道德的丧失又会导致社会凝聚力的涣散，市场效率降低、风险增大的现象发生。② 按此逻辑，加害人如果将其侵权行为的后果通过预先支付保险费的方式转嫁给保险公司，就逃避了法律上的责任；而保险公司约定给予加害人利益的责任保险合同，即属于违反公共道德（公序良俗）的合同，因而应为无效。

2. 鼓励犯罪

反对责任保险的意见认为，责任保险通过分摊机制使被保险人仅需要花费一点儿保险费就能实现法律责任风险的社会化，也就意味着其能实施某些被“保险”的侵权行为而无须对之承担不利益的法律后果，这必然会降低违法犯罪的成本，减弱行为人必要的注意

---

① 参见尹田：《中国保险市场的法律调控》，社会科学文献出版社 2000 年版，第 394 页。

② 参见许飞琼：《责任保险》，中国金融出版社 2007 年版，第 38 页。

义务，纵容人们违法犯罪，因此是反社会的。这些担心在今天也仍然存在，有学者曾言："为医师提供过失损害赔偿责任保险，医生会在诊疗过程中更加不负责任和草率、鲁莽行事，助长医疗过失的增加。"①

3. 削弱民事责任的惩罚和遏止功能

传统侵权法重视个人责任，追求"损失转移"，在此基础上实现侵权法的价值与功能。侵权行为法主要功能之一即在于对不法行为的"吓阻"及对行为人的"报应"，要求侵权行为人履行损害赔偿责任并处罚他们。当代美国著名法学家哈罗德·J. 伯尔曼先生认为："法律必须被信仰，否则它将形同虚设。"②但是，责任保险的存在却使损害赔偿责任由保险公司转嫁给社会，实际侵权行为人并未负担责任。这一认识从根本上动摇了"谁侵权谁承担责任"的古训，违背侵权法的公平原则，也与惩罚功能不符，因为"'惩罚'的中心理念是人们须为其不轨行为'付出代价'"。③ 此外，责任保险将被保险人从承担责任的枷锁中解脱出来，这在某种程度上削弱了侵权法应有的抑制功能。诚如有学者所言："因责任保险之目的旨在填补被保险人（加害人）因赔偿被害人所致之损害，加害人既可借由责任保险而减免其责任，原本加害人所被要求之注意，势将因此而松懈，原本责任法规范之吓阻效果，亦将因此而减低。"④甚至有学者认为，民事责任制度会因为责任保险的进一步发展而消失，民事责任将被责任

---

① 戴庆康：《英国医生互助性责任保险评述》，载《南京医科大学学报（社会科学版）》2003 年第 1 期。

② ［美］伯尔曼：《法律与宗教》，梁治平译，三联书店 1991 年版，第 28 页。

③ ［美］迈克尔·D. 贝勒斯：《法律的原则——一个规范的分析》，张文显等译，中国大百科全书出版社 1996 年版，第 172 页。

④ 林群弼：《保险法论》，台北，三民书局 2006 年版，第 502 页。

保险代替,特别是侵权领域的民事责任。①

(三)责任保险合法性质疑之回应

争议自责任保险产生之日起一直持续到20世纪中后期。在产生之初,对责任保险存在的忧虑,其实体现了人们对责任保险的不信任。在分析任何事物时,绝不能只看事物的一个方面,而应当一分为二。没有任何一个法律制度的设计是十全十美的,多少都会存在缺陷,甚至有些缺陷是法律制度根本无法避免的。比如,针对不法行为,没有任何法律制度能够彻底遏制它的发生。随着人们对责任保险功能的深入认识,发现它既可以提高被保险人履行赔偿责任的能力,使受害第三人遭遇的损失得到补偿,又可以稳定社会生产和生活,此时对于责任保险的质疑才逐渐销声匿迹。事实上,对责任保险合法性的质疑也是站不住脚的,②理由如下:

第一,对故意造成损害的行为,责任保险的保险人是绝对不会负责的,这就回应了责任保险能够"鼓励犯罪行为"的质疑。在经营责任保险业务时,保险人就明确表示责任事故必须具备意外性,对于人们在日常生活或工作、经营、生产中因发生意外事故导致的经济赔偿责任,保险人只是充当组织者,让这些责任由全社会分担。实质上,是由全体可能成为加害人的被保险人承担了被保险人的经济赔偿。

第二,只有被保险人承担的民事赔偿责任,保险人才会予以承担。倘若被保险人的行为同时构成了刑事犯罪,他应负刑事责任,不可能因有了责任保险就得到减免。从法律观点看,民事赔偿和刑事责任是不能相互替代的。所以,责任保险并未削弱侵权责任对违

---

① 参见樊启荣:《责任保险与索赔理赔》,人民法院出版社2002年版,第30页。

② 参见郑功成:《责任保险理论与经营实务》,中国金融出版社1991年版,第7~8页。

法行为的惩戒作用。

第三，在实际生活中，因为投保责任保险而导致被保险人注意程度降低，从而导致损害事故发生的情形，并不常见。如果人们有意降低注意程度并给他人造成损害，那么，他不仅会遭受相应的法律制裁，而且会遭受伦理道德的谴责。从自身声誉出发，任何一个理智健全的被保险人都是不希望事故发生的。在事故发生后，虽然保险人能够代替被保险人进行赔偿，但是，被保险人社会信誉的丧失和可能遭受的营业中断，保险人是无法负责的。例如，医生因为误诊造成病人伤亡，那么，即使保险人代替该医生赔偿了病人的损失，可能也不会再有人找该医生看病就诊。此外，没有任何证据显示是由于存在机动车责任保险而致使交通事故增多，或者医师职业责任保险致使医疗事故增加，等等。所以，责任保险不会对公共道德的建设造成损害。

第四，从被保险人角度看，责任保险可以帮助被保险人分散经济上的不利益，填补被保险人的自身损失。从受害第三人角度看，责任保险通过提高被保险人的赔偿能力，从而使受害第三人可以及时获得救济。所以，责任保险能够同时保障被保险人和受害人第三人两方的利益，并且具有安定社会的特殊功能。如前文所述，对加害人的不法行为，民事责任制度应该具有遏制和惩戒等作用，但是，这些作用必须建立在受害人能够得到充分补偿的基础之上。倘若对于受害人的损害，加害人并没有能力承担，那么，民事责任制度也就没有什么意义。一言以蔽之，民事责任制度的最主要目的在于填补受害人的损害。因此，能够提升填补损害功能的所有制度，都应该得到肯定。被保险人填补损害的能力因为责任保险的存在而得到提高，这有助于民事责任制度目的的实现，应该得到肯定。

综上所述，责任保险因为可以帮助被保险人分散损害赔偿责任,所以产生之初,其合法性受到严重的质疑和诘问。但是,随着人们深入认识责任保险后,它逐渐得以承认,并已发展成为人类管理责任风险必不可少的重要制度。可以说,在当代风险社会中,责任保险之于企业和个人,就如电力一样不可或缺。

## 二、第一阶段:第一方纯粹损失填补保险之皈依

19世纪末至20世纪初,被视为责任保险发展的第一阶段。此阶段责任保险的学说与理论的中心,着眼于被保险人和保险人两者之间的保险关系,目的在于保护被保险人,主要功能在于填补被保险人的实际金钱损失。在保险法学理上,责任保险与一般财产保险无异,仍为纯粹损失填补保险,理赔原则为"无损失,无理赔"。

### (一)传统责任保险之定性:第一方损失填补保险

责任保险发展之初,仍被当作和一般财产保险一样,为纯粹的第一方损失填补契约(contract of indemnity),其所填补者,为法律课以侵权行为人因其负担责任需为给付损害赔偿金额支出之义务。① 此阶段责任保险的基础理论,未能体现出第一方财产保险和第三方责任保险的差异,仍停留在第一方财产保险的认识上。

1. 第三方保险与第一方保险之差异

依据保险标的性质与承保的风险类型,损失填补保险能够分成两类:第三方保险(third party insurance)和第一方保险(first party insurance)。在实务中,第一方保险与第三方保险存在众多差异,归纳而言,主要表现在以下几个方面。

(1)保险金额归属不同。在第三方保险中,最终得到保险金额的是第三方,而非被保险人,被保险人仅仅在名义上是保单的受益人;而在第一方保险中,被保险人是真正的保单利益获得者。在第

---

① 参见林建智、李志峰:《论责任保险人之抗辩义务——以美国发展为重心》,载《东吴法律学报》2011年第2期。

三方保险中，保险事故发生后，保险人往往会将金钱支付给受害第三人（或他的律师），而无须经过被保险人之手；而在第一方保险中，由于除被保险人和保险人之外，并不涉及第三人，所以，在保险事故发生后，因被保险人的财产或人身遭受损失，故被保险人获得保险金额。

（2）保险费用是否变动不同。在第三方保险中，保险费用并不随着保险标的的价值变动，事实上它也是不能这样做的。因为在第三方保险中，被保的是潜在的法律责任，不可能提前知道这种责任是什么。[①] 比如，不论你驾驶的是劳斯莱斯汽车还是破旧的货车，你对受害第三人造成的损害赔偿责任可能是相同的；而在第一方保险中，劳斯莱斯汽车的所有人需要比一辆破旧货车的所有人支付更多的钱来投保，这是理所当然的，因为两种汽车的价值相差悬殊，保险费用自然不同。

（3）是否以过错为根据有所差异。不像第一方保险，第三方保险几乎完全是以过错为根据的，这是由它的本质所决定的。在第三方保险中，受害第三人向被保险人索要损害赔偿金，他必须证明被保险人存在过错。尽管现在已经存在无过错责任等归责原则，但是不能否认的是，在许多过错案件中，受害第三人之所以无法得到赔偿金，是因为受害第三人无法证明伤害的发生是被保险人的过错引起的。此外，证明过错不仅大大削减了保险范围和保险效用，并且大大增加了费用。在大部分的第一方保险中，几乎不需要律师，如在人寿保险中，根本无须律师证明死亡事实。但若是要进行第三方索赔，没有律师的援助几乎是不可能的。众所周知，律师是不可能被廉价聘来的，所有的职业服务都是昂贵的，而律师服务可能更贵。所以，第三方

---

① 参见［英］P. S. 阿蒂亚：《“中彩”的损害赔偿》，李利敏、李昊译，北京大学出版社 2012 年版，第 95 页。

保险因以过错为根据,需要比第一方保险支付更多的费用。

(4)承保范围不同。相比于第一方保险,第三方保险承保更广泛类型的伤害和损失。对痛苦与创伤以及愉悦丧失的损害赔偿是额外索赔类型中的主要例子,这种索赔可以在第三方保险中提出。比如,从太平财产保险有限公司医疗责任综合保险条款来看,精神损害赔偿被纳入保障范围,在“赔偿处理”章节第 29 条规定:“……对于被保险人依法应当承担的精神损害赔偿,保险人的赔偿金额以本保险单明细表中列明的医疗责任每次赔偿限额的 30% 为限,并计算在每次赔偿限额之内。……”由此而知,在第三方保险中,精神损害赔偿可以被提出,但该赔偿不能在第一方保险中提出。

(5)是否具有强制性不同。第一方保险都是可选择的,投保人是否投保是自愿的,法律不可进行强制。但在第三方保险中,有些责任保险是法律强制投保的,如机动车强制责任保险。

2. 传统责任保险性质之误识:第一方保险

从合同的缔约双方来看,与其他财产保险一样,责任保险也是由被保险人和保险人签订的一份协议,约定保险人在被保险人遭受损失时进行相应的赔偿。但在第三方保险的责任保险中,损失是指特定类型的法律责任,而在第一方财产保险中,损失是指被保险人自身实实在在的特定财产损失。“责任保单保险人对被保险人提供承诺,担负被保险人因承保风险而产生的‘责任’;而补偿保单保险人必须赔偿被保险人卸除相关责任后的‘损失’,保险标的分别为责任与损失。补偿保险契约与责任保险契约两者之差异为补偿被保险人对受害第三人之赔偿支付为保险人涉入前之必要,而责任保险契约并无如是要求。”①

---

① 饶瑞正:《以英国法论海上保险先付后偿条款之适用暨其可能之对应方法与影响——兼论该条款于我国法之适用及保险法第 94 条》,载《保险专刊》1999 年第 58 辑。

在责任保险产生之初,人们并未认识到责任保险契约与补偿保险契约的差异,认为责任保险的保险标的并不是"法律责任",而是被保险人的一般财产。在此认识下,有学者曾言:"寻求补偿之人于要求补偿前必须先行支付之,亦即为要求补偿之人于寻求补偿损失前,必须先有遭受该损失之事实。"①被保险人无损失,保险人不承担保险给付责任。由此而知,传统责任保险与一般财产保险性质并无不同,仍为第一方纯粹损失填补保险。

(二)保单条款主导下责任保险之运行

在上述认识下,传统责任保险的理赔原则仍为"无损失,无理赔"。被保险人只有因实际向受害第三人履行赔偿责任而遭受金钱损失后,保险人才会进行损失填补。在责任保险实务中,为了贯彻上述理赔原则,保险合同中通常包括这样两个条款:先付后偿条款和非诉条款。

1. 先付后偿条款(pay to be paid)

所谓先付后偿条款,是指被保险人须先行支付承保风险所致的损失费用于受害第三人或卸除责任后,才有权向保险人求偿。② 先付后偿条款的规定,是保险法损失补偿原则的充分体现,因为虽然被保险人对其给受害第三人造成的损失承担赔偿责任,但在赔偿之前,此种赔偿责任并未使被保险人产生已然的损失,只有被保险人对受害第三人赔偿后,该损失才真正发生。依此见解,被保险人向受害第三人支付费用或履行责任是其向保险人求偿的先行条件,先行条件一般被描述为"履行之次序",也即一方的履行可能是另一方

---

① 饶瑞正:《以英国法论海上保险先付后偿条款之适用暨其可能之对应方法与影响——兼论该条款于我国法之适用及保险法第94条》,载《保险专刊》1999年第58辑。

② 参见[英]M. A. 克拉克:《保险合同法》,何美欢、吴志攀等译,北京大学出版社2002年版,第148页。

责任的先决条件。“先决条件可比喻为电灯的开关,开关一开即先决条件满足后,电灯才会亮即保险人的责任才产生,反之亦然。”[①]受害第三人未获得实际支付即构成被保险人违反先决条件,保险人可拒绝履行保险契约规定的补偿责任,一直到被保险人支付给受害第三人为止,保险人的补偿责任才产生。

在责任保险发展初期,大量责任保险合同有“先付后偿条款”之规定,其主要目的在于避免发生被保险人在收到保险金后,未向受害第三人进行支付而是挪作他用的情况。诚如有学者所言:“如此不致发生被保险人领受保险金后,反不向第三人赔偿之情事,借以保护受损害的第三人,俾其所受之损害,确实得到填补。”[②]

2. 非诉条款(no action clause)

非诉条款也被称为“不得诉讼条款”,是指在依照法院判决或者协议确定的金额进行实际赔偿而遭受金钱损失之前,被保险人不得起诉保险人。[③]“法律理论上有资格获得损害赔偿金并不意味着实际上你会得到这笔钱。”[④]如果被保险人无足够资力赔偿受害第三人,那么受害第三人的利益可能无法得到救济。被保险人因为未赔偿受害第三人而遭受损失,也无法向保险人请求保险金的给付。正如美国著名保险法学者约翰·F. 道宾所言:“受伤害的第三方甚至在获得对被保险人的胜诉后也不能直接对保险人提起诉讼。更有甚者,被保险人在赔偿第三人的判定债务之前,不能对保单提起诉讼。如果被保险人碰巧破产而无力履行判决,那么第三方不能对保

---

① 饶瑞正:《以英国法论海上保险先付后偿条款之适用暨其可能之对应方法与影响——兼论该条款于我国法之适用及保险法第94条》,载《保险专刊》1999年第58辑。

② 郑玉波:《保险法论》,台北,三民书局1998年版,第147页。

③ See John F. Dobby, *Insurance Law*, West Publishing Co., 1981, p. 133.

④ [英]P. S. 阿蒂亚:《“中彩”的损害赔偿》,李利敏、李昊译,北京大学出版社2012年版,第74页。

单提出主张。”①

(三)小结:第一阶段理论存在之不足

历史经验已经表明,如果责任保险被定性为第一方纯粹损失填补保险,固守“无损失,无理赔”原则,保险人不仅可以“隐身于”受害第三人和被保险人侵权诉讼的背后,导致保险理赔迟滞且效率低下,而且在被保险人无偿付能力时,被保险人和受害第三人都不能从保险中获得任何保障,有失公平。美国著名保险法学者约翰·F.道宾教授曾一针见血地指出:“立法最先攻击的领域之一是受害第三人、被保险人与保险人之间的不公平。既允许被保险人对保险人缴纳保险费,保持责任保险的发展趋势,又允许保险人隐藏在侵权被保险人不能清偿的盾牌之后,对第三方受害人的判定债务不予赔付,在这些情况下,受害人和被保险人都没有从保险中获得任何利益。”②

**三、第二阶段:第三方“责任”保险实至名归**

20世纪初至20世纪80年代,被认为是责任保险发展的第二阶段。在此阶段,责任保险着眼于保险人与受害第三人之间的直接关系,主要目的在于保护受害第三人,其积极功能在于优先赔偿受害第三人的损害,消极功能在于帮助被保险人避免因侵权行为带来的不利后果。在保险法学理上,强调了责任保险不同于一般财产保险的特质,确定了“有责任,即理赔”的原则。从法学角度审视,第二阶段责任保险的合法性受到普遍认同,故责任保险是由法律主导运作的。在大陆法系国家,如1908年《德国保险合同法》,1930年《法国

---

① [美]约翰·F.道宾:《美国保险法》,梁鹏译,法律出版社2008年版,第166页。

② [美]约翰·F.道宾:《美国保险法》,梁鹏译,法律出版社2008年版,第167页。

保险合同法》;在英美法系国家,如美国各州的保险成文法,1930 年英国《第三方(对承保人的权利)法案》等。

(一)责任保险称谓之辨正:第三方保险

责任保险原本只是被保险人为了保护其自身免受经济损失而寻求的风险管理工具。责任保险缔结之初,并未顾及受害第三人的利益。20 世纪,随着工商业的进步与保护第三人法益思想的发展,责任保险制度的机能开始转变并逐渐呈现出新的态势,除保护被保险人的目的之外,日益重视保护受害第三人的利益。诚如有学者所言:"责任保险之设计,已自原来保障要保人法律责任下之损失,而走向直接保障社会受害人立场。"[①]此时,责任保险摆脱了第一方纯粹损失填补保险的阴影,回归第三方"责任"保险的本质,获得其"名实相符"的内涵。

发展初期的责任保险主要功能在于填补被保险人的实际金钱损失,这种认识实难与责任保险之名相符。不同于第一阶段,第二阶段的责任保险所着重者,已从填补被保险人履行赔偿后金钱的损失,往前移至在被保险人和受害第三人的损害赔偿责任确定后,保险人代替被保险人给付保险金给受害第三人。换言之,责任保险的主要功能正逐渐由"填补被保险人因承担损害赔偿责任而导致的金钱损失"改为"填补受害第三人所遭受的损害"。[②] 对此,有学者曾言:"责任保险已从填补被保险人遭受的金钱损失,转变成补偿被保险人对受害第三人的责任。"[③]"责任保险,即以被保险人对于第三者

---

① 王卫耻:《实用保险法》,新北,文笙书局 1981 年版,第 321 页。

② 刘宗荣:《新保险法:保险契约法的理论与实务》,中国人民大学出版社 2009 年版,第 346 页。

③ James M. Fischer, *Broadening the Insurer's Duty to Defend: How Gray v. Zurich Insurance Co. Transformed Liability Insurance into Litigation Insurance*, 25 U. C. Davis Law Review 141 (1991).

负担损害赔偿责任时,为损害填补之目的者也。"[①]

责任保险与纯粹损失填补保险,虽然同为损失发生的保障,但两者有所差异。前者被保险人没有实际给付的损失,只要依法应负损害赔偿责任,保险人即应对被保险人给付保险金;后者则在被保险人因进行实际给付而遭受损失后,方可向保险人请求赔偿。正如学者所言:"责任保险目的系保障受害第三人,因此保险人应负责被保险人对第三人之法律责任,而非填补被保险人在法律赔偿系所受之损害。"[②]由此而知,第二阶段责任保险摒弃了填补被保险人实际损失的理念,其终极目的在于保护受害第三人的利益,经法院判定或者三方主体协商确定责任后,保险人就需对受害第三人给付保险金。

综上所述,在第二阶段责任保险的内涵中,已加入照顾受害第三人的公益性目的。责任保险由保险利益演变为责任利益,而非被保险人特定的利益或财产,保险标的为被保险人对受害第三人的损害赔偿责任。这一转变表明:在相当程度上,人们已经逐渐认识到责任保险属于第三方保险,并非属于纯粹损失填补保险,第三方"责任"保险实至名归。

(二)传统保单条款之改进

19 世纪末期,为了维护被保险人的利益,责任保险开始成为一种保护性设计,而到了 20 世纪则成为旨在保护受害人的一种社会政策工具。[③] 为了实现保护受害第三人权益的目的,责任保险转而坚持"有责任,即理赔"的原则,即"保险人进行理赔并不是由于被保险

① 孔涤庵:《保险法》,商务印书馆 1936 年版,第 12 页。

② 王卫耻:《实用保险法》,新北,文笙书局 1981 年版,第 213 页。

③ 参见[德]格哈德·瓦格纳:《比较法视野下的侵权法与责任保险》,魏磊杰、王之洲、朱淼译,中国法制出版社 2012 年版,第 117 页。

人自己的财产损失，而是由于被保险人对他人人身或财产的潜在责任。”[①]为了贯彻该原则，避免“先付后偿条款”及“非诉条款”之适用带来偏惠于保险人的后果，各国在保单条款中均约定有以下两个条款。

1. 替代给付条款

责任保险第二阶段理论之演进着重在保护受害第三人的利益，各国立法例要求保单中规定“替代给付条款”，废止“先付后偿条款”。如1908年《德国保险合同法》第149条规定：“在责任保险中，要保人基于在保险期间内所引起对第三人应负责任的事由所进行给付，保险人有义务补偿。”保险人“替代给付”能够更好地满足受害第三人救济的需求，因为一个享有责任保险而无须自掏腰包的责任人，无疑比一个没有责任保险因而不得不对所造成的损失自掏腰包的责任人具有更好的财务状况。特别是在被保险人无资力负担损害赔偿责任时，受害第三人的赔偿利益不能通过民事责任制度实现，却可以通过被保险人的责任保险实现。

责任保险确定的“替代给付”与纯粹损失填补保险的“给付金钱”有相当大的区别。假设一个受害第三人获得了一项针对被保险人的判决，但被保险人除一份责任保单外没有任何财产，那么就可能产生这样的情形：由于法庭判决的赔偿无法执行，所以被保险人并没有遭受任何损失，因而根据损失填补原则，责任保险保险人的责任将得以免除。但是，这种推理肯定不是社会所期望的。可是，依据纯粹损失填补保险的“给付金钱”原则就会明显出现上述的问题。在“替代给付条款”下，当责任确定时，责任保险就开始生效，被保险人根本无须自掏腰包，保险人会代替被保险人向受害第三人赔

---

① ［美］约翰·F. 道宾：《美国保险法》，梁鹏译，法律出版社2008年版，第27页。

偿,而不论被保险人是否发生实际损失。由此而知,在责任保险中,“替代给付条款”可以更好地保障受害第三人的权益,不管被保险人是否遭受经济损失。

2. 直诉条款

所谓“直诉条款”,也称受害第三人直接请求权条款,指受害第三人可直接向被保险人为免于负担损害赔偿责任而投保责任保险的保险人,请求给付责任保险金。

“禁止直接诉讼的条款,不仅意图使保险人推迟履行其责任,还意图在相同的条件下,使受害第三方迟延行使其对保险人提起直接诉讼的权利。用来为普通公众提供保险性保险金的大规模责任保险,包含上述先决条件,以限制被保护的阶层中特定成员追求快速的、现实的、充足的赔偿之诉的权利,在这个被公众安全风险所困扰的现代世界中是不切实际的。”①因此,为了保护受害第三人的权益,保单条款纷纷废止“非诉条款”。正如有学者曾总结:“责任保险已逐渐从保护被保险人的手段发展成为保护受害人的手段。这种系统性的变更由强制责任保险和直接请求权的确立所引发。”②直诉条款不仅是保险实务改良的方向,同时,也是责任保险立法例的改进方向,只是各国的规定并不相同。

第一种立法例模式,仅在特殊责任保险中规定直接请求权,如德国。在德国保险法制中,明文赋予受害第三人的直接请求权始出现于1965年所制定的汽车强制责任保险中,其在第3条第1款中规定:“第三人,在保险人依保险关系之给付范围内,及当保险人之给

① ［美］小詹姆斯·A. 亨德森等:《美国侵权法实体与程序》,王竹、丁海俊等译,北京大学出版社2014年版,第615页。

② ［德］格哈德·瓦格纳:《比较法视野下的侵权法与责任保险》,魏磊杰、王之洲、朱淼译,中国法制出版社2012年版,第217页。

付义务不存在时，于第四款至第六款之范围内，得对保险人行使损害赔偿请求权。保险人应以金钱为损害赔偿。”

第二种立法例模式，在一般责任保险中规定直接请求权，但仅在条件成就时，受害第三人才享有此权利，代表国家为英国。英国1930年《第三方（对承保人的权利）法案》第1条明文规定：“当一个人（1）就第三方产生的责任进行了保险；（2）自己破产或与债权人达成和解协议或安排时，因对第三方承担责任而享有的对承保人的权利‘移转授予第三方’”。由此而知，在英国，受害第三人直接请求权的行使存在诸多限制条件。首先，受害第三人仅在被保险人出现清算或破产的情形下，才能向保险人行使直接请求权。其次，“移转授予第三方”的表述说明，保险人可以以对抗被保险人的理由来抗辩受害第三人的直接请求权，受害第三人往往只是代替被保险人，即处于被保险人原来的地位。“第三方所得的就是过错者所有的保险”①。

第三种立法例模式，在强制责任保险和保险法中均规定受害第三人的直接请求权，如我国台湾地区立法例的相关规定。在我国台湾地区，受害第三人的直接请求权早在1998年实行的“强制汽车责任保险法”中就已规定。我国台湾地区“强制汽车责任保险法”第28条规定：“被保险汽车发生汽车交通事故时，受益人得在本法规定之保险金额范围内，直接向保险人请求给付保险金。”而后于2005年对其进行修正，删除第28条的规定，在第7条中规定直接请求权，其规定：“因汽车交通事故致受害人伤害或死亡者，不论受害人有无过失，请求权人得依本法规定向保险人请求保险给付或向财团法人汽车交通事故特别补偿基金请求补偿。”在2001年修正“保险法”之

① ［英］M. A. 克拉克：《保险合同法》，何美欢、吴志攀等译，北京大学出版社2002年版，第146页。

前,直接请求权制度并未在"保险法"中出现,直至1998年实行的"强制汽车责任保险法"明文赋予受害第三人直接请求权后,我国台湾地区在2001年修正"保险法"时才对此有所规定,其第94条规定:"保险人于第三人由被保险人应负责任事故所致之损失,未受赔偿以前,不得以赔偿金额之全部或一部给付被保险人。被保险人对第三人应负损失赔偿责任确定时,第三人得在保险金额范围内,依其应得之比例,直接向保险人请求给付赔偿金额。"

由上述各个国家或地区的立法例可知,受害第三人享有的直接请求权,依据责任保险的不同性质,如是商业责任保险抑或是强制责任保险,而有不同的规定。一般而言,在强制责任保险中,受害第三人享有的直接请求权往往是无条件的直接请求权;在商业责任保险中,一般无直接请求权的规定,即使有,也是有条件的直接请求权。揆其因由,是因为两种责任保险形式的立法理念以及保护对象不同。强制责任保险作为保护社会公共利益之手段,其立法目的是保障受害第三人及社会大众的利益,一切制度之构建均围绕这一目的。赋予受害第三人无条件的直接请求权,彻底突破"分离原则",能够迅速救济受害第三人的利益。然而,商业责任保险中无直接请求权的规定,或只规定有条件的直接请求权,其主要考量点在于保险制度是以保障被保险人为中心,而非受害第三人。如果彻底否认"分离原则"而赋予受害第三人直接请求权,则既偏离了债的相对性原则,也过度干预了私法自治,并没有充分的法理作为依据。[①] 因此,若非在特别针对某种危险事故或为达成某种特定的政策目的之情形下,一般责任保险并无赋予受害第三人直接请求权的必要,而是以其他方式保障受害第三人,以平衡保险关系中各关系人的

---

① 参见温世扬:《"相对分离原则"下的保险合同与侵权责任》,载《当代法学》2012年第5期。

权益。

直接请求权制度的建立,作为解决“分离原则”弊病的一种模式,对于受害第三人相当有利,可以实现受害第三人利益保障以及避免烦琐理赔手续等问题,不失为一种良好的制度。但直接请求权制度“为德不卒”,不仅只在法律有明确规定的情况下,受害第三人才享有直接请求权,而且仅在强制责任保险中,无条件的直接请求权才会赋予受害第三人。在商业责任保险中,直接请求权只是一种局部性的、碎片性的、零星的改革,仅在被保险人无力清偿或破产时,受害第三人才享有直接请求权,在其他情形出现时,受害人利益仍难以及时获得救济。此外,因受害第三人所享有的直接请求权一般来自被保险人,所以,保险人能够以针对被保险人的抗辩事由来对抗受害第三人的直接请求权。对此,英国曾有一名著名法官形象地指出:“受害第三人不能专挑好的吃。”①那么在一般责任保险中,受害第三人的利益如何保障?直接请求权制度,是从保护受害第三人利益的角度出发而产生的,被保险人的利益又该如何保障?这些问题的存在证明直接请求权制度并非解决“分离原则”的完美模式。

直接请求权条款采行之后,各保险公司为了提升自己的企业形象,增加保单卖点,自保单中约定保险人负担被保险人的防御费用。与此同时,各国或地区的保险立法均将防御费用的负担规定为保险人的法定义务。揆其理由,诚如我国学者所言:“盖如损害原因,显而易见则被保险人与保险人对于第三人之赔偿责任,自无所谓争执矣;如果损失之原因不甚明显,而被保险人与第三人间,对此发生争议时,则被保险人对于第三人之请求,而为抗辩所支出之诉讼上或诉讼外必要费用,如损害证明与估计等费用,均由保险人负担,以被

---

①　[英]M. A. 克拉克:《保险合同法》,何美欢、吴志攀等译,北京大学出版社2002年版,第146页。

保险人对于第三人之抗辩,原为保险人争利益,受利益而不负费用,不特非人情之公道,亦非法律之所许也。”[①]保险人承担防御费用为下文保险人承担防御义务提供了条件。

(三)小结:“责任”保险理论仍有缺陷

第二阶段责任保险保单条款和立法例的改革,无疑是有进步意义的,具体可以归纳为三点:第一,突破第一阶段责任保险第一方纯粹损失填补保险之窠臼,因为“大量的不法行为人生活在一种绝对不可能实际赔偿受害人的状态”[②],保险人在被保险人实际赔偿受害第三人后,才履行保险金给付义务,必然会使被保险人陷入进退维谷的境地,这对受害第三人和被保险人利益的保护甚为不周。而“替代给付条款”可以解决此种困境,在责任确定后,保险人即代替被保险人支付赔偿金予受害第三人。从被保险人的角度看,责任保险是一个保护装置;从受害第三人的角度看,责任保险是一种重要的确保受到他人侵权伤害的人获得补偿的方式。[③] 此时,责任保险的存在不仅保护保单持有人免于承担财产被剥夺的风险,而且在负有个人责任的侵权人因欠缺资金无法履行判决的情况下能够保障受害第三人的利益需求。[④] 受害第三人在请求赔偿时,能够比较容易获得赔偿救济的资金来源。第二,在第二阶段责任保险下,责任保险的理赔程序相对简化,理赔效率有所提高。因为受害第三人拥有直接请求权,所以,可以在一个诉讼中预先完成两个诉讼的要

---

① 王效文:《保险法释义》,上海法学编译社1937年版,第94~95页。

② 邹海林:《责任保险论》,法律出版社1999年版,第39页。

③ 参见[澳]彼得·凯恩:《阿蒂亚论事故、赔偿及责任》,王仲光、朱呈义等译,中国人民大学出版社2008年版,第239页。

④ 参见[德]格哈德·瓦格纳:《比较法视野下的侵权法与责任保险》,魏磊杰、王之洲、朱淼译,中国法制出版社2012年版,第117页。

求,减少了诉讼。[①] 第三,第二阶段责任保险的学说发展与法律改革凸显了责任保险的公益性,一定程度上释放了其社会改良功能。因为受害第三人因责任保险的存在而得到赔偿,这使社会问题减少,从而促使社会安定。

但是,我们必须清醒地认识到其仍有不足之处:第二阶段责任保险虽然重视受害第三人利益的保障,但对被保险人利益的保护仍不周全。虽然被保险人在责任确定后不用自己筹钱,且由保险人承担防御费用,但在责任关系纠纷中,对于受害第三人的索赔诉讼,被保险人仍需自己积极对抗,保险人仍然"隐身于"被保险人与受害人侵权诉讼的背后,消极地等待责任关系的判决结果,在理赔上仍然是迟缓而低效的。

综上所述,第二阶段的责任保险,其性质被认定为第三方"责任"保险,可谓实至名归。改良虽然有其明显的进步意义,但是依然不彻底,不足之处明显,这为责任保险第三阶段的发展埋下了伏笔。

## 四、第三阶段:第一方和第三方保险之合并

20 世纪 80 年代至 21 世纪 20 年代,是责任保险发展的第三阶段。该阶段责任保险又回归和第一阶段相同之目的,即再度着眼于保险人与被保险人之间的保险关系,重申责任保险之目的在于保护被保险人。在此阶段,责任保险之功能除了消极补偿被保险人的责任损失外,更增加了保险人的积极防御义务。为此,保险业先进的国家或地区纷纷进行立法改革和保单条款改革,立法改革以德国、法国为代表,保险条款改革则以美国为代表。

### (一)责任保险性质之重新认定

在责任保险中,究竟被保险人的利益还是受害人的利益应该得

---

① 参见[美]约翰·F. 道宾:《美国保险法》,梁鹏译,法律出版社 2008 年版,第 188 页。

到优先保护？学者间观点分歧，莫衷一是，究竟如何选择，不无争议。“与其他保险相同，责任保险也是由保险人和被保险人双方签订的保险合同，受害第三人只是合同之外的第三人。因此，责任保险的目的是保护被保险人免受某一偶发事件的影响。”①第三阶段责任保险的主要功能在于对被保险人利益的保护，它的反射机能在于保障受害第三人的权益。主张责任保险应优先保护受害第三人利益观点的学者，表明他未能准确识别强制责任保险和商业责任保险立法目的的区别。诚如日本学者所言：“任意责任保险是以加害人的利益为中心的保险，因此保护被害人的作用就显得非常薄弱，在某种程度上甚至会与被害人的利益相悖。与此相反，义务责任保险是以被害人的利益为中心而构成的，在此保险中，保险人、加害人、被害人这三者之间几乎不存在相互对立的关系。在此意义上，两者虽然都称为责任保险，但实际上存在相当大的差异。因此，完全无视这两种差异的存在来讨论责任保险的一般问题，不能说是一种正确的态度。”②因此，一般责任保险应优先考虑被保险人利益。诚如学者所言：“责任保险是一种通过防范因风险规避趋性所生的负效用来保护可能承担侵权责任的致害人之机制，其主要功能并非在于确保受害人获得赔偿。”③

在责任保险实务中，被保险人因实施侵权行为而对受害第三人造成损害时，他往往会遭遇两个相关、但有所区别的财务风险：一是因防御诉讼而不得不支付的费用；二是因诉讼或和解的结果，他不

---

① ［澳］彼得·凯恩：《阿蒂亚论事故、赔偿及法律》，王仰光、朱呈义等译，中国人民大学出版社2008年版，第215页。

② 岳卫：《日本保险契约复数请求权调整理论研究》，法律出版社2009年版，第156页。

③ ［德］格哈德·瓦格纳：《比较法视野下的侵权法与责任保险》，魏磊杰、王之洲、朱淼译，中国法制出版社2012年版，第343页。

得不承担的赔偿受害第三人的金钱损失。

第一,就损害赔偿金额而言,与直接损失相比,由于责任损失是没有限额的,所以,面对责任判决,被保险人完全有可能需要卖掉其所有财产来对受害第三人的损害进行赔偿。此外,这对被保险人个人的未来收入也会潜移默化地带来巨大的损害。因此,在责任保险中,保险人常常会对此作出承诺,对被保险人应该向受害第三人给付的保险赔偿金,在符合承保事项的前提下,保险人会代被保险人支付。

第二,就防御费用而言,它可能导致损失数额巨大。被保险人无论胜诉抑或败诉,都会有防御费用的支出。有学者曾言:"这些防御费用可能达数千美元,有时在复杂与旷日持久的案件中还会高达数百万美元。"①由于防御索赔请求的费用高昂,没有几个普通人能够轻易支付;而且,他们不太可能鉴定和选择一个有技巧的抗辩律师或者监控他们的防御。这就解释了为什么人们想要购买防御承保。② 对此,英国的斯克鲁顿大法官曾指出:"避免风险的费用可以像该风险引起的损失一样获偿。"③

综上所述,责任保险发展到第三阶段,它会提供两种保障:其一,保险人代替被保险人防御索赔请求,支付防御费用;其二,在被保险人对受害第三人造成人身伤害或者财产损失时,一旦被保险人需要承担损害赔偿责任,保险公司就会代替被保险人支付赔款。"通过要求保险人为诉讼进行防御并支付防御费用,被保险人的责任保险承保第一种损失;通过要求保险公司填补被保险人因判决或

---

① [美]所罗门·许布纳等:《财产和责任保险》,陈欣等译,中国人民大学出版社2002年版,第367页。

② See Wolters Kluwer, *Insurance Law and Policy*, Aspen Publishers,1997, p. 523.

③ [英]M. A. 克拉克:《保险合同法》,何美欢、吴志攀等译,北京大学出版社2002年版,第759页。

和解而遭受的损失，保单承保了第二种损失，但仅在保单规定的责任限额内进行赔偿。”①从防御费用的负担讲，责任保险具有第一方保险的性质，因为对于受害第三人提出的损害赔偿请求，本来应该由被保险人自己进行抗辩并且支付防御费用，它属于被保险人的财产损失，而由保险人支付防御费用，实际上是填补被保险人实际的财产损失；在受害人和被保险人的责任确定后，保险人将代替被保险人支付赔款给受害第三人，这又具有第三方保险的特性。因此，第三阶段的责任保险同时具有第一方保险和第三方保险之特性。

（二）现代责任保险之运行模式

在责任保险发展的前两个阶段中，保险人都是“隐身于”被保险人和受害第三人责任关系之后的，不会介入责任关系。这样的责任保险运作模式不仅不利于保险人利益的保障，而且不利于被保险人利益的维护。为此，第三阶段的责任保险改进运行模式，要求保险人必须参与责任关系，帮助被保险人防御受害第三人索赔请求。

1. 参与权条款

该条款是指对于受害第三人和被保险人间责任关系内涵的确定，保险人有介入的权利。② 司法实践已经反复表明，责任关系和保险关系并非简单的承继关系，自责任诉讼启动之日，保险人就有可能参与责任关系并发挥其影响力，直到责任诉讼终结。究其缘由，是因为在责任保险中，保险人为被保险人和受害第三人赔偿责任的终局承担者，责任的确定及赔偿数额的多寡都与保险人的利益息息相关。正如江朝国先生总结所言：“就责任保险之本质仍属损害填补，保险人是否应为填补被保险人损害，其填补义务之范围及内容

---

① Kent D. Syverud, *The Duty to Settle*, 76 Virginia Law Review 1113 (1990).

② 参见汪信君、廖世昌：《保险法理论与实务》，台北，元照出版有限公司 2006 年版，第 229 页。

为何,系根据第三人对于被保险人求偿,双方间诉讼上或诉讼外之攻防、合意所生之结果,亦即填补损害范围系责任关系中所成立与否及范围多寡,被保险人之损害赔偿义务实质上将转嫁由保险人终局负担,故保险人对于责任关系之结果具有重大之利害关系。"①

2. 防御义务条款

为了满足保险人利益保护的需求,保险人确实有必要参与损害赔偿责任的和解或诉讼过程。但是,依据诚实信用原则,民事主体在追求自身权利时,应以不损害他人利益为前提。即保险人在参与和控制责任关系时,要考虑被保险人的利益,应该承担保护被保险人利益的义务。为了避免保险人对被保险人的不当控制和干预,作为取得控制权的代价,保险人必须代替被保险人履行防御义务。② 诚如学者所言:"保险人对被保险人享有索赔参与权,并不承担第三人索赔的抗辩与和解的义务,而抗辩与和解的费用实行自由约定原则,各种责任保险单约定的条文,均绝对有利于保险人,而不利于被保险人,使得被保险人居于仰望保险人施舍的境地。"③因此,保险人需要履行防御义务,利用其强大的经济实力和信息资源来帮助被保险人抗辩受害第三人的索赔请求,使被保险人得以摆脱繁重的抗辩活动。

综上所述,观诸域外,在百年的发展进程中,责任保险从最初遭受质疑到合法性得以确认后,总共有三阶段的历史演变,它的目的和功能也在递嬗:第一阶段的责任保险目的在于保护被保险人的利益,性质为第一方纯粹损失填补保险;第二阶段的责任保险目的在

---

① 江朝国:《保险法逐条释义》(第三卷),台北,元照出版有限公司2015年版,第787页。

② 参见施文森:《保险法总论》,台北,三民书局1985年版,第268~270页。

③ 王卫耻:《实用保险法》,新北,文笙书局1981年版,第334页。

于保护受害人的利益,性质演变成第三方责任保险;第三阶段的责任保险目的又回归保护被保险人的利益,只是在此阶段,责任保险同时具备第一方保险和第三方保险之特性。

## 第二节　现代责任保险之法本质

"概念就像挂衣钩,不同的时代挂上由时代精神所设计的不同的服装。词语的表面含义( = 挂衣钩)是持久的,但潮流(概念内容)在不断变化。"①观诸现代责任保险的发展趋势,它已逐渐呈现出"诉讼保险"之法本质,责任保险不仅具有损失填补功能,而且具有权利保护功能。责任保险彰显"诉讼保险"之法本质,有其自身的正当性和合理性。

### 一、责任保险之应然本质:"诉讼保险"

在现代责任保险发展趋势下,责任保险何以演化为"诉讼保险"?对此应从责任保险的目的出发进行思考。因为任何法律概念的形成或定位,应取向于其目的、功能与作用之演变,还必须相应于其"存在面"的特征、需求,始能发展其"当为"的规范内容。具体到责任保险中,从"存在面"考察个人以及社会购买责任保险的目的及需求。法之目的,其地位犹若北极星之于航海者,在解释法律时,不能偏离。② 美国著名法学家富勒曾言:"法规则只有参照它们所服务的目的始能被理解。"③

---

① [德]伯恩·魏德士:《法理学》,丁小春、吴越译,法律出版社2003年版,第80页。

② 参见杨仁寿:《法学方法论》,中国政法大学出版社2013年版,第102页。

③ [美]L. L. 富勒、小威廉·R. 帕杜:《合同损害赔偿中的信赖利益》,韩世远译,中国法制出版社2004年版,第2页。

与其他保险相同，被保险人向保险人缴纳保险费，保险人收取保险费后对被保险人的损失进行承保，两者之间签订保险合同，受害第三人只是合同之外的第三人。因此，责任保险的目的是保护被保险人免受某一偶发事件的影响。[①] 由此而知，责任保险仍是以保护被保险人为中心，它的主要功能在于对被保险人利益之保障，而受害第三人的利益获得保障仅是责任保险的反射机能。诚如学者所言："责任保险是一种通过防范因风险规避趋性所生的负效用来保护可能承担侵权责任的致害人之机制，其主要功能并非在于确保受害人获得赔偿。"[②]

有学者曾言："世界的最佳状态乃是所有风险皆被承保的世界，无论是责任保险抑或第一人保险。"[③]责任保险被保险人需要分散的风险究竟为何？这实有认真思考的必要。首先，在受害第三人对被保险人提起侵权诉讼时，被保险人可能需要防御受害第三人的请求，烦琐的判决过程可能会使被保险人出现资金短缺甚至枯竭。详言之，被保险人因疏忽行为造成他人损失而遭到起诉时，他会面临两种选择：一是支付较大的一笔款项以寻求私了；二是支付大量律师费用来打官司，但对能否获得胜诉并无把握。和解或诉讼失败后，被保险人需要给付损害赔偿金，但被保险人承担的赔偿金额只是全部费用的一部分。针对受害第三人提出的赔偿请求，无论真实与否，被保险人都需要为自己辩护来避免大笔的赔偿金；或者雇用一名律师代自己抗辩，否则，受害第三人将因被保险人不到庭而获

---

① 参见[澳]彼得·凯恩：《阿蒂亚论事故、赔偿及法律》，王仰光、朱呈义等译，中国人民大学出版社2008年版，第215页。

② [德]格哈德·瓦格纳：《比较法视野下的侵权法与责任保险》，魏磊杰、王之洲、朱淼译，中国法制出版社2012年版，第343页。

③ [德]格哈德·瓦格纳：《比较法视野下的侵权法与责任保险》，魏磊杰、王之洲、朱淼译，中国法制出版社2012年版，第442页。

得胜诉。以上过程中涉及的各种支出都包括在被保险人的费用中。[①] 其次,即便责任案件的裁决结果有利于被保险人,但每一次裁决结果公布之前,损失产生的可能性仍搅得被保险人焦虑不安。在受害第三人遭受损害并请求被保险人承担损害赔偿责任时,其请求可能是正当的,也可能是无依据的。就被保险人而言,该请求无论正当与否都已是整个过程的最终结果,其间所为的抗辩负担并无不同,被保险人都必须耗费大量的时间、精力和金钱来对抗受害第三人的请求。"现行诉讼制度程序复杂,耗时费钱,亦使一般民众视诉讼为畏途。"[②]在抗辩诉讼时,被保险人必然会承受劳顿与内心的痛苦、不安,这种风险也是被保险人希望通过责任保险予以化解的。

为了分散上述风险,被保险人订立责任保险的目的,不只限于填补因侵权责任成立所致的损失,更在于免除因侵权诉讼而带来的劳顿和负担,从而获得精神上的宁静和心理上的安慰。诚如学者所言:"现代的责任保险实际上是为被保险人遭受诉讼或诉讼威胁这一不可预测的事件提供保障。"[③]在受害第三人提出索赔请求时,如果保险人并不需要履行防御义务且可以置身事外,那么,在损害赔偿诉讼中,被保险人就需要自己对抗受害第三人的索赔请求,如此一来,被保险人的精神必然会遭受极大的困扰。此时,被保险人希望通过购买责任保险以获得精神安宁的追求就会落空。现代责任保险为了让被保险人的上述目的得以实现,它已发展成为一项"实

① 参见[美]特瑞斯·普雷切特等:《风险管理与保险》,孙祁祥等译,中国社会科学出版社1998年版,第110页。

② 王泽鉴:《民法学说与判例研究》(第三册),中国政法大学出版社2005年版,第205页。

③ 陆荣华主编:《美国商业普通责任保险》,中国金融出版社2010年版,第1页。

际上为当事人提供了一种重要的'诉讼保险'"之制度[①],因此责任保险的法本质主要为诉讼保险。

**二、"诉讼保险"下责任保险功能之再认识**

责任保险发达国家和地区关于"诉讼保险"的内容的认识,基本达成一致。现代责任保险不仅具有填补被保险人对受害第三人损害赔偿责任的功能,而且具有帮助被保险人摆脱在其对抗受害第三人赔偿请求时所处的不利地位,保障被保险人心境安宁的功能。诚如杨诚对先生所言:"责任保险对于被保险人有两大保障(Protection):即补偿(Indemnity)及抗辩(Defense)。"[②]

(一)损失填补功能

保险法谚有云:"无损失,无保险。"损失为保险的基本要素,保险以补偿损失为主要目的。诚如美国著名保险法专家肯尼斯·S.亚伯拉罕先生所言:"保险制度最基本功能在于保护被保险人免于遭受未来的损失,即透过危险移转及分散,让被保险人缴纳少数保险费,在未来面临损失时,能由危险共同体来填补被保险人的损失。"[③]一般而言,财产保险均属于损失填补保险的类型,而承保消极财产利益的责任保险也存有损失填补的功能。换言之,责任保险是当被保险人的行为对受害第三人造成损害而依法应负担赔偿责任时,由保险人依照保险契约的内容,填补被保险人的损失的一种制度。

(二)权利保护功能

除上述填补被保险人对受害第三人的损害赔偿责任功能外,责

---

① [美]肯尼斯·S.亚伯拉罕:《美国保险法原理与实务》,韩长印等译,中国政法大学出版社2012年版,第563页。

② 杨诚对:《意外保险:理论与实务》,台北,三民书局2008年版,第288页。

③ Kenneth S. Abraham, *Insurance Law and Regulation: Cases and Materials*, Foundation Press, 2005, pp. 3 – 4.

任保险中,在被保险人遭受到受害第三人的索赔请求时,保险人更应该有义务帮助被保险人抗辩或和解,以便责任诉争能够早日落幕,不论该索赔请求是否具备法律上的依据。此外,保险人也应负担必要的防御费用。

(三)责任保险两项功能之关系

在现代责任保险下,责任保险应该具备上述两种主要的功能,但是,这两种功能之间具有怎样的关系呢?对此,在检视上述两种功能基础上,下文着重阐释这两种功能之间的联系,并详细论证它们的现实可操作性和正当性。

首先,就第一项功能而言,它是从保险最基本的意义和功能出发的。补偿被保险人的损失是保险的基本功能之一,该功能的实现即表现为在被保险人遭受损失时为之提供经济保障。所以,损失填补是保险制度的出发点和归宿点。责任保险作为保险制度之一,损失补偿功能自然也是其主要职能。只是与一般财产保险不同,在责任保险中,损失是指被保险人对受害第三人依法应该承担的损害赔偿责任。

其次,就第二项功能而言,究其缘由,主要有以下几点:(1)"责难文化"之盛行。所谓"责难文化",是指人们一旦受到损害,就会习惯性地责难他人,而不是想到自己的责任,或者接受既定的事实。①对此,有学者曾言:"受害方,不管其所受伤害真实与否,已变得更愿意对他人提出索赔。公众的教育程度提高,并且逐步认识到自己有权要求过错方承担损害赔偿责任。"②对于受害第三人提出的赔偿请

① [澳]彼得·凯恩:《阿蒂亚论事故、赔偿及法律》,王仰光、朱呈义等译,中国人民大学出版社2008年版,第201~202页。

② [美]所罗门·许布纳等:《财产和责任保险》,陈欣等译,中国人民大学出版社2002年版,第367页。

求，不管正当与否，被保险人都需要积极应对，这必然要承受巨大的诉讼拖累。责任保险提供的权利保护功能，可以让被保险人摆脱纷繁复杂的诉讼程序，实现心境安宁。此时，被保险人不仅不用自己“掏腰包”，而且还享有了免受诉讼拖累的利益。(2)保护被保险人、受害第三人和保险人三方利益的需求。保险人拥有大量具有丰富专业知识、技能以及经验的精英人才，在受害第三人向被保险人提起诉讼时，保险人即介入进行防御，除能保护被保险人的权利外，也有间接保护保险人的功能。保险人如果防御成功，那么受害第三人主张的赔偿请求不成立，被保险人没有任何责任，则无损失产生，保险人因此也无须对被保险人进行补偿；如果防御失败，保险人也仅在保险金额范围内向受害第三人给付保险金。因此，责任保险具有权利保护功能，让保险人承担防御义务，受减少或免除赔偿金额心态的驱使，保险人必然会朝着有利于自己的方向全力争取。(3)有利于高效解决纠纷，节约司法资源。责任纠纷和保险纠纷本属于两个相互独立的诉讼，需要分开处理。但如果保险人未有机会参与到责任诉讼中，对于诉讼结果，保险人未必接受，这会导致被保险人和保险人之间的利益冲突。在权利保护功能下，责任保险保险人需要履行防御义务，那么，保险人就是对抗受害第三人索赔之人，拒绝还是接受理赔协议是保险人自己的选择，一旦确定，保险人必须受其决定所约束。责任保险的权利保护功能的实现，将侵权诉讼改造成了一个多人参与的博弈过程，保险人、被保险人和受害第三人三者之间复杂的纠纷关系能够一次性予以解决。

时至今日，责任保险的功能已从过往的纯粹填补被保险人经济上的损失，演化至强调被保险人“权利保护”思维，权利保护功能和填补赔偿责任功能已成为责任保险两种主要的功能。责任保险的损失填补功能与权利保护功能具有密不可分的关系，共同构成责任保险保护被保险人的重心。

第一，两者处于平等的地位，共同构成责任保险的主要功能。诚如林建智先生所言："在今日的责任保险中，对于被保险人而言，权利保护功能相较于填补赔偿责任损失机能同具重要性。"①在责任保险分散风险机能之上位概念下，应包括在受害第三人对被保险人损害赔偿请求确定时给付特定数额的"损害填补功能"，以及在求偿程序中为被保险人进行防御的"权利保护功能"。在受害第三人提出赔偿请求时，除少数案件责任已经明确外，多数情况下，对责任归属的判断，仍有疑问。此时，被保险人责任成立与否，就须通过与受害第三人间的协商，甚至"对簿公堂"，才能得以确定，协商、抗辩等防御关系着被保险人责任的成立与否及赔偿金额多少。因此，被保险人在遭受索赔时，就会有由具备较丰富的专业知识、经验、能力之人为其进行抗辩或和解的强烈需求。责任保险的功能，除了就赔偿金额进行损失填补功能外，更应包括提供抗辩服务或抗辩费用的权利保护功能，两者具有相同的地位。

第二，权利保护功能较损失填补功能范围要广。在被保险人面对受害第三人的索赔请求时，保险人以防御给付发挥其权利保护功能，纵使受害第三人的请求不正当，保险人也必须履行防御义务。面对受害第三人的索赔请求，如果保险人选择履行赔偿义务，即表示保险人确定该请求为正当而进行赔偿责任损害的填补。由此可知，权利保护功能主要发生在被保险人和受害第三人的赔偿责任确定之前，不论受害第三人的请求正当与否，该功能都会存在；责任保险的损失填补功能主要发生在被保险人对受害第三人的赔偿责任确定后，并且只在受害第三人的索赔请求正当时，该功能才会存在。

---

① 林建智：《从保护被保险人之观点论责任保险人之防御义务》，中国台湾地区"行政院"国家科学委员会专题研究计划成果报告，2011年，第10页。

由此而知,责任保险的权利保护功能较损失填补功能更早对被保险人提供保障。

## 第三节　责任保险演变成诉讼保险之进步性

### 一、理论层面:分离原则缺陷之回避

从责任保险传统操作来看,它的有关规定一直是在分离原则理论基础上构建的。这一基础下构建的责任保险制度,必然会致使保险人不会积极、主动地负责,而是消极地等待被保险人和受害第三人的诉讼判决或和解协议;而诉讼本身之冗长、繁杂,势必直接或间接地损害被保险人或受害第三人的利益,进而影响社会公众对责任保险的评价与信任。责任保险演变成"诉讼保险",则可以回避分离原则下责任保险运行的诸多弊端和不足。

(一)责任保险运行之理论基础:分离原则

1. 分离原则之内涵解析

责任保险不同于其他财产保险,除了保险人与被保险人外,还涉及契约之外的受害第三人,这三个"玩家"之间存在两种独立的法律关系:被保险人因侵权行为对受害第三人造成损害而形成的"责任关系";保险人与被保险人因签订保险合同而形成的"保险关系"。基于民法上的"债之相对性"原理,"责任关系"与"保险关系"是两个独立的债之关系,彼此应严格分离,受害第三人与保险人之间无任何权利义务关系可言,此即所谓的分离原则(见图1)。[①] "分离原

① 参见江朝国:《保险法逐条释义》(第三卷),台北,元照出版有限公司2015年版,第823~824页。

则是债之相对性原理之下的副产物。"①

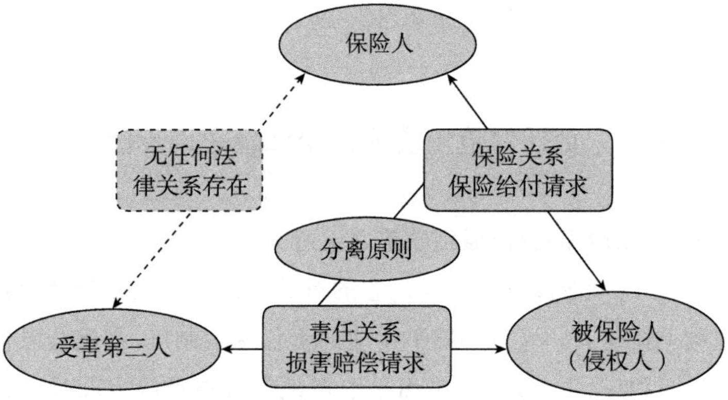


**图 1　分离原则下责任保险法律关系**

依据分离原则，保险的存在与责任的确定毫无关系，两者分属不同的法律领域，被保险人（此处指侵权人）向保险人请求赔付和受害第三人向侵权人（此处指被保险人）请求损害赔偿的行为是相互分离的，对此，可从形式和实质两个层面观之。

就形式层面而言，对受害第三人造成的损害，被保险人是否应该承担责任，应在损害赔偿责任诉讼中确定；至于被保险人的损失，保险人是否应给付保险金，则应在保险补偿诉讼程序中认定。② 依据"债之相对性"原理，任何一个债的关系只能用来拘束该关系的当事人，保险人与被保险人间的保险契约效力只对两者发生作用，而被保险人与受害第三人间的赔偿责任也仅存在于两者之间。因此，保险问题和责任问题泾渭分明，任何一方不得介入其他一方，受害第三人无法加入保险关系，保险人对责任关系也无参与权。

---

① 叶启洲：《保险法实例研习》，台北，元照出版有限公司 2011 年版，第 323 页。

② 参见施文森、林建智：《强制汽车保险》，台北，元照出版有限公司 2009 年版，第 136～137 页。

就实质层面而言,是指责任关系的成立与否及其范围,不因保险关系的存在与否而受影响。[①] 换言之,保险关系并不会影响责任关系的成立。依据"责任保险并不创设责任"的格言,责任问题的裁决必须独立于是否存在责任保险。责任的存在与否必须依据被保险人自身的条件来确定。某人对另一人的损失承担责任须是因为他未履行合理注意义务或者根据法律规定因为他控制着危险源,而非仅因为他办理了责任保险。保险和责任应当分离,可保性或保险的事实本身绝不是支持或反对课加责任的理由。诚如格哈德·瓦格纳教授所言:"保险在侵权索赔的解决中是决定性因素的断言,意味着法官将根据被告办理责任保险与否来对相同的案件做出不同判决。然而,如果法院宣称仅因被告办理了保险而认定其负有责任,意味着法院就相同事实而为欠缺责任保险的另一被告解除了责任,那么这将是多么的离谱。"[②]

2. 分离原则下责任保险运行之弊病

依据分离原则构造的责任保险制度,优点在于法律关系明确,但在责任保险理赔时,如果固守分离原则,那么,责任保险快速化解矛盾纠纷的功效可能会大打折扣。

第一,不利于受害第三人利益之保护。在分离原则下,保险人和受害第三人之间不存在任何法律关系,所以,受害第三人不得向保险人请求给付保险金。在被保险人遭到受害第三人求偿时,由于被保险人的责任并未确定,所以被保险人即便想赔偿受害第三人,也将因其责任未确定且其本身无赔偿资力情况下,因无法先向保险

① 参见叶启洲:《保险法实例研习》,台北,元照出版有限公司2011年版,第323页。

② [德]格哈德·瓦格纳:《比较法视野下的侵权法与责任保险》,魏磊杰、王之洲、朱淼译,中国法制出版社2012年版,第115页。

人请求给付保险金而导致该受害第三人无法获得合理的赔偿。由此而知，在分离原则的限制下，被保险人纵使有投保责任保险，多数情况下受害第三人也无法顺利自保险金中获得应有的赔偿。

第二，徒增手续烦扰，收支繁复。在分离原则下，责任保险的理赔是迟滞的、低效率的。向受害第三人履行赔偿义务后，被保险人才能再向保险人请求保险金之给付，如此一来，手续烦扰、收支繁复，同时将造成时间上的延迟，对受害第三人恐已产生经济上的困顿，仍属不利，毕竟“迟来的正义，非正义也”。

（二）缓和分离原则缺失之传统措施

因受制于分离原则，责任保险向来强调“责任关系”和“保险关系”需各自独立并分别处理。如上文述及，分离原则存在诸多不足和缺陷，严重阻滞责任保险功效的发挥，迫切需要立法予以改进。20世纪30年代以来，各国立法例莫不在兼顾分离原则的前提下，设想出许多方式来避免分离原则产生的弊端，并借此加强对受害第三人的保护。

1. 禁止处分保险金请求权

被保险人对保险人请求给付保险金的权利不得任意让与他人或者对该权利进行其他的任何处分，否则被保险人即使处分了该请求权，对受害第三人也不生效力。如1930年《法国保险合同法》第53条规定：“要保人因加害事实而生金钱上给付损害赔偿责任时，对受害第三人应给付金额之全部或一部，不得给付予第三人以外之人。”此制度目的在于避免被保险人向保险人请求保险金或已取得保险金后，将该权利让与他人或挪作他用，导致受害第三人无法获得保险金赔付，可谓立意甚佳。但在实际运作上，该法规仍受制于被保险人是否主动与协力。如果被保险人已无赔偿资力，并将该保险金花费殆尽，即使法律规定该处分行为对受害第三人不产生任何效力，受害第三人也将由于被保险人无资力或善意受让制度的影响，而无法获得责任保险的保障，故此制度仍非完善。

2. 受害第三人享有别除权

受害第三人请求被保险人损害赔偿的部分，因被保险人已经进行破产清算，会别除于其他破产财产而存在，以此避免该损害赔偿部分的金额被该被保险人的其他债权人进行分配，从而致使受害第三人无法获得赔偿金。如 1908 年《德国保险合同法》第 157 条规定："对要保人财产之破产程序已开始者，第三人得要求其对与要保人原可实现之请求权，自要保人之赔偿请求权中别除清偿。"虽然该制度也是为保护受害第三人而创设，但是它仅限于被保险人破产且进入破产程序以后才能适用。如果被保险人未宣告破产前即已是无赔偿资力者，甚或被保险人即使宣告破产并进入破产程序，也无任何资产可资清偿，则纵使赋予受害第三人别除权，也无法使受害第三人获得应有的救济。①

3. 拟制存在责任保险关系

在分离原则主导下，虽然受害第三人和保险人之间并不存在直接关系，但是，为了保护受害第三人的利益，尤其是在保险人不存在给付义务时，要求其对受害第三人继续存在前项义务，而"拟制"保险人与受害第三人间存在责任保险关系。如 1908 年《德国保险合同法》第 158 条第 1、2 项规定："保险人对于要保人免负全部或一部之给付义务时，其义务对于第三人仍继续存在。保险关系有不存在或终止之情事时，仅于保险人将该情事向主管机关报告届满一个月后，始对第三人生效。此于保险关系因期间届满而终止时，也适用之。"该制度确保了受害第三人获得责任保险的保障，但对保险人并

---

① 参见施文森、林建智：《强制汽车保险》，台北，元照出版有限公司 2009 年版，第 139 页。

不公平。在被保险人和保险人保险关系不存在的情形下，也让保险人承担给付责任，有加重保险人责任负担之虞。

4. 创设法定权利

立法者规定受害第三人针对被保险人对保险人享有的保险金额或保险金请求权享有一定的法定权利，如抵押权、质权等。如《瑞士保险合同法》第60条第1项规定："受害第三人，于其损害赔偿请求权之范围内，就要保人因负担法定责任而对保险人所享有之损害赔偿，有法定质权。"该制度设计可以避免被保险人挪用保险金或者将该保险金作为对一般债权人的总担保，从而使受害第三人确实取得请求权利或获得保险金额，最终实现保障受害第三人利益的目的。但是，就受害第三人本身而言，该制度设计仍导致其无法直接请求保险人给付保险金，仍然没有解决手续繁复的弊端。[①]

5. 不得对保险人进行给付

在受害第三人获得被保险人的实际赔偿之前，保险金不能向被保险人进行给付。如我国台湾地区"保险法"第94条第1款规定："保险人于第三人由被保险人应负责任事故所致之损失，未受赔偿以前，不得以赔偿金额之全部或一部给付被保险人。"虽然该方式能够避免被保险人挪用保险金，但是，一旦被保险人无足够财力对受害第三人进行先行赔偿，那么，受害第三人依然难以获得救济。

6. 保险人向受害第三人直接给付

依据分离原则，受害第三人和保险人之间不存在直接关系，双方均无法直接向对方主张任何权利义务。因此，立法者为达到保护受害第三人确实获得保险金的目的，规定在一定条件下，保险人可以将本来向被保险人给付的保险金，直接对受害第三人进行支付。

---

① 参见施文森、林建智：《强制汽车保险》，台北，元照出版有限公司2009年版，第140页。

如《意大利民法典》第1917条第2项规定:“保险人经被保险人通知后,得直接对第三人支付保险金;被保险人请求时,保险人有直接给付之义务。”分离原则下,保险金给付有“辗转给付”的弊端,在理赔程序上极不经济。该制度不仅避免了保险人、被保险人和受害第三人三者之间“辗转给付”的弊端,而且避免了被保险人将保险金挪作他用等由分离原则所产生的问题,可谓设计甚佳。然而,细细究之,我们不难发现,多数国家的立法例规定,对此多有前提要件,如“根据被保险人的请求”或者“被保险人通知”等。因此,从实际上看,受害第三人是否确实可从保险人那里获得保险金,依然取决于保险人或者被保险人的决定,受害第三人仍居于“被动”的地位,即对于受害第三人的保障仍不足够。①

综上所述,针对解决分离原则弊端而言,责任保险立法例规定的上述解决方式,仍存在不足与缺陷,或是对受害第三人保护不周全,抑或程序依然繁杂,无法真正高效、便捷地实现责任保险的目的,迫切需要对其进行再构建。

(三)“诉讼保险”应成为回避分离原则缺失的应然选择

“责任关系”和“保险关系”严格分离,既是责任保险重要原则之一,也是责任保险发展中面临的主要挑战。为了应对挑战,责任保险究竟应该坚持还是否定分离原则呢?学者间观点分歧,莫衷一是。有学者言:“分离原则是确立且厘清责任保险中三方基础法律关系的重要原则,且亦与契约法理论之债权相对性原则相符合,本身并无问题存在,但却因此受到弊病、缺失等强烈的谴责,实为太

① 参见施文森、林建智:《强制汽车保险》,台北,元照出版有限公司2009年版,第141页。

过。”[①]也有学者坚持“相对分离原则”，认为：“彻底否定‘分离原则’，既是对债的相对性原则的背离，也是对私法自治的过度干预，缺乏充分的法理依据。责任保险与民事赔偿责任本属不同的法律关系（债的关系），非因重大事由（如对特殊社会群体之保护），其各自独立性和债的相对性不宜轻率否认，当事人的合意也应受尊重。”[②]但是，我们必须谨记：“法律总是痛恨迟延。”[③]如何解决分离原则带来的诸多问题以保证理赔的高效、便捷呢？对此，现代责任保险立法例规定了不同的解决方式，其中，诉讼保险在回避分离原则缺失方面具有明显优势。

首先，就赋予受害第三人直接请求权规定而言，从表面上看，要消除分离原则带来的不利影响，最直接的方法莫过于赋予受害第三人对保险人的直接请求权。由此，既可以避免被保险人领取保险金后挪作他用或遭其他债权人扣留的情形，也可以减少移转保险金手续之繁杂。此外，受害第三人是立于主动的地位，可避免被保险人的要挟。受害第三人享有直接请求权，不失为一种解决分离原则的妥适方式。但是，直接请求权制度“为德不卒”，不仅只在法律明确规定的情况下，受害第三人才享有直接请求权，而且只在特殊的责任保险——强制责任保险中，受害第三人才享有无条件直接请求权。在其他的商业责任保险中，直接请求权只是一种局部性的、碎片性的、零星的改革，仅在被保险人无力清偿或破产时，受害第三人才享有直接请求权，但在其他情形出现时，受害第三人的利益仍难以及时获得救济。此外，因受害第三人所享有的直接请求权是源自

---

① 刘北芳：《论直接请求权在任意责任保险下之定位及相关问题之研究》，中国台湾地区台北大学2013年硕士学位论文，第72页。

② 温世扬：《“相对分离原则”下的保险合同与侵权责任》，载《当代法学》2012年第5期。

③ 孙笑侠：《西方法谚精选——法、权利和司法》，法律出版社2005年版，第4页。

被保险人，故依据保险关系，保险人可以对抗被保险人的一切抗辩事由来对抗受害第三人。正如一位英国法官形象地比喻所言："第三方不得只挑好的吃。"[①]那么在一般责任保险中，受害第三人的利益如何保障？直接请求权制度，是从保护受害第三人利益的角度出发而产生的，那被保险人的利益又该如何保障？这些问题的存在证明，直接请求权制度并非解决分离原则的完美模式。

其次，就参与权规定而言，在分离原则主导下的责任保险中，对于受害第三人在责任程序中的索赔结果，如果保险人没有参与，那么他未必会全盘接受责任结果，因而常出现因保险人对责任认定有异议而在保险程序中以此为理由抗辩的情形。由于缺乏责任结果对保险人有拘束力的规则，所以，赋予保险人参与权，即让保险人享有参与"责任关系"的权利，如此一来，便有理由要求保险人对亲自参与而产生的诉讼结果不得反悔。但是，责任保险人的参与权，是民事权利的一种，根据"权利自由处分"原则，保险人是可以随意决定是否放弃该权利的。保险人只需要有放弃参与权的意思表示，即发生弃权的效果。[②] 如此一来，被保险人取得自行抗辩索赔请求，不得不自行扛起抗辩的责任，责任保险帮助被保险人分散损害风险的机能将大打折扣，被保险人受到的保障也将极其有限。

最后，就防御义务而言，通过规定责任保险人的防御义务，一方面可以明确保险人在责任诉讼中的任务，可以让保险人从"被动"参与转变为"主动"防御；另一方面使得受害第三人得"直面"保险人，而责任诉讼的判决结果也因有保险人的参与，对"保险关系"产生拘

---

① ［英］M. A. 克拉克：《保险合同法》，何美欢、吴志攀等译，北京大学出版社2002年版，第146页。

② 参见李祝用：《责任保险人抗辩问题研究》，中国政法大学2011年博士学位论文，第79页。

束力,因此,在一定程度上可以简化三方法律关系,弥补分离原则的缺失。但是,必须澄清的是,保险人的防御义务尽管使其有正当理由必须参加责任程序,但并不等于突破分离原则。就形式意义上的分离原则而言,保险人履行防御义务时只能就责任问题进行抗辩,不得以抗辩被保险人的事由来对抗受害第三人,因保险问题产生的争议仍须留待之后的保险程序予以解决,也就是说,形式上责任问题和保险问题仍在不同的程序中解决。保险人不得在责任程序中提出其基于保险合同的抗辩,法院也不得在责任程序中直接判决保险人对受害第三人支付保险金。就分离原则的实体意义而言,既然责任保险是以被保险人对受害第三人依法应负的民事损害赔偿责任为保险标的,即表示“责任关系”天然地要求对“保险关系”有拘束力,否则责任保险为被保险人分散责任风险之说将毫无意义。而之所以要求保险人负担防御义务参加责任程序,只是从程序法上为此拘束力提供依据,是对分离原则的补偿而非背离。因此,保险人的防御义务虽然从结果上简化了保险人、被保险人和受害第三人之间的法律关系,但并不等于对分离原则的突破。

由此而知,责任保险因兼具诉讼保险性质而要求保险人履行防御义务,可以巧妙地回避分离原则带来的诸多缺失,具有先进的理论意义。

**二、实践层面:风险化解之满足**

有学者曾言:“一项法律制度的实际效果,既与相关法律法规的完善程度有关,更与其满足社会生活的需要程度以及在程序上的可执行程度有关。”①责任保险转变成“诉讼保险”,对于发挥责任保险快速化解矛盾纠纷的功能、满足责任保险服务国家治理现代化的需

① 周珂、红林:《论我国环境侵权责任保险制度的构建》,载《政法论坛》2003 年第 5 期。

求,具有重要意义。

(一)责任保险产生之社会背景:风险社会

进入工业社会后,随着科学技术的飞速发展,人类抵御风险的各种能力不断提升。本来风险的存在及其威胁会随着人类的进步而减少,但出乎意料的是,风险的种类不但没有因技术的进步而减少,反而不断出现新的类型。正如有学者所言:"在现代化进程中,生产力的指数式增长,使危险和潜在的威胁的释放达到了一个我们前所未知的程度。"①针对这种现象,德国著名社会学家贝克教授于1986年率先提出"风险社会"理论。21世纪以来,越来越多的人开始关注"风险社会"概念,并认为它准确把握了现代社会的本质,对我们理解当前社会以及制定顺应时代需要的制度和政策,具有独特的参考价值。②

贝克教授指出,"风险"是一种发生灾难和危险的可能性,并非等同于"危险"或"灾难"。当人们企图去控制传统和自然,并企图控制它们所产生的不可预料的后果时,人们面临的风险就会越来越多。在我们生活的世界中,风险一直存在,但是,与过去的风险相比,现代社会的风险表现出不同的特征。总结归纳贝克教授的观点,③关于风险社会风险的特征,表现如下:

1.现代风险具有高度的不可预测性和不确定性。"在风险社会中,不明的和无法预料的后果成为历史和社会的主宰力量。"面对现代风险,没有哪个专家或者专家系统能够将这种不确定性转化为确定性,它是真实而不可控的。"标准的计算基础——事故、保险和医

---

① [德]乌尔里希·贝克:《风险社会》,何博闻译,译林出版社2004年版,第15页。

② 参见赵延东:《风险社会与风险治理》,载《中国科技论坛》2004年第4期。

③ 参见[德]乌尔里希·贝克:《风险社会》,何博闻译,译林出版社2004年版,第18~39页。

疗保障的概念等等——并不适合这些现代威胁的基本维度。”

2. 现代风险具有隐形性、不被感知性。在过去,危险是明确的,并且可以被人们所感受到。但是,在当今社会中,人们往往无法感知文明风险,而且只有在物理和化学的方程式中(如核威胁或食物中的毒素)才能发现这些风险。随着社会的进步,人们越来越关注这些既看不到也无法感知的危险;对于制造危险的人而言,他们可能体会不到这些危险带来的不利影响,但是,他们的后代会受到其严重影响。

3. 现代风险具有平等性。客观地说,风险在其范围内以及它所影响的那些人中间,具有平等的影响力。“贫困是等级制的,化学烟雾是民主的。”风险社会不是阶级社会,无论是富人抑或是有权势的人均被囊括。

4. 现代风险具有全球性。现代风险“拥有一种全球化的内在倾向”。它的影响程度和波及面积远远大于传统风险。如大家熟知的“疯牛病”、亚洲金融危机以及日本福岛核电站事故等,尽管它们一开始仅发生在某个国家内部,但其影响却迅速扩张到周边国家,最终酿成了全球性的大灾难。更重要的是,由于现代信息网络技术的发达,由风险带来的恐惧和怀疑会迅速在全社会传播,造成社会动荡不安的局面。

由上可知,无论是在风险的存在范围、风险的被感知性抑或是风险的预测性等方面,现代风险与传统风险均存在众多差异。

(二)责任保险对风险社会之回应

研究风险的意义,并非仅仅限于了解社会风险的特征和类别,更重要的是如何从制度层面去管理风险。正如贝克教授所言:“风险意识的核心不在于现在,而在于未来。我们在今天变得积极是为了避免、缓解或者预防明天或者后天的问题和危机。”[①]英国著名社会理论家和社会学家安东尼·吉登斯也曾言:“我们从来不能成为我们自己历史的主人,但是我们能够而且必须找到驯服这个失控世界的方法。”[②]在“驯服这个失控世界的方法”中,保险的作用正日益凸显出来。正如孔涤庵先生所言:“白云苍狗,世变靡常,忧患之来,如风作波,瞬息而至,莫可逆测,防之而无术,避之而不能;有法焉,使灾难虽生,而痛苦可除,则保险制度是已。”[③]在保险制度中,第一方保险不是此处讨论的重点,风险社会下责任保险的应对才是重中之重。

在日常的生活和生产过程中,个人或企业可能会面临的责任风险,如个人驾驶机动车撞伤别人、企业生产有瑕疵的产品给消费者造成损害、企业因排污污染河流、职业人员因职业过失给顾客带来损害,等等,这些损害都会使加害人不得不承担损害赔偿责任。由于责任风险的存在,新的风险管理形式——责任保险——出现。

在风险社会下,责任保险和其他保险一样,都具有重要的功能和作用,对此,可以从以下几个方面进行理解:

(1)帮助被保险人分散责任风险,实现其财务安全。加害人致使他人人身或财产损害后,需要承担赔偿责任。在政治、经济、文化加速发展的时代,民事责任制度也正在发生变化。尤其是侵权责任领域,无过错责任日益扩大,过错推定责任比以往更为普及,损害赔偿程度也大幅提高,为了保护受害人的利益而要求实现损害赔偿社会化的呼声日益高涨。再者,依据责任发生的原因,民事责任可以

---

① [德]乌尔里希·贝克:《风险社会》,何博闻译,译林出版社2004年版,第35页。

② [英]安东尼·吉登斯:《失控的世界:全球化如何重塑我们的生活》,周红云译,江西人民出版社2001年版,第5页。

③ 孔涤庵:《保险法》,商务印书馆1931年版,第1页。

被分为侵权责任和违约责任，但是，随着生产的日益专业化和社会化，在许多领域会发生侵权责任和违约责任的重合，为了保护受害人的利益，在相当程度上需要适用责任竞合（concurrent liabilities）。如果受害人选择有利于自己的违约责任或者侵权责任时，那么，加害人承担责任的可能性会进一步增大，因此其必须寻求途径转化其面临的民事赔偿责任。保险制度以分散危险、消化损失为目的，可以满足加害人分散责任的社会需求。

责任保险制度的设计，是为保护被保险人免于因依法承担损害赔偿责任而致其经济上地位遭受变动的危险。详言之，被保险人可能因为日常生活或职业、营业活动，造成他人损害而需负担损害赔偿责任。与直接损失相比，责任风险更为严重，因为直接损失实际上不会超过财产本身具有的价值，而责任风险却是没有限额的，“法庭对责任的判决有可能要求个人变卖其所积累的财产，并且对个人的未来收入造成严重的损害。”[①]责任保险的风险吸纳能力，可以避免侵权责任给被保险人带来的毁灭性后果。因此，被保险人可以选择订立责任保险契约，消除或降低因赔偿责任对自己经济生活的影响。责任保险可以做到损害赔偿的社会化，它通过将一个企业或一个人的责任分散给社会大众承担来提高被保险人的损害赔偿能力，有助于解决受害第三人无法通过民事责任制度获得实际赔偿的“尴尬”问题。责任保险的这一功能，与该责任保险合同是否基于自由意愿（任意保险）或基于法律规定（强制保险）而订立无关，只要是责任保险，它都具有分散责任的功能。由于责任保险分散了被保险人的损害赔偿责任，被保险人不需要自己“掏腰包”来赔偿受害第三人的损失，所以，其资产未受影响或影响较少，保障了其财务安全。

---

① ［美］所罗门·许布纳等：《财产和责任保险》，陈欣等译，中国人民大学出版社2002年版，第367页。

(2)快速救济受害第三人。在现代侵权法归责原则下,尤其是适用无过错责任时,被保险人特别容易被判处承担损害赔偿责任,对受害第三人来说,责任保险无疑是一种保护。但现实情形可能并非如此,面对受害第三人的损失,侵权企业可能并无资力进行赔偿,甚至面临破产,最终受害第三人的利益无法得到救济。如三鹿"毒"奶粉事件发生后,在短短四个月后,三鹿集团就被宣告破产,而众多受害家庭却因"毒"奶粉的危害而支离破碎,陷入困境。假如责任保险存在,就企业而言,他不会因为巨额责任负担而陷入破产危机;就受害第三人而言,他会因被保险人赔偿能力的增强而迅速获得救济。诚如学者所言:"责任保险并不仅仅是一项保护被保险人的附属工具(ancillary device),而是赔偿给付的首要媒介(primary medium)。"①有国外学者统计"侵权损害赔偿数额中有94%是由保险人实际支付的"②。

(3)有利于化解矛盾纠纷,维护社会稳定。市场化进程的不断推进,带来诸多社会问题,社会矛盾时有激化。作为市场化的手段,责任保险有助于解决责任事故纠纷,提高纠纷解决的效率,降低社会成本。21世纪以来,医患关系日益紧张,医疗责任保险的广泛开展可以有效化解医生、患者和医院之间的纠纷,维护正常的医疗秩序,减轻政府的压力。

(三)"诉讼保险"化解风险之先进性

某项制度应该具有某些功能并不代表在实务操作中这些功能会充分体现。责任保险作为责任风险管理的重要制度,它应该具有

---

① [德]格哈德·瓦格纳:《比较法视野下的侵权法与责任保险》,魏磊杰、王之洲、朱淼译,中国法制出版社2012年版,第55页。

② [德]格哈德·瓦格纳:《比较法视野下的侵权法与责任保险》,魏磊杰、王之洲、朱淼译,中国法制出版社2012年版,第56页。

上述功效。但是,在现实生活中,责任保险化解矛盾纠纷、应对风险的能力并不突出。在责任保险彰显“诉讼保险”之韵味下,责任保险分散风险、解决纠纷的效率才得以提高。

1. 帮助被保险人避免诉讼,保障内心安宁

责任保险兼具“诉讼保险”之法本质,除了上述帮助被保险人分散责任风险、实现财务安全功能外,诉讼保险还具有帮助被保险人避免诉讼、保障心境安宁的先进之处。

近年来,随着人们教育水平的提高,受害第三人越来越主张过错方承担责任,不管伤害真实与否。“公众有一种近乎疯狂的、不合理的想法,他们竟然认为诉讼可以解决一切问题。”①公众这种“疯狂”,使得商业机构和个人经常要应对各种纷繁复杂的诉讼,并为各类情况造成的损失承担责任。对于责任判决,被保险人必须予以赔付,一来惩罚事故责任方,二来补偿受害第三人,赔偿金额达到上百万元甚至更多已经不再是闻所未闻的事,在某些情形下,甚至可能导致企业破产,如 2008 年三鹿“毒”奶粉事件。在责任保险中,虽然保险人会帮助被保险人承担责任,但是,被保险人对受害第三人到底承不承担责任、承担多少责任,往往仍需要透过被保险人与受害第三人的和解、仲裁或诉讼等过程才能确定。在运作过程中,保险人均是“隐身于”被保险人和受害第三人责任关系之后,由被保险人自己应对受害第三人的索赔请求。众所周知,诉讼是一项既费时间又耗费精力的事情,而被保险人又多是普通大众,法律专业知识和能力相对匮乏,应对如此诉讼必然“心有余而力不足”。应对诉讼的心力和时间的这些耗费对被保险人而言,也是一种风险。如此一来,责任保险帮助被保险人化解风险的功能就会遭到质疑。此外,

---

① [美]特瑞斯·普雷切特等:《风险管理与保险》,孙祁祥等译,中国社会科学出版社 1998 年版,第 109 页。

即使根据责任判决结果,商业机构或个人最终免于承担责任,但是,其支付的诉讼费用也常常是巨大的。在传统责任保险运行中,这些费用都是由被保险人先自行支付的。

责任保险兼具"诉讼保险"的法本质,可以给被保险人带来诸多程序上的便利。被保险人在独自抗辩受害第三人的索赔请求时,他可能会遭受内心的紧张(strain)、不便(inconvenience)和劳顿(harassment),"诉讼保险"能够帮助被保险人解决上述问题。[①]

在责任保险中,保险人是被保险人赔偿责任的终局承担者,因此,他们对被保险人承担的损害赔偿责任不会漠不关心。如果有受害第三人对被保险人提出索赔,在"诉讼保险"下,保险人需要积极参与抗辩受害第三人的索赔,这可以帮助被保险人免遭索赔诉讼之苦。保险人代替被保险人防御索赔请求,相应地,他也应该承担防御费用。

"诉讼保险"让保险人承担防御受害第三人索赔的责任,从而使其负担防御义务。只要受害第三人的索赔请求有一项落入保险责任范围,保险人就需要负担防御义务。[②] "诉讼保险"让被保险人享受到了免受诉讼拖累的利益。

2."诉讼保险"更加有利于化解矛盾,维护社会安定

无论是保护被保险人利益,还是保护受害第三人利益,"诉讼保险"都是以社会利益为落脚点,它存在的最重要的进步意义在于快速化解矛盾纠纷,维护社会稳定。

(1)降低社会成本,分担政府责任。现实中,就责任事故的赔偿

---

① See Jay F. Christ, *Fundamental Business Law*, American Technology Society, 1944, p. 276.

② See Marc A. Franklin, *Injuries and Remedies: Cases and Materials on Tort Law and Alternatives*, The Foundation Press, 1979, p. 740.

问题而言,受害第三人往往要同责任方进行长期地协商。如果协商不成,那么,纠纷就会进入法律程序,对此受害第三人需要收集证据、承担诉讼费和律师费等,这些活动不仅耗时耗力,而且耗费钱财。在某些情形下,为了解决事故纠纷,政府、集体、个人都会被卷入其中,导致社会成本急剧增加。如近年来频繁发生的重特大煤矿事故、公众场合的火灾事故、重大食品中毒事故等,受害者及其家属被长期卷入责任事故的赔偿纠纷之中。假设在无责任保险的情形下,企业或个人可能无法完全负担对受害第三人的损害赔偿责任时,政府往往就成为最后埋单的"冤大头"和"救世主",即出现"政府埋单,企业发财"的现象,而政府负担所需要的钱财又最终被全体纳税人承担,社会成本急剧增加。

在责任保险演变为"诉讼保险"背景下,要求保险人参与责任纠纷的解决过程,不仅能够让政府部门摆脱复杂的事故处理工作,大大减轻政府面临的压力,而且能够降低社会诉讼成本,提高纠纷解决效率。比如,在医疗事故领域,一旦有了医疗责任保险,患者就能够从保险人处获得赔偿,这不仅可以减轻医生和医院的负担,而且可以对患者的利益予以更加有效的保护。正如学者所言:"原告悲剧的最好解决方式是通过被告的保险来达到分散损害的效果,由此把损失从受到严重影响的一个人转到一个团体,其成员可以消化——也较少敏感地——该损害。这个解决方案同时是目的和手段。目的是在人们中间超时地分散损失,理由是大数量的小剥夺比较一个单一大的损失来说更容易被承受。手段是通过保险安排来疏通责任,因此,分散伤害成本的团体是被保险人团体,他们为那种损失投了保险。"①

---

①　[加拿大]欧内斯特·J. 温里布:《私法的理念》,徐爱国译,北京大学出版社2007年版,第38页。

(2)化解矛盾纠纷,促进社会安定。责任事故发生,对个人而言,生命或财产会遭受损失;对企业而言,生产可能会中断,如果最终的经济赔偿问题没有达成一致,必然会产生纠纷并影响社会安定,造成社会、政府、企业、家庭和个人之间的不和谐。特别是在大规模侵权领域,因为侵权事故造成的损害涉及的人数众多,覆盖区域大,企业常常会承担巨额赔偿。这时,如果对损害救济不当,那么,企业可能不仅会破产、打击整个行业品牌,而且还会阻碍地方经济的稳定发展,更有甚者,可能成为诱发社会问题和影响社会稳定的导火索。例如,2008 年的三鹿“毒”奶粉事件,事件发生后,三鹿集团宣布破产,“光明”“雅士利”“蒙牛”等奶制品品牌也受到重创,整个中国的奶粉市场受到冲击,同时,民众的心理恐慌愈加强烈,谈“粉”色变,严重影响了社会的稳定。

“诉讼保险”的引入,可以快速化解矛盾纠纷,社会理所当然地就会更加安定和谐与文明。众所周知,大多数的责任事故是极易诱发社会纠纷并影响社会稳定的事件,而其中的焦点问题又常常集中在经济赔偿上。如果加害人投保了责任保险,让保险公司帮助其处理索赔,这不仅能够填补被保险人因承担责任而遭受的利益损失,而且能够帮助被保险人免受诉讼劳累。此外,保险人协助被保险人防御,也可以使被保险人与受害第三人之间的矛盾快速得到化解,从而减少社会纠纷,促进社会安定。

## 本章小结　“诉讼保险”:保险人从“幕后”走向“台前”

责任保险产生之初,其合法性受到严重质疑,但随着责任保险逐渐重视保护受害第三人及社会公众利益,其合法性也逐渐被认可。责任保险在百年的演变过程中,功能和目的也在递嬗:第一阶段责任保险的目的在于保护被保险人,性质为第一方纯粹损失填补保险;第二阶段责任保险的目的在于保护受害第三人,演变成第三方“责任”保险;第三阶段责任保险的目的又重申保护被保险人,只是此时责任保险是第一方保险与第三方保险的合并。在此演变进程中,责任保险逐渐呈现出“诉讼保险”之法本质,保险人应从“幕后”走向“台前”,协助被保险人防御受害第三人索赔请求,这不仅体现出损失填补功能,更涵盖权利保护功能。责任保险的“诉讼保险”定位,不仅可以从理论上回避分离原则之缺失,简化法律关系,而且可以更好地化解矛盾纠纷,实现社会的安定和谐。此后,现代责任保险的具体制度都是在“诉讼保险”的理论基础上进行系统而深入地构建。

# 第二章　现代责任保险权义结构之“二元性”

在现代责任保险演进为“诉讼保险”之背景下，被保险人请求权的性质为何？与之相对，保险人的保险给付义务又包含哪些内容？在现有研究中，对此类问题的回答，总是被“保险事故发生后，被保险人按照保险合同请求保险人赔偿或给付保险金，保险人履行赔偿或给付保险金义务”等语匆匆带过，即我国责任保险当事人的权义结构仍被认为是“金钱给付请求权——保险金给付义务”之“一元论”结构。这种“一元论”的权义结构，难以适应现代责任保险权义结构的特殊性，也无法反映现代责任保险“诉讼保险”的发展趋势，更无法真正保护责任保险被保险人及受害第三人的权益。鉴于此，本章拟参酌 2008 年《德国保险合同法》修正案及其理由、美国新近学说及判例的见解，阐释现代责任保险当事人权利义务结构的"二元性"。

## 第一节　责任保险被保险人请求权理论之演进

在责任保险目的和功能嬗变的过程中，被保险人请求权理论也逐渐发生变化，从"金钱给付请求权"到"免责请求权"再到"不利益豁免请求权"，这反映出责任保险被保险人请求权理论的演变趋势。

### 一、被保险人请求权理论之多元化

"财产保险是损失补偿保险。"[①]责任保险作为财产保险中的一种，它是在损失填补保险的基础上发展和应用的保险险种。从理论上讲，依据保险法的"损失填补原则"，保险事故发生后，被保险人遭受的损失应该获得如数补偿，从而让被保险人得以恢复到事故发生之前的状态。具体到责任保险上，责任保险可提供给被保险人的保障为使被保险人"回复到事故未发生前之状态"。

在制度设计上，根据被保险人要求保险人给付义务的时点不同，被保险人享有的保险给付请求权性质并不相同，目前世界各国或地区的责任保险主要有三种请求权理论（见图2）。

（1）在已经对受害第三人进行赔偿后，被保险人所享有的保险给付请求权为"金钱给付请求权"。

（2）在赔偿责任确定后，对受害第三人进行赔偿之前，被保险人所享有的保险给付请求权为"免责请求权"。

（3）当遭到受害第三人提出赔偿请求时，被保险人享有可请求保险人为其抗辩或和解的"不利益豁免请求权"。

---

① ［英］M. A. 克拉克：《保险合同法》，何美欢、吴志攀等译，北京大学出版社2002年版，第102页。

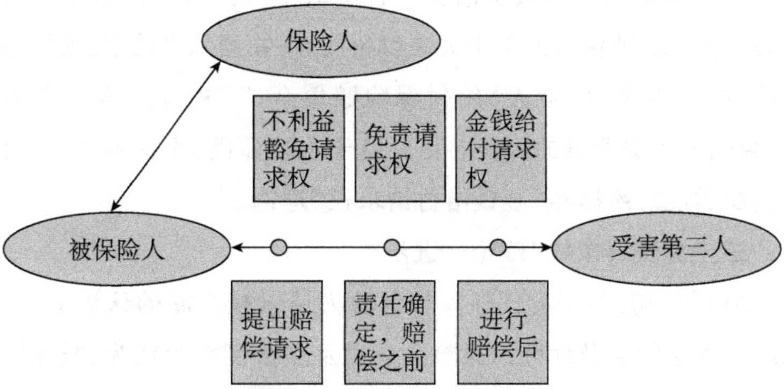


**图 2　责任保险被保险人请求权之不同理论**

## 二、"金钱给付请求权"理论之摒弃

"金钱给付请求权"理论的产生，可能囿于责任保险为纯粹损失填补保险之理论限制。在该理论主导下，被保险人只有在实际履行赔偿责任后，才能请求保险人给付保险金，由此而知，该请求权为"金钱给付请求权"。传统责任保险法理认为："责任保险是一种补偿合同，而且原则上这种保险不要求承保人在被保险人遭受损失之前支付保险金。在被保险人'付钱'，即被保险人实际地赔偿了受害人之前，并没有损失发生。"①从表面上看，该理论较符合保险理论，"有损失，才补偿；无损失，不补偿；损失多少，补偿多少"，保险人能够真正地实现对被保险人的损失填补。而且，它可以避免发生被保险人受领保险金之后，未将保险金用以赔偿受害第三人而导致事实上被保险人因他人受害而得利的不当结果。

但是，"金钱给付请求权"理论仍有诸多不足和缺陷。它忽略了一个重要的现实情形：被保险人可能无足够资力先行赔偿受害第三

① ［英］M. A. 克拉克：《保险合同法》，何美欢、吴志攀等译，北京大学出版社 2002 年版，第 409 页。

人,因为“大量的行为人生活在一种绝对不可能实际赔偿受害人的状态”。[①] “若被保险人不幸失去偿付能力,并经判决认定,其依照保险单,不得请求(保险人)给付保险赔偿金。”[②]被保险人因无力赔偿,会陷入进退两难的困境。正是基于上述原因,现在各国立法例、判例及学说纷纷抛弃“金钱给付请求权”理论。

## 三、“免责请求权”理论之进步

20 世纪初,关于责任保险被保险人请求权内涵的认识上,责任保险业发达国家及地区的保险法学说及立法例纷纷认为,被保险人请求权已不再像一般财产保险那样属于一种“金钱给付请求权”,而是一种“免责请求权”。

### (一)“免责请求权”理论之滥觞

所谓“免责请求权”(Befreiungsanspruch),是指责任保险的保险人有义务使由受害第三人向被保险人主张的有理由损害赔偿请求权归于削减,让被保险人从受害第三人的赔偿义务中脱免。[③] 当责任保险被保险人对受害第三人的损害赔偿责任确定时,其财产事实上已承受源于其赔偿义务的现实负担,此时责任保险对于被保险人最大的意义并非在于保险人向其支付保险金,而在于被保险人不被催促着向受害第三人履行责任。其中,“免责”是指使被保险人免除责任负担,它更加贴合责任保险的性质,取“免除被保险人责任”之意。

“免责请求权”理论为德国保险法学者首创,早在 1898 年德国

---

① 邹海林:《责任保险论》,法律出版社 1999 年版,第 39 页。

② 邹海林:《责任保险论》,法律出版社 1999 年版,第 251 页。

③ 参见刘北芳:《论直接请求权在任意责任保险下之定位及相关问题之研究》,中国台湾地区台北大学 2013 年硕士学位论文,第 90 页。

学者即提出责任保险请求权为“免责请求权”的构造，[①]认为被保险人对于责任保险人所享有的权利，为“免责请求权”，而非“金钱给付请求权”。

原来德国学界及实务界也均认为，被保险人依责任保险契约所取得的权利为“金钱给付请求权”。德国帝国法院在1909年2月5日的一个基础判决中首先提出，责任保险中被保险人对保险人所享有的请求权应当解释为免责请求权，其旨在使被保险人免于向受害第三人承担损害赔偿责任。[②] 之后，“免责请求权”理论逐渐发展成为德国学界和司法实务界的统一见解，该见解的变更是着眼于保护受害第三人。本案[③]的案件事实是：1900年4月10日，建筑工程师M和被告保险公司签订了责任保险合同，约定由保险公司对其经营建筑事务时发生的人员伤亡责任进行承保。M对1901年1月26日发生的一起建筑事故负有责任，被判决支付701,540马克损害赔偿及7610马克利息。由于受害第三人请求赔偿，地方法院于1904年11月11日作出判决，将M依据责任保险合同享有的1,229,715马克的请求权予以质押，并划入受害第三人账户。这一判决始于受害第三人要求保险公司支付其从被保险人处取得的赔偿款及利息，保险公司拒绝了受害第三人的要求，因为保险公司只有义务确保被保险人没有遭受损失，也即只有受害第三人已从被保险人那里得到清偿，保险人才会就被保险人损失的费用进行补偿，而毫无疑问被保险人并没有支付任何款项。地方法院支持了受害第三人的请求，上诉法院维持了原判。此案件关键问题在于：在责任保险中，当被保

① 参见林新裕：《汽车责任保险受害第三人直接请求权之探讨》，中国台湾地区政治大学2002年硕士学位论文，第25页。

② 参见沈小军：《论责任保险中被保险人的责任免除请求权——兼评〈保险法司法解释四〉责任保险相关条文》，载《法学家》2019年第1期。

③ RGZ 070, 257 - 263.

险人被判决支付受害第三人损害赔偿但并未支付时,其对保险人仅有支付赔偿款的“金钱给付请求权”,还是仅有免除赔偿之债的“免责请求权”?上诉法院维持了“免责请求权”的看法,因此支持了地方法院的判决。上诉法院的考虑是基于责任保险的本质以及对保险合同条款的解释,并没有发现其中有违反法律之处。

上诉法院没有支持被保险人只有自支付受害第三人时才有损害产生的说法,其没有错误地认为,保险事故不存在或者在清偿受害第三人之前不存在,也没有要求被保险人预付赔偿款。上诉法院的观点在于,保险人的义务并非在被保险人支付受害第三人之后负担起金钱债务,而是在于为(被保险人面临的)赔偿责任请求权提供保护。保险人仅为被保险人免除其对受害第三人的责任,或者减轻其在损害行为中产生的债务,被保险人对此不能过多或者过少地要求。由此,被保险人自身对受害第三人的清偿不会受到阻碍,同时该清偿行为也产生冲抵作用,即在保险合同条款允许的情况下,这部分已清偿的金钱债务的“免责请求权”转变为对保险人的“金钱给付请求权”,该“金钱给付请求权”毫无疑问是可以自由转让、质押的。

上诉法院对于保险合同条款所作的补充解释时的考虑,同样无可指摘。这些考虑源于责任保险的本质,并且不是出自 M 与保险公司之间具体的保险契约,而是基于所有同类保险契约所设定的条款。首先,责任保险遵循为被保险人防御损害赔偿责任之债的目的。责任保险并非单纯的“诉讼保险”,而是真正的损害保险,但损害在责任事故发生后即存在,即被保险人遭受来源于其赔偿责任义务的财产负担。在被保险人清偿之前,其保险利益在于,他根本不需要清偿,而是由保险公司方去清偿或者让其免于被受害第三人提起请求权诉讼。且就被保险人的利益而言,不需要保险人向其支付保险金,而仅在于他不被催促着支付债务。因此,被保险人在自行清偿受害第三人从而将自己从被动状态中解脱出来之前,都受到免责请求权的充分保护。至于保险人如何使其免责,对被保险人而言则是无关紧要的。其次,不能否认保险人对此也有显著的利益,即保险人没有义务向被保险人支付赔偿款,但保险人有权与受害第三人协商以合适的方式解决赔偿事宜,只要保险人能成功地保护被保险人免于受害第三人的请求权困扰。最后,虽然责任保险并非利于受害第三人的合同,受害第三人与保险人之间不存在保险法律关系,但是受害第三人显然在经济意义上参与了该保险。如果保险人的义务仅在于向被保险人支付一定数额的赔偿金从而对受害第三人进行清偿,而无权直接与受害第三人协商,以满足保险合同约定的保护被保险人免受损失的请求权,则受害第三人的利益将会严重受损。所有这些利益都值得考虑,因此对单纯的“免责请求权”予以肯定。

综上所述,德国帝国法院认为:“责任保险之请求权,并非于保险事故发生后,受害人尚未自加害人处获得赔偿之前,请求将保险金给付被保险人的权利,而系借由向受害第三人给付保险金,使被保险人脱免其对于受害第三人所负的赔偿债务为内容的权利——即免责请求权。”①由此而知,该判决首次明确责任保险并非“金钱给付请求权”,而是使被保险人脱免于债务负担的“免责请求权”,帝国法院在后续的判决中也坚持此见解,嗣后联邦最高法院的判决也赞同之。②

（二）免责请求权之功能定位

确认责任保险被保险人请求权为“免责请求权”,而非“金钱给

① RG5.2.1909 RGZ Bd.70 S.261.

② BGH BGHZ Bd. 7 S.244; Bd15 154 - 157.

付请求权”,并非只有简单的观念厘清作用,最主要的作用还在于保护受害第三人。保险人只能向受害第三人直接给付保险金,或者在被保险人赔偿受害第三人后给付给被保险人,以实现使被保险人“脱离不利”或“免责”的目的。因任何受害第三人以外的第三人不得依其他法律关系向保险人请求给付保险金,即使保险人仍然给付,对其他第三人也不生效力。① 从而,既填补了被保险人的损失,又保护了受害第三人的权利。

(1)被保险人处分保险金之禁止。如果责任保险被保险人在保险事故发生时,得对保险人享有的请求权为“金钱给付请求权”,则被保险人可以处分该请求权。因为“保险给付请求权为被保险人依照保险合同的约定享有的债权,被保险人可以将之转让与他人”②。债权移转的效力不容否认。反之,如果责任保险被保险人在保险事故发生时,其保险给付请求权内涵为“免责请求权”,那么其性质就是专为赔偿受害第三人而使被保险人脱离不利情况,具有专属性,所以被保险人不得将它移转给他人。

(2)受害第三人以外的第三人不得扣押保险给付请求权。就受害第三人角度而言,他不会过多关心案件“真正的”当事人是谁,但会关心被保险人破产以及第三方债权人扣押保险请求权的风险。如果确认责任保险被保险人的请求权为“免责请求权”,那么,受害第三人在这两个方面都会享有法律保护。依据《民事诉讼法》的规定,扣押的目的在于债权人恐债务人在债权债务关系尚未完全确定之前,即对其财产加以处分,导致将来债权人对债务人债权确定后,债权人无法完全受偿,所以,为保全将来的强制执行,而在起诉前向

① 参见江朝国:《保险法基础理论》,台北,瑞兴图书股份有限公司2009年版,第109~110页。

② 邹海林:《责任保险论》,法律出版社1999年版,第194页。

法院申请执行金钱债权保全程序。如果责任保险被保险人的保险给付请求权为“金钱给付请求权”，则该请求权性质为一般金钱债权，被保险人的债权人当然可以申请法院对它进行扣押。但如果被保险人的请求权为“免责请求权”，则除受害第三人以外，被保险人的其他债权人均不得有效的扣押该保险给付请求权，所以可以杜绝被保险人其他债权人染指保险给付请求权的可能性。① 针对被保险人破产的情形，《德国保险合同法》第157条规定，为了保护受害人的利益，破产管理人必须单列保险索赔请求权，以使其免于在其他债权人之间分配。除了破产以外，在判决执行过程中，第三方债权人也被禁止扣押保险索赔请求权。通过将被保险人请求权专门指定为“免责请求权”而非“金钱给付请求权”的方式，可以更好地帮助受害第三人。除了受害第三人的责任索赔请求能触发保险金支付以外，其他债权人皆不得执行此等性质的请求权。②

虽然“免责请求权”理论有上述功能，但它仍有不足和缺陷。责任保险被保险人消极的财产损失只有在赔偿责任确定时才会发生，但在遭到受害第三人的赔偿请求时，除少数责任已明确的案件外，多数的状况是事实及证据资料并未完全揭露，所以责任归属的判断，尚有疑义；或者，责任关系的当事人虽然对于责任归属无争议，但对于赔偿数额并未达成共识等。此时，被保险人即需要与受害第三人进行协商，甚至“对簿公堂”，以求责任及赔偿金额的确定。此时，被保险人会因消极的财产损失迫近而感到担忧、焦虑，并且因可能陷入赔偿责任诉讼的烦琐处理程序而不安，被保险人迫切需要具

① 参见叶铭进：《论强制汽车责任保险法中受害人之保护及其相关问题》，台北大学1993年硕士学位论文，第15页。

② 参见［德］格哈德·瓦格纳：《比较法视野下的侵权法与责任保险》，魏磊杰、王之洲、朱淼译，中国法制出版社2012年版，第123页。

备专业知识和应诉技能的保险人的协助。①

综上所述，责任保险被保险人给付请求权从“金钱给付请求权”演变为“免责请求权”，一开始是以保护受害第三人为出发点，借以切断被保险人的其他债权人染指保险给付请求权的可能性。然而，“免责请求权”能够满足受害第三人有正当理由的损害赔偿请求权，对于不正当的请求，它恐怕依然无法提供足够的保障，且对于不正当的请求，被保险人更有权利保护的需要。

**四、“不利益豁免请求权”理论之创制**

所谓“不利益豁免请求权”，是指当被保险人因受到依法享有损害赔偿请求权人（受害第三人）的请求而陷入不利益之状态时，向责任保险人请求使其脱离此状态。它包含两部分内容：一是“免责请求权”，二是“防御请求权”，两者并列，共同组成一个统一的“不利益豁免请求权”。② 针对它包含的两部分内容，“免责请求权”的内涵和功能，上文已进行过详细阐述，在此仅阐述“防御请求权”的内涵。所谓“防御请求权”，是指被保险人遭到受害第三人赔偿请求时，可以请求保险人为其防御或和解的权利。依据不同的情形，“不利益豁免请求权”呈现不同的形态：当受害第三人对被保险人的请求正当时，呈现出“免责请求权”的特点；当受害第三人对被保险人的请求不正当时，呈现出“防御请求权”的特点。“不利益豁免请求权”理论首先出现在德国，它是在“免责请求权”的基础上发展和演进的。

在德国，“Befreiungsanspruch”一词，一方面本身在保险法上并没

---

① 参见温世扬、姚赛：《责任保险保险事故理论的反思与重建》，载《保险研究》2012 年第 8 期。

② 参见叶启洲：《保险法实例研习》，台北，元照出版有限公司 2011 年版，第 303 页。

有明确的定义，另一方面自德国帝国法院提出该概念后，保险人的防御义务即基于此在实务中得到普遍承认，所以，有德国学者取其广义用法[①]，称现行《德国保险合同法》第100条所规定的保险给付请求权也是“Befreiungsanspruch”[②]，由此造成了“免责请求权”和“不利益豁免请求权”的混译，并进而产生了“免责请求权”即等同于“不利益豁免请求权”的误解。只有严格区分两者，才能正确理解被保险人请求权理论的阶段性发展。

首先，就2008年《德国保险合同法》而言，被保险人的请求权内容不仅包括当受害第三人请求权成立时的“免责请求权”（Freistellungsanspruch），也包括当受害第三人请求权无正当理由时的“防御请求权”（Abwehrsanspruch），故应当将其译为“不利益豁免请求权”，以示区别。

其次，从请求权行使的前提看，“Freistellungsanspruch/Befreiungsanspruch（狭义）”的行使以被保险人的损害赔偿责任成立为条件，本着先有责任存在，而后才有可能使之免除的逻辑，“免除责任负担”的“免责请求权”显然更贴切。相应地，“Befreiungsanspruch（广义）”的行使不以被保险人对受害第三人的损害赔偿责任为前提，只要被保险人遭到受害第三人请求，被保险人即可请求保险人履行义务，至于受害第三人的请求正当与否，则是无关紧要的。因此，采用“不利益豁免请求权”的译法更加符合该术语的特征。

最后，就责任保险的法定义务而言，明显地展现出从保险金支付——免责——不利益豁免的阶段性变化，如果将“免责请求权”等

---

① 德国法理论上将“Befreiungsanspruch”分成广义和狭义上的用法，其中广义上对应被保险人统一的保险给付请求权，而狭义上则指被保险人在受害第三人的损害赔偿请求权有正当理由时的请求权，其内容类似于“履行/补偿请求权”。

② Bruck/Möller/Robert, Kommentar zum VVG, 9. Auflage, Vor §§100－102, Rn. 1.

同于“不利益豁免请求权”，一则难以解释第二阶段中被保险人请求权的性质，二则无法体现第三阶段中被保险人请求权的二元结构。①

综上所述，对德国法中的“Befreiungsanspruch”概念的理解，应充分认识到其于不同场合应用的差异。特别是在2008年《德国保险合同法》中，防御义务已经明文化和法典化。为了保证保险人负担防御义务，被保险人请求权就不再表达为“免责请求权”，而为“不利益豁免请求权”。

不难发现，责任保险被保险人请求权理论的演变是层层递进的：当被保险人的损害赔偿责任确定时，其“不利益豁免请求权”的具体形态转为“免责请求权”；而当被保险人已自行赔偿受害第三人后，其“免责请求权”又转为“金钱给付请求权”，此“向后”的顺序所呈现的恰是责任保险的一般理赔流程。然而，正是随着保险给付请求权内容的“向前”发展，才使得保险人一步步从“幕后”走向台前，责任保险也因保险人的防御义务而兼具诉讼保险性质。“不利益豁免请求权”是责任保险被保险人请求权未来发展的必然趋势。经过理论上的“去芜存菁”，它已逐渐被责任保险先进国家和地区的责任保险立法例所采纳。

## 第二节　“不利益豁免请求权”理论正当性之基础

“金钱给付请求权”和“免责请求权”理论，无法满足被保险人投保责任保险的真正需求，也不符合责任保险“诉讼保险”的法本质。为了顺应现代责任保险的先进发展趋势，保护被保险人和受害第三

---

①　参见黄佩蕾：《论责任保险人之抗辩义务——以德国〈保险合同法〉为重心》，中南财经政法大学2016年硕士学位论文，第10页。

人的利益,被保险人请求权理论应选择“不利益豁免请求权”。可以说,“不利益豁免请求权”才是责任保险被保险人请求权性质的准确定位。

## 一、责任保险发展趋势之体现

责任保险业发达的国家或地区,无论是隶属英美法系的美国,还是隶属大陆法系的德国,责任保险皆已从“纯粹损失填补保险”发展为“诉讼保险”。在美国,一般的责任保险合同均约定:“依本保险契约,如被保险人对于他人之身体伤害或财产损害依法应负赔偿责任时,保险公司将代负全部给付之责任;如第三人因身体伤害或财产损害而对被保险人起诉请求赔偿时,保险人公司有防御该诉讼之权利与义务,纵使该第三人之主张为无理由、虚假或意图诈欺者亦同。”①由此而知,美国责任险不仅要求保险人补偿被保险人的赔偿责任,而且要求保险人代替被保险人防御受害第三人的索赔请求。在德国,2008 年《德国保险合同法》在进行百年大修时,在立法中也有类似规定,其第 100 条规定:“在责任保险中,对于保险期间内发生事故导致第三人向投保人提出索赔请求或第三人向投保人恶意诉讼的,保险人都有义务代替投保人应诉。”②另外,《德国责任保险标准业务条款》(Standard Business Terms of Liability Insurance)第 3 条第 2 款为保险人课加如下义务:清偿针对被保险人提出的合理索赔请求,并对不合理的索赔请求提出抗辩。③ 德国一般责任保险条款第 3 条第 2 款第 1 项规定:“保险人的给付义务包括损害赔偿责任问题的审查、基于经保险人同意后的承认或其同意所为的和解、或

① 黄义丰:《论美国责任保险保险人之责任》,载《台大法学论丛》1988 年第 2 期。

② 孙宏涛:《德国保险合同法》,中国法制出版社 2012 年版,第 83 页。

③ 参见[德]格哈德·瓦格纳:《比较法视野下的侵权法与责任保险》,魏磊杰、王之洲、朱淼译,中国法制出版社 2012 年版,第 122 页。

法官所为的赔偿决定的损害补偿，以及对不正当请求的防御。”①由此而知，德国责任保险保险人的义务也有两个：清偿和抗辩。因此“不利益豁免请求权”理论符合现代责任保险的先进发展趋势，能够要求保险人履行补偿义务和防御义务。

**二、责任保险缔约目的之满足**

从责任保险的运行来看，一方面，责任保险建立在侵权责任的基础之上，对侵权法有着天生的“寄生性”；另一方面，侵权责任的成立与否，大多须经过法院的判决，因此责任保险又对侵权诉讼有着天生的“依赖性”。“责任保险为被保险人所损害的人提供补偿是以他能够证明被保险人的责任为条件的。因此，这种保险在本质上是寄生的，在被保险人侵权行为法律责任得到证明之前，任何赔偿均不得支付。”②但是，“在实践中，被保险人法律责任是一个很难证明和裁决的问题。”③“现代诉讼制度程序复杂，耗时费钱，一般民众视诉讼为畏途。”④如果被保险人不得不抗辩受害第三人提出的各种形式的索赔的话，那么将必然会承受内心的“紧张、不便和劳顿”⑤。因此，“避免诉讼也是人们投保责任保险的一个重要原因。”⑥

比较而言，采纳“不利益豁免请求权”理论，最能实现被保险人缔约责任保险的目的。在“不利益豁免请求权”理论主导下，保险人

---

① Voit/Knappmann in：Prölss/Martin，VVG 27，§3 AHB，S. 1280.

② ［英］彼得·坦斯、约翰·香德：《西方社会的法律价值》，王献平译，中国人民公安大学出版社1990年版，第157页。

③ ［澳］彼得·凯恩：《阿蒂亚论事故、赔偿及法律》，王仰光、朱呈义等译，中国人民大学出版社2009年版，第244页。

④ 王泽鉴：《民法学说与判例研究》（第三册），中国政法大学出版社1997年版，第205页。

⑤ Jay F. Christ, *Fundamental Business Law*, American Technology Society, 1944, p. 276.

⑥ ［英］M. A. 克拉克：《保险合同法》，何美欢、吴志攀等译，北京大学出版社2002年版，第839页。

承担责任的方式，不仅包括消极的补偿义务，更包括积极的防御义务。“事实上，责任保险法的发展趋势是从保险人的消极补偿义务转变为保险人的积极抗辩义务，即在第三人向被保险人提起索赔请求后，保险人不应当消极地等待法院作出被保险人承担赔偿责任的裁决才进行赔偿，相反，其应当积极地履行抗辩义务，为被保险人进行积极努力的抗辩，以尽量免除或减轻被保险人可能承担的赔偿责任，并将被保险人从纷繁复杂的诉讼程序中解放出来，确保其心境之安宁。这才是被保险人购买责任保险的根本目的之所在。”①一言以蔽之，在此体制下，针对受害第三人的赔偿请求，被保险人不但不需要筹集金钱，因为保险人是被保险人支付赔款的“提款机”，②而且还“享受到了免受诉讼拖累的利益”③，因为保险人为其提供了抗辩服务。

反观“金钱给付请求权”与“免责请求权”，二者在认识上的差异仅“一步之遥”：前者是“被保险人自己筹钱支付赔付后，才可向保险人请求给付保险金”；而后者是“责任确定后，被保险人不必筹款，只需要求承保人支付。”无论在哪种理论之下，保险人都是“隐身于”受害第三人和被保险人的侵权诉讼后，而由被保险人亲自防御受害第三人提出的索赔请求，因此，被保险人会陷入两难困境。正如国外学者分析所言：“如果保险人只是在后来（责任经诉讼、仲裁或和解确定之后）的时候才会负上责任，它就没有义务对索赔表态；而在被保险人知道保险人的立场之前，被保险人将难于做出是否和解争端的合理决定。”④因此，这种理论设计仍有过于偏重于保护保险人之

---

① 孙宏涛：《德国保险合同法》，中国法制出版社2012年版，第13页。

② 参见周学峰：《侵权诉讼与责任保险的纠结——从两方对抗到三方博弈》，载《清华法学》2012年第2期。

③ 参见邹海林：《责任保险论》，法律出版社1999年版，第37页。

④ Derrington & Ashton, *The Law of Liability Insurance*, Sydney, 1990, p. 342.

嫌,因为"保险人将会满意于在支付之前等待裁定或者和解"①。

**三、损失填补原则之真正体现**

保险最基本的功能是保护被保险人免于承担未来可能产生的损失。保险是补偿被保险人损失的一种手段。责任保险既然为损失填补保险,那么,必须确定的是责任保险中"损失"概念所指为何。

从责任保险实际运行来看,在被保险人遭到受害第三人索赔请求时,他就会因卷入责任纠纷而产生焦虑、担忧、烦躁等心理活动,从而陷入非正常之状态,这种非正常状态能否纳入"损失"的范畴?依照传统的认识,似乎并不能,但对于被保险人而言,这种非正常的状态确实属于一种不利益,所以将这种不利益风险利用保险进行分散并无不妥。② 在责任保险中,被保险人的需求只有一个——脱离不利益之状态。因此,责任保险的损失,有必要从广义角度理解:只要受害第三人提出赔偿请求,被保险人的权利就会受到影响,此时,被保险人所处的不利益状态即应被认定为保险损失。换言之,责任保险的"损失"已转变为一种"损失可能性"。

所谓"损失可能性",是相对于积极财产保险中的期待利益而言,其本质上具有暂定的性质,同时也存在往现存消极财产转化的倾向,从而有成为确定的无价值关系的可能。③ 被保险人在遭到受害第三人请求时,即已发生所谓的"损失可能性",这个"损失可能性"可能转化成以下费用和支出:一是对于请求进行防御所支出的

---

① [英]M. A. 克拉克:《保险合同法》,何美欢、吴志攀等译,北京大学出版社 2002 年版,第 410 页。

② 参见温世扬、姚赛:《责任保险保险事故理论的反思与重建》,载《保险研究》2012 年第 8 期。

③ 参见[日]西岛梅治:《责任保险法の研究》,同文馆 1968 年版,第 75 页。转引自陈雅萍:《论责任保险人于危险事故发生时之参预权与其为被保险人利益之防御义务》,中国台湾地区政治大学 1994 年硕士学位论文,第 14 页。

费用,二是防御费用以外的、可用金钱估计的时间与劳力的支出,三是责任成立的赔偿债务。① 详言之,被保险人遭到受害第三人请求后,被保险人的经济状况会因受到不利状态的影响而增加负担,而此种不利状态并非直至赔偿责任成立才产生,也非待受害第三人提出请求也无从形成,被保险人对保险人的请求权,即是对尚处于不确定状态的“损失可能性”予以恢复原状。被保险人对保险人单纯的“金钱给付请求权”已难以满足脱免不利益状态的目的,被保险人依据此种请求权根本无法恢复到事故未发生时的状态。为满足被保险人“损失可能性”填补的需要,保险人或对受害第三人的请求做抗辩,或迳对受害第三人赔偿,这两种形式对被保险人而言具有等值性。对身为加害人的被保险人,责任保险给予两方面的保护:一为对有正当根据之责任请求权的满足;二为对不正当赔偿请求之保护被保险人。② 换言之,保险人除消极地填补因法律责任所致的损失外,还应积极地协助被保险人为抗辩、和解等防御。因此,被保险人的请求权只有定性为“不利益豁免请求权”,才能填补被保险人面临的“损失可能性”。

综上所述,“不利益豁免请求权”包含两方面的内涵:免责请求权和防御请求权。只有同时具备这两层含义的“不利益豁免请求权”,才能顺应责任保险的现代发展趋势,从而满足“诉讼保险”应有的理论需求,这也符合被保险人缔结责任保险分散风险的目的。更重要的是,它并未偏离损失填补原则。因此,“不利益豁免请求权”理论应成为未来责任保险被保险人请求权理论的必然选择。

---

① 参见[日]西岛梅治:《责任保险法の研究》,同文馆出版1968年版,第77页。转引自陈雅萍:《论责任保险人于危险事故发生时之参预权与其为被保险人利益之防御义务》,中国台湾地区政治大学1994年硕士学位论文,第14~15页。

② 参见陈荣一:《责任保险保护权利之给付的法律上性质》,载《台中商专学报》1978年第11期。

## 第三节 责任保险人给付义务之扩张:防御义务

澳大利亚著名法哲学家佩顿(Paton)曾言:"权利和义务是相关物,人们不可能有没有相应义务的权利,也不可能有没有相应权利的义务,当人们说到权利时,实际是在说两个人之间的权利和义务关系。"①在责任保险中,当事人之间的权利义务也应该是对等的:被保险人的权利就是保险人的义务,保险人的权利就是被保险人的义务。在责任保险被保险人请求权性质转变之背景下,责任保险保险人的义务也应该随之扩张。

### 一、责任保险保险人给付方式之特殊性

保险人的义务是对被保险人的损失进行填补,即保险损失的发生驱动保险人给付义务的进行。在一般财产保险中,保险给付以给付"保险金"为原则,以"提供恢复原状等代替性给付"为例外。② 但具体到责任保险中,保险人履行损失填补义务则应以恢复原状为优先选择方式。

#### (一)保险实务中保险人给付方式之种类

在保险实务中,保险人履行给付义务的方式主要包括现金、恢复原状、修理、重置四种。如图 3 所示。

---

① G. W. Paton, *A Textbook of Jurisprudence*, Oxford University Press, 1972, p. 285.

② 参见刘宗荣:《新保险法:保险契约法的理论与实务》,台北,翰芦图书出版公司 2007 年版,第 351 页。

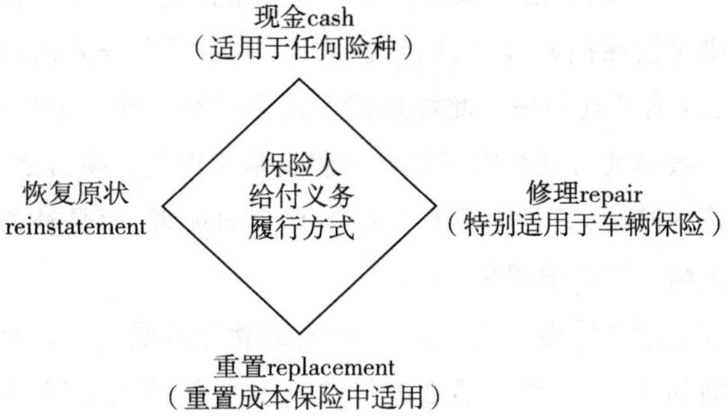


**图 3　保险人给付义务履行方式**

现金的给付方式适用于任何险种，这种承担保险责任的方式是最明确、最适合解决理赔争议的；恢复原状主要在保险标的因发生保险事故而遭受毁损时，保险人选择或基于法律规定使保险标的恢复原状或以类似的实物进行赔偿，在火灾保险中使用较多；修理常用于车辆保险，保险人也可直接支付修理费用；重置主要在重置成本保险中适用，保险合同约定为被保险人重新置换类似的财产，以填补其损失。不同的补偿形式分别应用在不同种类的保险中，在订立合同时由双方当事人根据保险的种类对其进行商定并载明于合同之中。

（二）财产保险保险人给付方式之选择：金钱赔偿抑或恢复原状

在民法上，损害赔偿的方式主要有两种：一为恢复原状，二为金钱赔偿。[①] 所谓恢复原状，是指将受损物恢复到损害事件未发生时的状态。损害事件发生前的状态并非毫无标准，其指假设损害事件未发生而继续发展，于是提出恢复当时的状态。损害赔偿义务人负担恢复原状的义务时，可能修缮该受损物或给付全新的同种类之物

---

① 参见曾世雄：《损害赔偿法原理》，中国政法大学出版社 2001 年版，第 147 页。

予权利人。因此,恢复原状的目的在于排除真实的损害。而所谓金钱赔偿则是按照损害程度,以金钱估计,由赔偿义务人向被害人给付金钱,以填补其损失。此种赔偿方式在于补偿计算上的损害,而计算损害数额的时点与恢复原状的假设是相同的。换言之,金钱赔偿为价值的赔偿,其目的不在于排除真实的损害,而是补偿损害赔偿权利人财产的价值损失。

比较上述两种损害赔偿方式,恢复原状是将受损物恢复到损害未发生前的状态,与损害赔偿的目的较为吻合,但事实上不能恢复者为多数;至于金钱赔偿,因所赔偿者为价值的损失,在各种损害赔偿场合均可适用,且较具有效率,但由于金钱赔偿是补偿计算上的损害,并非直接将损害排除,不免与损害赔偿的目的有所出入。“英美法系认为金钱赔偿应得到优先的采用,在大陆法系各国,传统的制度和理念是让实际恢复原状得到优先的采用。”①《中华人民共和国民法典》第179条②规定了民事责任的承担方式,其中“恢复原状”和“赔偿损失”是并列提到的,并没有规定何者优先适用的问题。

在保险法上,保险人损失填补的主要途径,也不外乎上述两种方式,但我国保险法并无明文规定以何者为原则、何者为例外。因此,两种不同的补偿方式在保险法上有如何不同的效果,值得讨论。第一,就履行的难易度而言,金钱给付显然较恢复原状易于执行。金钱给付义务的履行,若非巨额损失或资金调度发生困难,一般而言并无难处;而恢复原状则涉及许多技术上的困难,保险人一般不

① 王军:《侵权损害赔偿制度比较研究》,法律出版社2011年版,第29页。

② 《中华人民共和国民法典》第179条规定:“承担民事责任的方式主要有:(一)停止侵害;(二)排除妨碍;(三)消除危险;(四)返还财产;(五)恢复原状;(六)修理、重作、更换;(七)继续履行;(八)赔偿损失;(九)支付违约金;(十)消除影响、恢复名誉;(十一)赔礼道歉。法律规定惩罚性赔偿的,依照其规定。本条规定的承担民事责任的方式,可以单独适用,也可以合并适用。”

可独自处理，且履行所需要的时间通常多于金钱给付。所以，恢复原状的补偿方式虽可直接排除损害，但未必对被保险人最有利；反之，金钱给付虽然仅为一种价值的补偿，事实上的损害状况依旧存在，但对于补偿权利人与义务人，似为最佳的选择。第二，金钱履行的给付，可以主张抵销；恢复原状则不可能主张抵销。依《中华人民共和国民法典》第568条第1款之规定，当事人互负债务，该债务的标的物种类、品质相同的，任何一方可以将自己的债务与对方的到期债务抵销；但是，根据债务性质、按照当事人约定或者依照法律规定不得抵销的除外。因此，若被保险人对保险人负有金钱债务，而保险人依据保险合同对被保险人有损失补偿的义务，在二者的履行期均届满的情形下，保险人的金钱之给付，可主张抵销；但保险人为恢复原状之给付，由于给付种类的不同，不得主张抵销。第三，金钱给付与恢复原状有关损益相抵的执行方式并不相同。为金钱给付的保险人主张损益相抵时，可以事先扣除的方式为之；但在恢复原状时，保险人不得以事先扣除的方式执行损益相抵。第四，不足额保险的概念在给付金钱时，其适用自无问题，但恢复原状的概念是否在不足额保险的给付中有适用的余地，不无异议。此处涉及恢复原状给付的不可分性，即在不足额保险中，恢复原状不可能为部分的恢复。因此，若恢复原状在不足额保险中适用，必须要有特别的约定。虽然在理论上保险人可先为全部的恢复，再向要保人或被保险人请求偿还部分金额。但在实践中，其操作空间并不大。所以，金钱给付与恢复原状在不足额保险的适用上，并不相同。

综上所述，在保险的给付方式上，保险法应确立以金钱给付为原则，以恢复原状为例外的规定。原因在于保险法上保险人本身并非加害人，其所为的损失补偿行为是履行由保险合同所生的危险承担义务的手段，对有关目的性考量的重点，似与民法不同。即保险法并非着眼于真实损害状况的排除,而是在危险承担义务的快速具体履行上。换言之,损失发生后,被保险人须尽快取得保险人的理赔金额,切实发挥保险危险承担的功能,始为保险人损失补偿方式的首要考量因素。就保险人所具有的集合多数危险的特性观之,若真以恢复原状为原则,除较易履行的险种外,其所带来的不便与成本消耗,将使保险人不堪负荷。综上所述,解释上应以金钱给付作为损失填补的原则较佳。保险合同当事人间如果另有考虑,则不妨碍双方在合同中自由约定。

(三)责任保险保险人给付方式之例外

依照前文论述,在责任保险中,被保险人可以得到两种保护机能:一是当受害第三人提出的赔偿请求在法律上有正当理由、被保险人需要履行损害赔偿责任时,保险人会填补被保险人的财产损失,此即责任保险的"填补损失机能";二是在受害第三人提出的赔偿请求无法律上的正当理由时,保险人有对该请求进行防御或负担防御费用的责任,此即责任保险的"权利保护机能"。责任保险的上述两种机能具有密切的关系。在受害第三人提出赔偿请求时,一开始很难认定该请求是否具有正当理由,常常需要先防御受害第三人的请求,等事实关系明确后,才能决定是否对受害第三人提出的请求予以满足。因此,对被保险人的保护,责任保险具有双重意义,这不同于其他财产保险提供的保障。[①] 在以保障被保险人财产损失为目的的第一方保险中,保险给付多为损失的经济价值所代表的金钱;而在涉及受害第三人而被称为第三方保险的责任保险中,保险给付是否仍仅为金钱赔偿,值得深究。

在责任保险发展之初,责任保险保险人的给付内容仍为金钱赔

① 参见庄修文:《责任保险之研究》,中国台湾地区中华文化学院法律研究所1976年硕士学位论文,第42页。

偿,并无疑义,此时责任保险为“纯粹损失填补保险”,责任保险的保险人依保险契约的约定,在被保险人需要对受害第三人承担损害赔偿责任而遭受损失后,需要对被保险人给付保险金。

随着责任保险的发展,责任保险的损失演变为特定类型的法律责任,即只要被保险人对受害第三人的赔偿责任经诉讼上或诉讼外程序确定,被保险人就出现损失,此时,责任保险主要是对被保险人赔偿责任的损失进行填补。当损害赔偿责任确定后,被保险人可以向保险人行使“免责请求权”,请求保险人给付保险金,由此而知,保险人此时的给付内容仍为金钱赔偿。

时至今日,责任保险的目的已从损失填补演进至同时向被保险人提供财务安全(financial security)与心境安宁(peace of mind)之保障,[①]除了对被保险人金钱损失的填补外,也着重协助被保险人对于受害第三人所提责任关系的和解与抗辩,以使前者能够从后者请求的不利地位中豁免而出。[②] 叶启洲先生曾言:“被保险人藉由责任保险契约转移者,为其负担损害赔偿的风险,而非自身所受之人身或财产上损害。”[③]即“责任保险的被保险人于保险事故发生时,由保险人处所获得者,并非因任何属被保险人之标的物或身体受有任何损害而得向保险人请求赔偿,而是因保险事故之发生,被保险人因受他人之请求而得因保险人之危险承担而脱离此种不利益之状态”[④]。简言之,被保险人因不法行为致使受害第三人受有损害,在

① 参见李志峰:《长尾责任——论美国责任保险保单形式的演变、争议及我国责任保险保单之特色》,载《保险专刊》2009 年第 1 期。

② 参见林建智、李志峰:《论责任保险人之抗辩义务——以美国法发展为重心》,载《东吴法律学报》2011 年第 2 期。

③ 叶启洲:《“强制汽车责任保险法”中被保险人的保护——一个立法政策上遗漏的视角》,载《月旦民商法杂志》2014 年第 6 期。

④ 林铭龙:《论受害第三人之直接请求权与我国法制上之适用疑义》,中国台湾地区台北大学 2010 年硕士学位论文,第 17 页。

受到依法享有损害赔偿请求权之人(受害第三人)的请求时,可能陷于不利益状态。此时依据“损失填补原则”,保险人应帮助被保险人摆脱此种不利状态,使其恢复到事故发生前的状态。① 被保险人有权向责任保险保险人请求使其脱离此种不利益状态,而单纯的金钱赔偿显然无法满足被保险人摆脱不利状态的需求。被保险人对保险人的请求权性质应为“脱离不利请求权”,即“不利益豁免请求权”,此种请求权的主要目的在于使被保险人恢复到未发生此不利前的状态。因此,责任保险保险人之给付内涵原则上应属恢复原状,例外时方以金钱为给付方式。② 诚如江朝国先生所言:“责任保险之事故发生系被保险人受第三人请求损害赔偿责任此一不利状态,而责任保险之目的为使被保险人回复未发生此一不利地位之状态,故责任保险人之给付方式,应属于回复原状较为合乎责任保险之本质。”③

综上所述,在一般财产保险中,保险人的给付方式以“金钱给付为原则,以恢复原状为例外”,而在责任保险中,为满足被保险人脱离不利状态的需求,保险人的给付方式应以“恢复原状为原则,以金钱给付为例外”。保险人为帮助被保险人恢复原状,保险人或者对受害第三人提出的正当请求帮助被保险人免责,或者对受害第三人提出的不正当请求提供防御,就被保险人而言,保险人的上述两种做法具有等值性。

---

① 参见林铭龙:《论受害第三人之直接请求权与我国法制上之适用疑义》,中国台湾地区台北大学2010年硕士学位论文,第19页。

② 参见江朝国:《保险法基础理论》,台北,瑞兴图书股份有限公司2009年版,第109~110页。

③ 江朝国:《保险法逐条释义》(第三卷),台北,元照出版有限公司2015年版,第849~850页。

## 二、责任保险人给付义务之一：免责义务

被保险人在遭到受害第三人赔偿请求时，保险人如果认为受害第三人的请求正当，或者受害第三人的请求经有拘束力的判决或和解等程序确定的，应当履行其免责义务，给付保险金。

### （一）免责义务之前提：责任正当

根据“免责请求权”的规定，被保险人可以通过要求保险人向受害第三人给付保险金的方式使自己免责。但是，保险人履行免责义务并非毫无限制，它是以被保险人对受害第三人的损害赔偿责任正当为条件的。换言之，虽然被保险人是受害第三人责任关系的相对人，但是，终局承担责任者却是保险人，所以，保险人对受害第三人和被保险人间的责任关系不仅不会漠不关心，还会积极参与责任关系，确定受害第三人的请求是否正当。当保险人有参与并控制责任关系的可能性时，该责任关系所确定的结果对保险人有拘束力，保险人应帮助被保险人免除该责任的承担。

### （二）责任确定过程中被保险人之义务

为了实现被保险人和受害第三人之间的责任正当，使保险人受正当责任判决或和解的拘束，责任保险多对被保险人有下列要求：一是要求被保险人消极不作为者，包括禁止承认责任或和解请求；二是要求被保险人积极作为者，被保险人要协助保险人参与。

1. 消极义务——禁止妨碍保险人参与责任关系

被保险人不得未经保险人的参与，就径行承认责任、和解或进行赔偿。所谓“承认”，在实体上是指债务之承认，为单独行为，诉讼上或诉讼外均可为之。在诉讼程序中，被保险人有可能直接以诉讼请求为“承认”对象，也有可能仅以当事人主张的具体事实为“承认”对象：当被保险人对诉讼请求加以“承认”，基于诉讼中的处分原则，法院必须受拘束，作出被保险人败诉之判决；当被保险人仅对具体

事实加以“承认”,例如,自认撞伤受害第三人,此并非被保险人的“认诺”,而仅为自认,未必遭受败诉判决。被保险人对于己不利的事实加以自认,法院应受自认的拘束,不得再作出相反的认定或判断,也无须再进行其他调查。因此,无论是诉讼外的单纯承认,还是在诉讼上的自认或“认诺”,都将对责任关系的防御产生重大不利益,致使保险人的参与丧失实际意义。鉴于此,禁止承认责任有其存在的必要性。同理,和解本质上也是对债务加以“承认”。“被保险人和解之禁止,系为避免被保险人因有保险人以保险给付终局承担该责任,或与第三人串谋、或怠于认真协商防御而慷他人之慨,因此,课予被保险人未经保险人参与不得和解的不作为义务。”①

2. 积极义务——协助保险人参与

为了保障保险人知晓受害第三人的请求,被保险人还应负担积极协助义务。

“被保险人应对保险事故发生之相关事实为充分的告知与揭露,甚至包括一切细节,以便使保险人能够预期其对被保险人负担损害赔偿责任之风险,同时避免被保险人与保险人间共谋串骗之行为。”②为使保险人能够顺利地介入责任关系,对于有关该损害发生的一切资料及被请求之文件,被保险人都应负有交付的义务,因为被保险人与认定事实的相关证据距离较近,不仅容易取得事实资料,而且成本低廉。

(三)被保险人违反义务之效果

既然被保险人有上述义务,那么其违反这些义务时,必然会侵

---

① 范晓玲:《责任保险之保险人于第三人求偿程序中参与行为之研究》,中国台湾地区台湾大学 1998 年硕士学位论文,第 26~27 页。

② 范晓玲:《责任保险之保险人于第三人求偿程序中参与行为之研究》,中国台湾地区台湾大学 1998 年硕士学位论文,第 28 页。

害保险人的利益,因而需要承担某些不利后果。对此,各国或地区有不同规定。

1. 不可对抗主义

在被保险人和受害第三人两者之间的责任确定过程中,如果被保险人事先没有经过保险人的同意,私自承认受害第三人的索赔请求或者于私下与受害第三人达成和解协议,该责任承认或和解协议对保险人是没有拘束力的。当然,这并不意味着受害第三人和被保险人达成的和解协议或责任的承认无效,它在受害第三人和被保险人之间仍然是有法律效力的,只是保险人不会以此作为依据向被保险人给付保险金,保险人的给付义务会通过另外一种方式进行确定。[①] 保险人仍可依据保险契约,判断受害第三人的请求是否属于承保范围,并在合理估算其应填补的损害后,给付被保险人适当的保险金额。所谓合理估算,当不受被保险人所为的承认或和解数额的限制或影响,保险人得自行加以认定。如果保险人认为受害第三人的请求不属于承保范围,可拒绝给付。保险人和被保险人双方认定不一致时,可请求法院依据保险契约解决纷争。受害第三人的请求是否属于承保范围、合理的赔偿数额是多少,应该为客观存在的事实,被保险人自行对受害第三人请求作出判断或处分,一方面无法对保险人形成拘束力,另一方面被保险人并不必然丧失向保险人请求保险金给付的权利。换言之,如果被保险人遵守契约上的禁止条款而未为私下承认、和解或赔偿的行为,使保险人有参与程序的机会,则责任关系的效力将拘束保险人;反之,如果被保险人违反禁止条款,其所承担的不利益是使保险给付的判断恢复到责任关系与保险关系相互独立的状态。

---

① 参见江朝国:《保险法规汇编》,台北,元照出版有限公司2002年版,第136页。

2. 免责主义

在责任保险运行过程中，被保险人只要具有对保险约款的违反情形，保险人即可径自免除责任承担。① 该种主张认为，受害第三人和被保险人之间的责任确定结果能够对保险人有一定的拘束力，本无争议，但是，保险人想要证明这个既成的责任确定结果到底是否由被保险人的行为所导致或者被保险人的行为所导致的损害究竟是多少，却是十分困难的。所以，出于保护保险人利益的考量，防止其诉讼外或诉讼上地位的恶化，被保险人如果已先行违反契约上的消极义务，那么，他自然不得再向保险人请求保险金额的填补。

3. 理论之抉择："不可对抗主义"之合理性

在理论的选择和适用上，被保险人违反消极义务时，保险人究竟应"不可对抗"还是"免责"？对此问题，应从双方利益权衡和契约对价原则角度来加以衡量。

从实务运作的可能结果观之，被保险人自行所为的承认责任、和解或赔偿，未必不利于保险人：一方面，保险人可免于负担参与责任关系求偿程序所需耗费的程序成本，可能反而受到利益；另一方面，保险人负担的填补义务，以保险金额为上限，虽有可能因被保险人磋商能力或态度的影响，造成保险金额范围内高于实际损害额的债务承认、和解或赔偿，致使保险人蒙受不利益的结果，但反过来说，被保险人也有可能因为恐惧责任数额超过保险金额而需自行负担，因而认真磋商、促使受害第三人让步，甚至使赔偿数额低于实际损害额，从而可能使保险人在其填补义务上受到利益。由此观之，在被保险人违反消极义务时，径行使保险人免于保险金额的给付义务，似乎并不合理。就实际上被保险人与受害第三人串通诈欺的可

① 参见江朝国：《保险法规汇编》，台北，元照出版有限公司2002年版，第136页。

能性而言,径行使保险人免于对保险金额的填补,未免矫枉过正。对于责任是否正当的问题,只要保险人享有机会对它重新界定就得以解决了。

从保险契约的对价原则观之,被保险人向保险人给付保险费以求自己在保险事故发生时分散风险,获得补偿,因此,被保险人“保险费的给付”与保险人“损害的填补”处于对价关系。如果采用“免责主义”,保险人免除保险给付义务只是因为被保险人没有配合他的参与行为,就被保险人而言,这未免太过严苛,有违对价原则的实质。

综上所述,在理论的选择上,“不可对抗主义”较为可采。首先,该学说尊重了被保险人居于损害赔偿责任主体的地位。被保险人既然处于责任主体地位,那他就有独立的处分权,其径行对债务的承认或和解也就不应使保险人完全免责。其次,该学说也使保险人获得适当的保障。保险人可以在事后另行认定适当的损害赔偿范围及其数额,以便履行保险契约的损害填补义务。

## 三、责任保险人给付义务之二:防御义务

被保险人在遭到受害第三人赔偿请求时,如果保险人认为受害第三人的请求不当,那么,保险人可以通过给付“防御义务”的形式防御该诉讼请求。“防御义务”也是责任保险保险人重要的保险给付之一。

### (一)防御义务之属性:纯粹保险给付说

被保险人行使防御请求权,要求保险人履行抗辩义务,协助其进行抗辩及和解,这是责任保险权利保护功能下保险人应提供给被保险人的基本保障。然而,因责任保险为损失填补保险之一,在损失填补保险的基础之下,协助抗辩及和解在责任保险体系中有何法律地位及性质,学说上有不同看法。

1. 防止损害义务说[①]

主张责任保险为损失填补保险之论者,从损失填补的观点出发,认为责任保险协助抗辩及和解的行为,是为了防止损失或减少损失的发生。本学说的基本思想为责任保险的主要机能是损失填补功能,提供给被保险人的权利保护功能仅是次要、附属的功能。所以,基于权利保护功能而来的协助抗辩及和解的义务,是次要义务,它附属于损失填补而存在。[②]

2. 纯粹保险给付说[③]

依据"纯粹保险给付说",责任保险契约包含两方面的本质内容:一是损失填补功能,二是权利保护功能,后者并不是附属于前者,保险人对被保险人的给付并不是救助行为,而是一种纯粹的给付行为。[④] 坚持此观点的学者认为,损害填补功能与权利保护功能都是责任保险的重要功能,并无主次之分,这两个功能乃是由一个统一的保险给付请求权而产生,并依各种情形而出现不同的形态并发生各种不同的效果而已。[⑤]

3. 理论的选择:纯粹保险给付说

责任保险已从发展之初以重视损失填补为唯一主要的保险给付内涵,逐渐演变成权利保护也为其主给付内容。保险人给付的目

---

① 参见陈荣一:《论我国保险法对责任保险之规定的缺失》,载《责任保险论文菁萃》,中国台湾地区责任保险研究基金会 1990 年版,第 74 页。

② 参见陈荣一:《责任保险保护权利之给付的法律上性质》,载《台中商专学报》1978 年第 11 期。

③ 参见陈荣一:《论我国保险法对责任保险之规定的缺失》,载《责任保险论文菁萃》,中国台湾地区责任保险研究基金会 1990 年版,第 74 页。

④ 参见陈荣一:《责任保险保护权利之给付的法律上性质》,载《台中商专学报》1978 年第 11 期。

⑤ 参见陈荣一:《责任保险保护权利之给付的法律上性质》,载《台中商专学报》1978 年第 11 期。

的是使被保险人脱离其所处的不利状态，“损失填补机能”自始属于责任保险的单一机能，防御义务仅是这个概念之下的责任保险权利保护功能，填补被保险人的赔偿债务则是隶属同一概念下的填补赔偿责任损失功能，此二者所欲求的目标一致；综合而言，居上的概念为“损失填补机能”，其项下则有“权利保护作用”与“填补赔偿责任损害作用”。因此，从保护被保险人方面来看，填补赔偿责任的义务和防御义务实际上具有同等的地位，两者都是保险人的重要义务。

（二）保险人“防御义务”之给付形式

责任保险关于给付防御的形式，各国或地区规定并不相同，依涉入防御程度的不同，它主要分为三种形式：一是防御受害第三人的索赔请求由被保险人亲自为之，但是防御费用由保险人支付；二是保险人除支付防御费用外，还要对被保险人防御受害第三人索赔请求进行协助；三是保险人自身直接代替被保险人防御受害第三人请求，使自己处于第一线的谈判或诉讼代理的地位。

1.被保险人自行防御

在这种形式下，防御的给付只是保险人给付防御费用，即被保险人自己防御受害第三人的请求，对于自己支付的防御费用，嗣后再向保险人请求支付。但是，在现实生活中，被保险人可能无法完全负担防御费用，因此，这种形式也会让保险人先垫付防御费用，如此一来，被保险人可以更好地防御受害第三人的索赔请求。

对于受害第三人的索赔请求，由被保险人亲自防御、保险人只是负担防御费用的形式具有以下优势：第一，避免浪费防御资源。保险人一旦发现索赔请求并未落入承保范围，他当然无须承担责任，必然也就没有防御费用负担问题；与保险人直接代为防御相比，这可以更好地节约防御资源。第二，因为被保险人才是造成损害赔偿责任的主体，所以，他对于纷争的内容最为了解，由他自己防御索赔请求也更为适当。第三,在保险人和被保险人出现利益冲突的情形下,保险人可以避免防御不利的问题。一般而言,针对受害第三人的索赔请求,被保险人和保险人的利益追求是相同的:一旦被保险人胜诉,与之相对应地,保险人没有给付保险金的情形;一旦被保险人败诉,与之相对应地,保险人就需要履行保险金给付义务。但是,在某些特殊情形下,保险人和被保险人两者之间也会产生利益冲突,例如,对于受害第三人索赔请求是否落入承保范围的问题。被保险人肯定更希望索赔请求落入保险人的承保范围,因为这样保险人就要承担责任;与之相反地,保险人则会主张属于除外事项,如此一来,利益冲突就会产生。在此情形下,被保险人自行防御,其可避免保险人防御不认真之顾虑。但是,上述形式也有许多不足和缺陷:首先,被保险人多是普通大众,往往并不具备专业的知识和防御的能力,在防御受害第三人的索赔请求时,常常显得捉襟见肘。如果被保险人想另行聘请专业律师代为进行诉讼,可能需要庞大的律师费用,如果合同另有约定,保险人最终不一定会给付该部分防御费用;此外,即便合同约定由保险人负担被保险人的防御费用,但如果保险人不会预先垫付防御费用,那么,被保险人需先用自己的财产聘请律师进行防御,对他来说也不啻是严重的经济负担。其次,纠纷可能再燃。在责任保险中,对于防御费用的负担,保险人并非没有限度,一般而言,保险人仅承担“必要费用”。可是,怎样理解“必要费用”呢?法律上并无客观的标准来予以衡量,因此仍有解释的空间,也极易产生争议。当被保险人的防御费用不被保险人认定为是“必要费用”时,法院会对此作出最后的判断。一旦如此,被保险人又会被卷入另外一场诉讼当中。最后,被保险人的合理期待无法满足。被保险人订立责任保险契约后,他们常会期待:在自己需要履行损害赔偿责任时,保险人会提供防御并进行补偿。在第一阶段，被保险人自行防御受害第三人的请求，在第二阶段，被保险人还要与保险人确定前面阶段的费用数额，这样繁复的过程使得被保险人劳心劳力，购买责任保险的合理期待也必然会遭到严重破坏。①

2. 被保险人进行防御时，保险人间接进行协助

针对受害第三人对被保险人提起的索赔请求，保险人不仅需要支付防御费用，而且需要为被保险人提供协助。虽然保险人提供了协助，但是他依然是处于“幕后”的。在整个纠纷解决过程中，被保险人仍然是解决纠纷的主体，保险人只是处于第三者的地位，他并不能介入纠纷中心，也完全不具备主导权。

与第一种形式中被保险人“孤军作战”相比，保险人给被保险人提供专业上的指导或建议，这有利于被保险人防御工作的开展。但是，这种形式的缺点也是非常明显的：保险人处于“幕后”，仍让被保险人自行防御，就被保险人而言，此种保障依然不够充分。

3. 保险人直接为被保险人防御

针对受害第三人提出的索赔请求，保险人直接替被保险人进行防御或协商。当然，保险人也不是必须亲自为之，他可以指派公司的法务人员或者另外聘用专业的律师进行。保险人代替被保险人防御，不仅包括实施防御行为，还包括支付防御费用。

这种形式具有诸多优势，主要表现如下：第一，被保险人财力或知识不足的问题得以解决。与被保险人相比，保险人在处理受害第三人的索赔请求方面，不仅经验丰富，在谈判、协商上占有优势，而且财力雄厚，能够在诉讼防御中聘用专业的律师进行，所以，这种形式对被保险人更具保障。第二，可以减少被保险人劳力时间的耗费。在与受害第三人协商、谈判或诉讼的过程中，不仅须具有专业

---

① See Kenneth S. Abraham, *Insurance Law and Regulation: Cases and Materials*, The Foundation Press, 2000, p. 524.

知识,而且在此过程中须耗费相当多的时间与精力。而被保险人通常另有职业,恐无多余的时间消耗在冗长的程序中,因此,由保险人直接代行防御,就被保险人而言,是最为便利的形式。第三,一次性纠纷解决。保险人以代理人的身份为被保险人代行防御,直接与受害第三人进行协商或谈判等活动,并支出相关费用,对此费用合理性的争议可以得到避免。此外,保险人也不会再次主张被保险人未完全履行防御,从而避免与被保险人之间的纠纷再次产生。

然而,这种形式也是存在缺陷的:首先,被保险人对防御程序没有主控权。在纠纷解决过程中,原本被保险人才是当事人,但是如果由保险人直接防御的话,被保险人的主导地位就会由保险人替代。其次,当被保险人也是专业人员时,保险人代为防御未必有利。例如,如果被保险人是律师、会计师、医生等,那么,由保险人代替这些专业人员进行防御,未必胜算更大。最后,保险人和被保险人两者之间出现利益冲突时,对被保险人可能未必公平。因为保险人为了自身利益的考量,可能会牺牲被保险人的利益。

4. 小结

保险人对被保险人给付防御的三种形式,各有利弊。从各国的立法例观之,以采用费用支付的方式为多数,但是,保险人代被保险人进行防御的方式较佳,所持理由有:(1)从利害关系来看,最终的责任判决与保险人之间的关系更为密切。虽然被保险人是责任的制造者,但是,由于责任保险契约的存在,他的责任可以转移给保险人承担,所以,防御成败与保险人息息相关。保险人自己防御索赔请求,对自己利益的维护更为妥当,毕竟自己才是自己利益的最佳判断者。(2)从保障被保险来看,从受害第三人对被保险人提出索赔请求,到被保险人对受害第三人的责任确定前,这是非常冗长的谈判过程，如果保险人直接替被保险人进行防御，那么，被保险人完全可以无视该过程，正常的生产和生活也不会受到打扰，被保险人并不必耗费过多心力在此过程中，对被保险人利益的保障更为有利。(3)从防御胜算来看，由于保险人比被保险人具有更加充分的专业知识和更为出色的谈判能力，并且具有雄厚的财力聘用律师，所以，对于防御工作的开展更为有利。(4)从保险精神来看，保险制度最基本的经济效能就在于确保被保险人生活安宁。在投保责任保险后，如果被保险人遭到受害第三人的索赔请求，他依然要自己进行诉讼、协商或谈判，那么，他的生活安定根本没有得到保障。(5)从纷争解决效率来看，保险人直接提供防御行为，并直接支付防御费用，比较不容易产生费用必要性问题的纷争，对于责任判定的结果，保险人也会更加愿意接受，从而可以减少保险人和被保险人两者之间的纷争。(6)从利益冲突解决来看，虽然由保险人代行防御，可能出现保险人和被保险人两者之间利益不一致的情形，但是，可以通过独立律师等制度进行解决。①

综上所述，在责任保险中，为了贯彻损失填补原则，保险人给付方式应以“恢复原状为原则，金钱给付为例外”。为了帮助被保险人恢复到事故发生前的状态，使其摆脱受害第三人请求的不利地位，保险人的义务应扩张至包含两部分内容：其一，在损害赔偿责任确定时，保险人给付保险金，帮助被保险人填补受害第三人的损害；其二，在被保险人遭遇受害第三人请求时，保险人必须给付“防御义务”，而给付防御的形式，更适宜采用保险人直接提供防御的形式。采用这种形式，可以避免被保险人应付诉讼或协商的繁复活动，防止耗费其心力，对保障被保险人的利益更为有效。保险人只有同时

---

① 在被保险人和保险人发生利益冲突时，如果被保险人反对由保险人之前选定的律师继续进行防御，则保险人和被保险人可共同挑选一名相对中立的律师。

履行上述两种义务,责任保险保障被保险人的目的才能达成。

## 本章小结 责任保险权义结构应从“一元论”走向“二元论”

作为财产保险之一种,责任保险属于损失填补保险。依照损失填补原则,保险事故发生后,保险人应该帮助被保险人恢复至损失发生前的状态。在责任保险发展初期,囿于责任保险为“纯粹损失填补保险”之理念,责任保险的权义结构被认为是“金钱给付请求权——保险金给付义务”之“一元论”。时至今日,责任保险法制不断发展,不再固守责任保险为“纯粹损失填补保险”之传统理念,摒弃了“金钱给付请求权——保险金给付义务”之“一元论”。在责任保险彰显“诉讼保险”之韵味下,责任保险的权义结构也演变为“免责请求权——免责义务”和“防御请求权——防御义务”之“二元论”。即被保险人对保险人的请求权不仅具有免责请求权之性质,还具有防御请求权之性质,与之相对应地,保险人承担责任的方式,不仅包括免责义务,还包括应诉防御义务。针对有理由的索赔请求,保险人应帮助被保险人填补损害赔偿责任,针对无理由的索赔请求,保险人应代替被保险人防御索赔请求,帮助被保险人摆脱此种不利状态。

# 第三章　责任保险保险人给付义务之启动

在现代责任保险的权义结构二元结构下，保险人有对正当请求进行免责和对不正当请求进行防御的主要义务。所以，保险人对被保险人履行给付义务的时点不能再是受害第三人和被保险人的责任确定之时，而应当向前推移。那么，保险人的给付义务究竟何时启动？换言之，责任保险的保险事故究竟何时发生？由于责任保险事故"延伸性"的特质，导致责任保险事故的认定成为一个极富争议的难题；而保险事故的准确认定，又对保险人、被保险人和受害第三人的权利义务影响甚巨。本章从责任保险事故的特殊性入手，在阐述各种学说基础上，论证"受请求说"的正当性。

## 第一节 责任保险事故之特殊性

保险事故发生后,保险人开始承担给付义务。但是,与一般财产保险相比较,责任保险的一个特殊问题在于:保险事故如何确定?该问题是由责任保险事故的"延伸性"①特质导致的。换言之,责任保险事故的"延伸性"特质决定了责任保险事故认定的困难性。可以说,在保险人履行防御义务前,如何准确确定责任保险事故是必须予以解决的首要问题。

### 一、保险事故之理论意义

保险事故是保险制度中的重要概念,能否准确判定保险事故发生时点,对保险人、被保险人以及受害第三人的权利义务影响甚巨,这不仅涉及保险人的保险责任何时成就,而且关系到被保险人何时可以行使保险给付请求权,进而牵涉受害第三人能否及时获得救济。可以说,责任保险事故是一个极具"牵连性"的问题。我国《保险法》第2条规定:"本法所称保险,是指投保人根据合同约定,向保险人支付保险费,保险人对于合同约定的可能发生的事故因其发生所造成的财产损失承担赔偿保险金责任,或者当被保险人死亡、伤残、疾病或者达到合同约定的年龄、期限等条件时承担给付保险金责任的商业保险行为。"即揭示了上述旨意。

#### (一)准确认定保险事故之意义

准确认定作为保险制度重要概念的保险事故,对保险人与被保险人的权利义务影响甚巨,以下分别从被保险人角度和保险人角度

---

① 江朝国:《保险法基础理论》,中国政法大学出版社2002年版,第367页。

予以说明。

1. 从被保险人角度

根据我国《保险法》的相关规定，保险事故发生后，被保险人具有通知、协助、防止及减少损害等义务。此外，"被保险人是否可以起诉保险人、请求理赔？什么时候可以起诉？"①等问题也与保险事故认定相牵连。

首先，保险事故发生后，被保险人必须及时履行通知义务，否则他将承担不利的法律后果。此外，在保险事故发生后，被保险人也应对保险人提供协助。

其次，保险事故发生后，被保险人可以行使保险给付请求权，但是该请求权的行使受诉讼时效的限制。因责任保险为人寿保险之外的其他保险，所以它的诉讼时效也是两年，该诉讼时效是以被保险人知道或者应当知道保险事故发生之日为起算点。

最后，从被保险人防止及减少损害义务来说，善意被保险人面对危险发生时，绝不可能因为该危险已经由保险人承保而袖手旁观，换言之，善意被保险人在危险发生时一定会设法防止或减轻损失，此种行为就其主观意识而言应受保险制度的鼓励及保护，且客观上不仅对被保险人有利，保险人同时也可以受益。保险事故发生后，因为保险标的物和被保险人距离最近，在危险发生时被保险人所为的救助行为可能是最为有效的，所以，《保险法》上有强制被保险人在保险事故发生时，履行防灾减损义务的规定。被保险人在保险事故发生后，未采取救助措施而导致损害扩大的，保险人就损害扩大的部分不承担赔偿责任。

---

① ［美］小罗伯特·H. 杰瑞、道格拉斯·R. 里士满：《美国保险法精解》，李之彦译，北京大学出版社2009年版，第302页。

2. 从保险人角度

第一,保险事故的发生是保险人承担保险责任的前提。在保险法意义上,保险事故的发生,其法本质是保险人赔付义务的开始。① 认定保险事故,可以准确判断保险人是否需要对事故承担责任,以及何时需要承担责任。

第二,保险事故发生后,根据被保险人的请求,保险人必须及时做出核定,通过对事故发生的原因、损害范围等进行调查,来确定该事故是否属于保险事故,从而避免自己承担不必要的风险。经过调查,一旦发现被保险人有保险欺诈等行为,保险人可以通过解除保险合同等方式来保护自身的权益。

总而言之,准确认定保险事故,既事关被保险人的权利保护,也影响保险人的义务承担,与保险契约双方当事人的利益均息息相关。

(二)保险事故的内涵

基于上述认识,保险事故被要求成为保险合同的“必备事项”。然而,如何理解保险事故呢?对此,我国《保险法》早已作出规定,其在第16条第7款规定:“保险事故是指保险合同约定的保险责任范围内的事故。”不过该定义是否妥当,仍有反复推敲的必要。因为一个意外事故发生之后,判断该事故是否属于保险事故,除了视保险合同有无约定外,还须受是否发生在保险期间之内的限制。保险人只就保险期间内发生的保险事故负保险给付义务,诚如国外学者所言:“‘保险事故’条款的字面意思对于当事人双方而言并不神秘。法院和学者们都已认可:将‘保险事故’解释为仅仅包括那些在保险

① 参见[美]肯尼斯·S.亚伯拉罕:《美国保险法原理与实务》,韩长印等译,中国政法大学出版社2012年版,第460页。

期间已经存在的伤害、生理不适或疾病，是最符合逻辑的做法。”①

保险事故须发生在保险期间之内，原则上在保险期间内，不仅应该发生保险人承保的危险，而且应该产生由危险导致的损失。②就普通的有形财产保险而言，由于“危险发生”与“损失发生”在时间上一般不存在间隔，因此，在保险事故认定标准判断上不存在困难及争议。

## 二、责任保险事故之“延伸性”特质

在责任保险领域，保险事故认定相当复杂。事实表明，在责任保险中，从危险事件的发生至责任的确立再至被保险人实际履行赔偿责任，是一个复杂的过程，往往会产生一系列事实及法律上的连锁反应，德国保险法法理上称之为“延伸性之保险事故”。这一复杂的过程大致表现为：被保险人实施不法行为—受害第三人的人身或财物遭到损坏—受害第三人发生损害—受害第三人请求被保险人赔偿—被保险人对受害第三人的损害赔偿责任确定—被保险人赔偿受害第三人遭受的损害—被保险人拥有的财产减少—被保险人请求保险人给付保险金—保险人向被保险人支付保险金。在上述过程中，究竟应当以哪一“环节”作为保险事故的发生时点呢？这就是确立责任保险事故认定标准困难之体现。诚如我国台湾地区著名学者陈荣一先生所言：“因于责任保险，其事实之连锁比其他保险为长，且不仅由自然科学之因果关系而连结，亦有法律之连锁而为其特色，因此不能简易地决定以何事实解释为保险事故。”③

---

① ［美］肯尼斯·S. 亚伯拉罕：《美国保险法原理与实务》，韩长印等译，中国政法大学出版社2012年版，第462页。

② 参见温世扬、姚赛：《责任保险保险事故理论的反思与重建》，载《保险研究》2012年第8期。

③ 陈荣一：《论我国保险法对责任保险之规定的缺失》，载《责任保险论文菁萃》，中国台湾地区责任保险研究基金会1990年版，第68页。

另外,在责任保险中,保险事故究竟是由保险合同条款来约定,还是由保险立法予以明文规定呢?这在我国保险法理论研究上也鲜少涉及,值得深究。国外学说及判例大多认为,"责任保险的被保险人所遭受的损失,在哪种情况下会触发保险人的责任,主要是保险合同条款的问题。"①在我国,也有学者主张,对于保险人和投保人对保险事故的约定,只要其中没有无效情形的存在,都应该遵从契约当事人之间的约定。② 上述观点是否妥当,值得推敲。从现代保险实务来看,由于责任保险合同的条款多是由保险人自己提前拟定的格式条款组成,所以,它可能无法准确体现被保险人的合理诉求和利益追求。③ 在这一地位不平衡的状况下,保险人为了保护自身利益,极易将保险事故认定标准定格在前述复杂连锁过程的"终端"——被保险人对受害第三人实际履行赔偿责任之时。如此一来,保险人在整个连锁过程中所扮演的仅仅只是"最后出场的角色",势必会直接或间接损害被保险人或受害第三人的利益。因此,为了平衡保险人、被保险人以及受害人之间的利益,多数国家或地区的现代保险立法例一致地明文规定责任保险事故,只不过所采标准有所差异。

综上所述,在责任保险中,保险事故"延伸性"的特质,决定了它是一个极富争议的难题;而保险事故的判定,事关保险人、被保险人及受害人的权利义务,故应通过保险立法予以明文规定。

---

① [英]M. A. 克拉克:《保险合同法》,何美欢、吴志攀等译,北京大学出版社2002年版,第409页。

② 参见温世扬、姚赛:《责任保险保险事故理论的反思与重建》,载《保险研究》2012年第8期。

③ 参见周学峰:《侵权诉讼与责任保险的纠结——从两方对抗到三方博弈》,载《清华法学》2012年第2期。

## 第二节　责任保险保险人给付义务启动之学说发展

关于责任保险事故如何认定,理论界的认识一度处于极其混沌的状况,歧见迭出,莫衷一是。在学说认识上,相继出现了“约定事故说”“原因事故说”“损害或结果事故说”“有责事故说”“责任负担说”“选择说”“复合事态说”“受请求说”“责任确定说”“履行说”“复数事故说”,等等。其中,从对保险立法例及判例所产生的影响程度来考量,先后有“履行赔偿说”、“责任确定说”、“受请求说”以及“损害事故说”四大主流流派。以上四大学说关于保险事故的认识,实质上是从危险事件发生至被保险人实际履行赔偿责任的连锁过程中,分别选取“某一阶段”作为判定时点。至于究竟应该选择何种学说,尚无明确的解决途径。

### 一、损害事故说

这种学说也可称为“约定事故说”,它主张保险事故的认定标准应该是被保险人负担损害赔偿责任之损害事故。该学说认为责任保险与一般财产保险所欲保障的对象相同,都是被保险人遭受的实际损失,两者的区别主要在于:一般财产保险的目的在于填补被保险人的积极财产损失,其保护对象是特定的人对特定物的利益,与之不同的是,责任保险具有明显的涉他性,责任保险事故发生后,被保险人固有的积极财产并没有遭受损害,其目的在于分散被保险人的责任风险。① 因而,发生导致被保险人需要承担责任的事实就意味着责任保险的保险事故发生。例如,在机动车责任保险中,是以机动车造成人之死伤的事实作为保险事故。

采纳该学说的优点主要有三个:(1)时间之明确性。保险事故

① 参见沈小军:《论责任保险中被保险人的责任免除请求权——兼评〈保险法司法解释四〉责任保险相关条文》,载《法学家》2019年第1期。

只有在保险期间内发生时,保险人才需负担损害填补义务,在保险期间前或期间后发生,保险人一概不为填补。以引起被保险人负担责任的事实作为保险事故,能明确确定该事故是否发生在保险期间内。(2)通知之早期性。引起责任负担的事实是责任事故连锁事实过程中最早出现的情形,将其认定为保险事故,有关保险给付请求权是否存在、保险金额多寡等有所争议的情形,在汇集证据与诉讼防御的准备方面,可获得较充裕的时间,对保险人与被保险人的利益均有正面的价值。(3)理论之合理性。在理论上,本说见解较符合保险事故偶然性及不可预测性的要求。

然而,硬币都是双面的,该学说有两个主要的缺陷:(1)虽然事实已经发生,但是最终被保险人是否需要承担责任尚未确定。对受害第三人的损害,被保险人需要履行赔偿责任,这是保险人给付保险金的基础。倘若对受害第三人的损害,被保险人根本无须承担责任,那么,保险人当然没有责任可言。这两者之间的关系可以用“皮之不存,毛将焉附”这个成语概括,被保险人对受害第三人需要承担责任是“皮”,保险人承担责任是“毛”。[①] 如果以引起被保险人需负担责任的事实作为保险事故,那保险事故发生之后,保险人就要承担赔偿责任。但受害第三人不一定会提出赔偿请求,或者其请求因时效而削减或因诉讼技术上的问题而败诉,此时被保险人并无承担赔偿责任之可能。[②] 因此,以此学说作为保险事故发生时点,对保险人来说是极不公平的,不利于保险人控制风险。(2)该学说显然混淆了被保险人的损失与受害第三人的损害。损害事实只是导致受害第三人发生损害的事实,它还并没有导致被保险人的损失。倘若

---

① 参见最高人民法院保险法司法解释起草小组编著:《〈中华人民共和国保险法〉保险合同章条文理解与适用》,中国法制出版社2010年版,第426页。

② 参见张国键:《商事法论》,台北,三民书局1984年版,第188页。

受害第三人即使遭受损害也不为请求赔偿时,那么被保险人的责任并不具体化(未发生损失),被保险人的总资产也不会受到任何影响。尤其在过错责任下,受害第三人虽有损害,但如果不能证明被保险人的过错及原因行为与结果间有因果关系时,被保险人的责任不会成立,保险人自然不必为给付义务。因此,正如有学者评价所言,该说"政治上是幼稚的,理论上是有问题的"①。

## 二、受请求说

所谓"受请求说",是指以被保险人遭到受害第三人诉讼上或诉讼外请求的事实作为保险事故的观点。有学者认为,责任保险事故只有在受害第三人向被保险人行使请求权时才发生。② "请求"对于损害赔偿责任的确定影响极大,受害第三人如果不以之作为对被保险人追究责任的事由,则事实发生虽然明确,但被保险人赔偿责任成立与否并不明确;只有当受害第三人作出"请求"的意思表示时,才会知道受害第三人有行使赔偿请求权之意,此时被保险人的财产状态将因受害第三人的"请求"而有发生变动之虞,在受到赔偿请求之前并无此种疑虑。

为何重视"受请求说",大体有以下两个理由:(1)可以更好地维护被保险人的利益。虽然被保险人导致损害赔偿责任发生,但是受害第三人不为赔偿请求时,被保险人并没有不利益负担,自然无保险事故发生。对于受害第三人不当请求,被保险人可能会因获得胜诉判决而无须赔偿,但为了防御受害第三人的诉讼,被保险人可能要付出成本,如律师费用,如果以受害第三人的请求作为责任保险事故,则此成本将由保险人承担。(2)保险事故发生时间明确。受

---

① [澳]彼得·凯恩:《阿蒂亚论事故、赔偿及法律》,王仲光等译,中国人民大学出版社2009年版,第537页。

② 参见刘宗荣:《新保险法:保险契约法的理论与实务》,中国人民大学出版社2009年版,第319页。

害第三人的索赔请求时间是明确的,这有利于确定保险事故的发生时间。根据上述分析,“受请求说”是较为恰当的一种观点。在受害第三人提出索赔请求后,被保险人就可能心神难以安宁,此时,被保险人权利受到损害的概率大增,更加渴望保险人提供防御保障。除此之外,保险人与责任关系的结果本来就具有很大的利害关系,在受害第三人提出索赔请求时介入责任关系,时机是非常恰当的。

但是,“受请求说”也有以下致命的缺点:(1)如果受害第三人在事故中身亡,因为其身份不明或者其他缘由致使其权利承继者不能及时确定,相关事实无法查明,势必导致保险事故确定时间的拖延,甚至可能超过保险期间,此时保险人不需承担赔偿责任,这显然不利于社会关系稳定与被保险人利益维护。(2)将保险人赔偿责任的基点建立在受害第三人的请求上,难免会产生这样的疑问:如果被保险人对受害第三人本无损害赔偿责任,但因受害第三人的请求,是否保险人就开始承担赔偿责任?

**三、责任确定说**

所谓“责任确定说”,是指保险事故是以被保险人对受害第三人负担法律上的损害赔偿责任作为时点。由责任保险的定义可知,被保险人需要对受害第三人的损害负担责任才是责任保险的保障内容,赔偿责任要通过诉讼或者和解等方式确定,此时被保险人的总资产会因损害赔偿责任的履行而受到侵害,从而应以被保险人的责任确定为保险事故。“本说采严格定义的‘责任’,认为责任保险为‘债务履行保险’非‘被请求保险’,所谓就责任为保险者,系使被保险人由被害人有理由的请求所成立之债务中加以免脱,而超过此范围者实已非纯粹的责任保险,只能视其为与权利保护保险结合之他种保险。”①

① 陈雅萍:《论责任保险人于危险事故发生时之参预权与其为被保险人利益之防御义务》,中国台湾地区政治大学1998年硕士学位论文,第12页。

把责任得以确定之时作为保险事故的发生时点,可使责任保险“名副其实”、理论前后一贯。被保险人之所以订立责任保险契约,是因为害怕对受害第三人负担责任,而且保险人在决定保险费数额时,也是根据被保险人可能需要承担责任的概率。因此,为了防止对受害第三人承担责任,被保险人才与保险人订立责任保险契约。依照上述认识,被保险人需要对受害第三人的损害负担责任的时间当然也是责任保险事故的发生时点。此外,事故发生的时点也极易认定。

众所周知,确定被保险人的责任并非易事,在此过程中,存在许多难以预知的因素,反而形成不能明确决定保险事故的发生时间。具体表现为:(1)保险人根本无法提供防御。保险人履行防御义务,势必是在责任确立之前,如果保险事故迟至责任确定时方发生,那么保险人防御义务无从履行。(2)近现代各国保险立法例上,大多有这样的要求,保险人负担被保险人支出的防御费用,无论胜诉与否,保险人均需负担。这个问题在被保险人败诉时毋庸置疑;但在被保险人胜诉时,就是被保险人不负赔偿责任,依据本说,即保险事故并未发生,此时若保险人仍需负担费用,便很难说明。[①] (3)如果引起被保险人承担民事责任的事件在保险期间内发生,但民事责任依法确定的时间却在保险期间届满后,此时,保险人是否仍需承担保险责任?依据本说,保险事故未于保险期间内发生,保险人无须承担保险责任,这显然对被保险人极不公平,因为于保险期间内发生了引起被保险人承担责任的基础事件;如果要保险人承担责任,又明显违背保险合同的一般原则,即保险人要对不发生于保险期间的保险事故承担责任,这对于保险人也是不利的。

---

① 参见郑玉波:《保险法论》,台北,三民书局1998年版,第144页。

## 四、履行赔偿说

所谓“履行赔偿说”，是指保险事故是以被保险人履行对受害第三人的损害赔偿责任后作为发生时点。该学说存在明显的缺陷：(1)被保险人资力不足时，责任保险形同虚设。因为“履行赔偿”说以被保险人先行履行为要件。“被保险人订立责任保险的目的，在于免除自己对第三人的损害赔偿责任，倘若被保险人无资力赔付时，依该学说定义，因保险事故尚未发生，则保险人不负赔偿之责，如此责任保险之效用将无从发挥，无异使责任保险形同‘挂羊头卖狗肉’，已乏学者支持，实务也鲜有如此约款。”[①](2)有违责任保险社会化。责任保险制度的发展有助于民事责任的落实，民事责任的归责义务由过去的过失责任逐渐演变至21世纪20年代的今天，已有许多无过失责任的规定，其目的不外乎提高加害人的责任程度，借以保护受害人。只是对于受害第三人而言，提高加害人责任程度时，若未同时提高加害人的清偿能力，这无异于“画饼充饥”。而提高加害人清偿能力的一项制度，即责任保险，其具有一定程度的社会化功能。倘若被保险人仍须先行给付后，保险人才向被保险人进行给付，则当被保险人无财力可先行清偿时，责任保险并无作用，该做法对于受害第三人的保障降低，有违责任保险社会化功能。(3)该学说不合实际，并违反多数国家或地区立法例的规定。因为在现代诸多国家中，受害第三人是可以直接向保险人请求给付保险金的，即保险人可以直接给付赔偿金给受害第三人，如果采用此学说，则对“直接向第三人为赔偿金额之给付”的立法规定难做合理的解释。可见，并不能以被保险人先履行赔偿义务作为保险事故的发生时点。[②]

① 王正伟：《责任保险保险事故之探讨——兼论事故发生之定义》，载《政治大学学报》1990年第78期。

② 参见郑玉波：《保险法论》，台北，三民书局1998年版，第145页。

**五、学说发展之现代趋势**

以上四种学说关于责任保险事故的认识,实质是在事实发生的连锁过程中,选取"某一时段"作为保险事故发生时点;其中,"损害事故说"和"受请求说"可称为"时间上的前置型","责任确定说"和"履行赔偿说"可被称为"时间上的后置型"。关于责任保险事故的认识,经历了一个从"时间上的后置型"向"时间上的前置型"逐步演进的过程。其理论发展图景见图4。

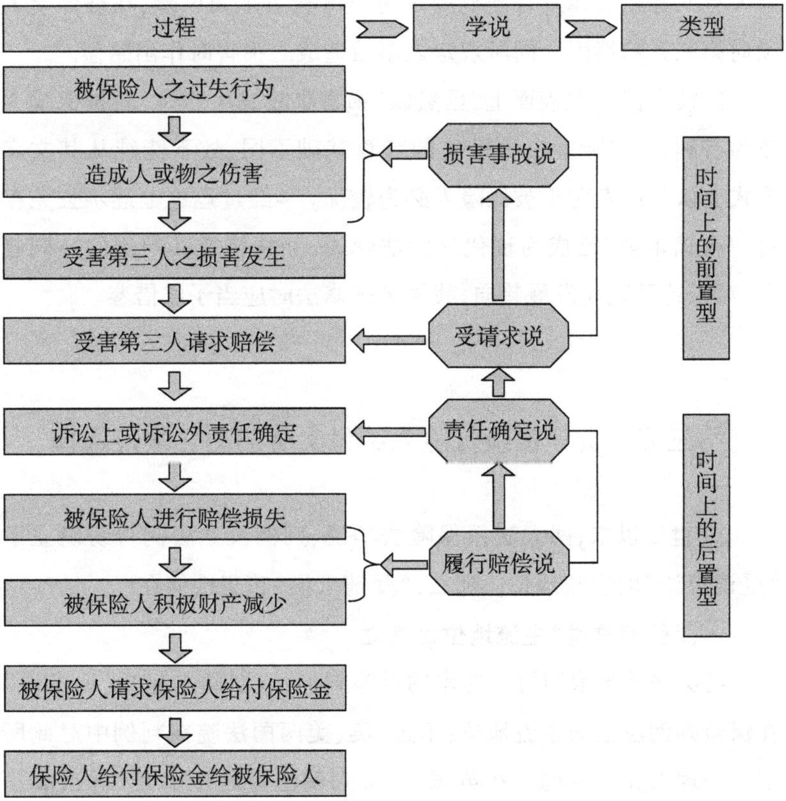


**图4　责任保险事故学说之发展理论**

尽管现代责任保险立法例、学说及判例一致主张责任保险事故认定时点应当向前推移，但究竟应以何时为宜，却仍未统一。有些国家或地区的立法例及判例采“受请求说”，如2005年《法国保险契约法》第L124－1条规定：“在责任保险中，只有当受害第三人向被保险人提起诉讼赔偿请求或诉讼外赔偿请求时，保险人才会按照保险合同的约定承担保险责任。”另有立法例及其判例采“损害事故说”，如《澳门商法典》第1024条第1款规定：“民事责任保险中，保险人有义务在法律及合同范围内为被保险人承担风险，在被保险人须向第三人赔偿因合同所规定之事故造成之损害时作出赔偿。”

比较而言，“在表面上，虽然以‘损害事故发生之时’对被保险人较为有利，但实际上二种模式的精算基础不同，故不能纯从其文字形式上认为何者对于被保险人必为较优。”①经过理论上逐步去芜存菁，“受请求说”已成为现代保险法学说、立法例及其判例的共同趋向，对于这种现代发展趋向，我国未来修法时应当予以借鉴。

## 第三节　责任保险保险人给付义务启动之学说选择

20世纪以来，两大法系保险法学说、判例及立法例纷纷确立了“受请求说”的主流地位。那么，“受请求说”正当性何在？

### 一、“受请求说”主流地位之确立

英美法系国家通过一连串的保险判例，逐渐确立起“受请求说”在保险判例法上的主流地位；不过，英、美两国法院在判例中对此所阐释的理由并不相同。在英国，保险判例法持之理由为“诉因成立

① 叶启洲：《保险法实例研习》，台北，元照出版有限公司2011年版，第299页。

理论”。“责任保险事故的触发,取决于一项被提起索赔主张的财产的价值少于未被主张的财产的价值。根据这种观点,当被保险人对受害者应负责任,即在受害人对被保险人‘初步成立诉因时’,承保人也就对被保险人负有责任。”①而在美国,保险判例法持之理由为“抗辩(防御)义务理论”。对受害第三人提出的保单范围内的任何请求,保险人有权利也有义务进行防御,即使该请求主张是虚假的、无根据的甚至是欺诈的。此外,保险人也有必要在诉讼中基于自己没有赔付保险金义务进行抗辩,其理由是,当第三方对被保险人提起诉讼进行索赔时,如果索赔在责任保险保障之内,而且获得成功的话,保险人就需要给付保险金。所以,保险人需要履行防御义务,即使保险人的赔付义务发生在被保险人需要负担法律责任之时。②

在大陆法系国家,以法国、德国等为代表,保险立法、判例及学说均以“受请求说”为通说。在法国,1930 年颁行《保险契约法》,在该法“第 2 章损害保险”中,设“第 4 节”专门规范“责任保险”,其中第 50 条规定:“契约所定的损害事实发生之后,保险人仅在受害第三人对被保险人提出诉讼外或诉讼上的请求时,才履行给付义务。”该规定表明,法国早在 20 世纪 30 年代就已通过保险立法确立了“受请求说”。2005 年实施的《法国保险契约法》延续了 1930 年责任保险的规定,依然采用“受请求说”。在德国,1908 年颁行的《保险契约法》,在“第 2 章损害保险”中,设“第 6 节”专门规范“责任保险”,其中第 149 条规定:“在责任保险,要保人基于在保险期间内所引起对第三人应负责任的事由所进行给付,保险人有义务补偿。”第 154

---

① [英]M. A. 克拉克:《保险合同法》,何美欢、吴志攀等译,北京大学出版社 2002 年版,第 409 页。

② 参见[美]约翰·F. 道宾:《美国保险法》,梁鹏译,法律出版社 2008 年版,第 234 页。

条第1款规定:“保险人必须在要保人赔偿第三人,或第三人的请求经确定判决,承认或和解确定之后二周内给付补偿金。”由此可见,德国早期保险立法并没有确立“受请求说”的主流地位。但是,2008年修订《德国保险合同法》时,吸纳了“受请求说”的观点,该法第100条规定即是对该观点的明文化和法典化。

**二、“受请求说”论理解释上的“连贯性”**

在责任保险中,保险人的理赔项目,除了保险金的给付外,尚包括防御费用的负担,此乃各国或地区保险立法例的共同规定。但是,二者有何性质及其关系如何处理,在解释上又与保险事故认定标准密切相关。

在按“履行赔偿说”与“责任确定说”所设计的制度框架之下,被保险人负担对受害第三人的防御义务,故在解释论上采“区分说”:“责任保险之保险利益即责任义务保险利益,其关系连接对象为被保险人因保险事故对第三人所负之损害赔偿责任。因此,防御费用并非纯粹的保险给付,亦即非法定责任保险之保险利益所含括,而是属于另一独立的保险标的。”[①]反之,在按“受请求说”所设计的制度框架之下,保险人负担对受害第三人的防御义务,故在解释论上采“不区分说”:“被保险人对于受害人赔偿请求权之损害赔偿是单一的‘损失可能性’,其需求为将其损失可能性除去,但填补损害之要求非锁定于保险人之某一给付方式,因此不发生存在数个保险利益之问题。换言之,即自被保险人之需求只有一个——脱离不利益之状态,保险人可任选适当的方法达到目的。因此,被保险人对于责任保险之保险利益是以总括的形态存在,并非个别存在于特定的抗辩或赔偿之给付上。也就是说,责任保险之保险利益已涵盖防御

---

① 汪信君、廖世昌:《保险法理论与实务》,台北,元照出版有限公司2006年版,第227页。

费用,因此,防御费用纯粹属于保险给付之一,是保险人之主给付义务。”①

比较而言,在以“履行赔偿说”或“责任确定说”为理论支撑的“区分说”中,既然由被保险人履行防御义务,那为什么又要保险人负担防御费用呢?理论解释上难以达到连贯性的效果。而在以“受请求说”为理论支撑的“不区分说”中,既然由保险人履行防御义务,那么也由保险人负担防御费用则顺理成章,在理论解释上也能达到连贯性的效果。诚如国外学者所言:“私法重视它自己的内在连贯性。私法关系的连贯性所指不限于大量其他独立特征的缩影。如果私法关系要成为连贯的,那么那种关系的特征就不能够存在于这样的相互中立状态中:将原告权利要求的元素彼此之间分离开来,与它们的诉讼和审判环境分离开来。反之,连贯性是指各种连贯的特征之间存在某种内在的关联。私法关系要成为连贯的,它的元件特征必定不是通过它们之外的运作而组合在一起,而是因为它们以这样的一种方式在概念上连接在一起:它们本质上组合在一起,这一点还要做出解释。”②

**三、“受请求说”质疑之回应**

与其他新的理论或学说一样,“受请求说”提出之后,也曾受到质疑与批评,归结起来主要有二:第一,有批评者认为“受请求说”与保险本质不符。如果以被保险人受到第三人请求赔偿之时,为责任保险事故认定标准,可能不符合保险事故偶然性和射幸性的要求,特别是保险期间快要经过时,只是因为受害第三人请求时间的早

① 汪信君、廖世昌:《保险法理论与实务》,台北,元照出版有限公司2006年版,第227页。

② [加拿大]欧内斯特·J.温里布:《私法的理念》,徐爱国译,北京大学出版社2007年版,第31~32页。

晚,就影响保险事故是否发生在保险期间的判断,就被保险人而言可能并不公平。[①] 第二,有怀疑论者认为"受请求说"易导致诉讼的泛滥。美国有学者就曾指出:"这类法律使得保险人有可能在被保险人的责任确定之前就面临诉讼,从而使得法院变成了反保险人的'诉讼磁铁'。"[②]

但上述担忧或者批评不能作为反对"受请求说"的正当理由。首先,批评"受请求说"不具备"偶然性"的观点是否正确有待商榷。依据保险法的基础理论,所谓"偶然性",是指保险所承保的危险不能出自于被保险人的故意行为,它只能是非故意偶然引发的危险。[③] 具体到责任保险中,虽然受害第三人可以自由意志来决定是否就损害事故提出赔偿请求,但该请求对责任保险契约当事人来说是不确定的,依然符合"偶然性"原则。其次,"受请求说"导致诉讼泛滥的观点,值得怀疑。有学者指出:"侵权法实践的关键区域不是法院,甚至也不是律师们的办公室,而是保险公司的大楼。"[④]先进国家的实践也表明了这一点,在人身伤害案件中由责任保险保险人处理了88%的诉讼,支付了94%的赔偿额。[⑤] 由此可见,大多数侵权案件是由保险公司而不是法院处理的。此外,保险人处理侵权案件的效率更高。相较于被保险人,保险人经常需要处理索赔事项,在这方面

---

① 参见范晓玲:《责任保险之保险人于第三人求偿程序中参与行为之研究》,中国台湾地区台湾大学1998年硕士学位论文,第53页。

② William F. Yong & Erie M. Holmes, *Cases and Materials on the Law of Insurance*, Foundation Press, 1985, p. 112.

③ 参见樊启荣:《在公益与私益之间寻求平衡——〈中华人民共和国保险法〉第45条规定之反思与重构》,载《法商研究》2010年第5期。

④ [德]格哈德·瓦格纳:《比较法视野下的侵权法与责任保险》,魏磊杰、王之洲、朱淼译,中国法制出版社2012年版,第56页。

⑤ 参见[澳]彼得·凯恩:《阿蒂亚论事故、赔偿及法律》,王仲光等译,中国人民大学出版社2008年版,第237页。

他们有着丰富的经验，且都是“重复博弈者”，所以，在选择律师、监督律师工作以及控制诉讼开支等方面都较普通被保险人有优势。①

## 第四节 责任保险保险人给付义务启动之依赖：被保险人通知义务

有学者言：“保险事故发生后，被保险人及时履行通知义务，是启动保险理赔程序的首要步骤。”②此外，就保险人而言，如果被保险人未及时通知，其可能根本无从知道保险事故已经发生，也就无法履行防御义务。因此，保险人给付防御义务，必须依赖于被保险人的通知。在一般财产保险中，损害事实发生即意味着保险事故发生，所以，被保险人通知义务的履行并无问题；然而，在责任保险中，“损害事实”与“索赔事实”之间，往往存在时间上的间隔，仅在保险事故发生后履行通知义务，能否满足责任保险人防御义务之需求？值得深究。

### 一、责任保险被保险人通知义务之“二次性”

在损害事实发生后，被保险人要想得到保险给付，需向保险人进行事故通知并申请理赔。无论是人身保险还是财产保险，均有规范通知义务的规定。然而，与其他保险不同，责任保险不仅要求损害事实发生时，被保险人必须履行通知义务，而且在遭到受害第三人赔偿请求时，被保险人也须履行通知义务。一言以蔽之，在责任

---

① 参见周学峰：《侵权诉讼与责任保险的纠结——从两方对抗到三方博弈》，载《清华法学》2012年第2期。

② 王静：《保险类案裁判规则与法律适用》，人民法院出版社2013年版，第173页。

保险中,损害事实发生后,被保险人必须履行"两次"通知义务,这是责任保险不同于一般保险的特殊程序制度。

在保险中,不论是第一方财产保险,还是人身保险,只要损害事实一发生,相关事实即告确定,此时,保险人需要评估该事实是否落入承保范围,并根据评估结果来判断是否负担保险给付责任。所以,在一般保险中,被保险人应在危险事故发生后向保险人进行通知。通知义务的履行时点一般并无问题,但是,在责任保险发生过程中,如前文述及,会产生一系列事实及法律上的连锁反应。在这连锁过程中,"损害事实"发生的时间与"索赔事实"发生的时间,事实上可能不一致,两者往往存在时间上的间距,少则可能相隔数日,多则可能相距数年。只要受害第三人对被保险人的损害赔偿请求权没有超过诉讼时效,他就可以行使该请求权。在这种情形下,如果被保险人的通知义务只及于"损害事实",那么,保险人对于受害第三人是否向被保险人行使损害赔偿请求权无从知悉,前阶段所进行的证据保全程序亦属枉然;反之,如果被保险人的通知义务只及于"索赔事实",因"索赔事实"发生的时间与"损害事实"发生的时间相距太久,则保险人可能会处于十分不利的地位。保险人即使嗣后收到"损害事实"发生的通知,但想要勘查当初被保险人对受害第三人的赔偿责任是否存在、责任的大小或有无抗辩事由等情形,恐将力有未逮。[①] 因此,在责任保险中,被保险人通知义务的履行有两个时间点:一是"损害事实"发生时,二是"索赔事实"发生时。

**二、被保险人"二次"通知义务之法理基础**

通知义务的法理基础在认识上并未取得一致。传统理论认为:"通知义务的法理基础为诚实信用原则。通知义务作为善意义务的

---

① 参见刘宗荣:《新保险法:保险契约法的理论与实务》,中国人民大学出版社2009年版,第335~336页。

一部分,不只是在合同订立或延续时才产生,而是持续存在于整个保险期间;且这一义务与'商业常识'加在一起要求被保险人向保险人提供'有关信息',这不仅包括在合同订立时或延续时披露有关资料,还包括被保险人作损失通知时。"①由此可见将通知义务作为善意义务的一部分,并将其与契约订立时告知义务的功能等同,并未揭示通知义务的目的与功能。现代保险法理论与学说认为:"通知义务的法理基础,应当从其目的功能论出发寻求合理的解释。"②由于责任保险通知义务的特殊性,且两次通知义务的目的功能并不相同,故需要区别对待。

### (一)"损害事实"通知之目的

在责任保险中,"损害事实"发生意味着被保险人出现了可能承担赔偿责任的不法行为,此时,被保险人必须对"损害事实"予以立即通知。对于此次通知义务的目的,主要表现在以下两个方面。

1."损害事实"发生的通知,可以让保险人有机会进行调查并搜集证据,以尽早确认损失是否在承保范围内,从而避免发生保险人因无法进行有效辩护而被迫进行赔偿的情形。"损害事实"发生以后,对于事实的主张,只是被保险人单方面进行的陈述,对此事实,保险人还需要通过收集证据或介入调查进行证实,以防范被保险人的欺诈行为,实现保障全体被保险人利益的目的。被保险人除了对"损害事实"予以通知以外,还需要对保险人的调查行为予以配合。如果"损害事实"发生后尚存在对保险标的可能的后续不利影响,保险人还会指示被保险人立即采取必要补救措施,防止损失进一步扩大,否则保险人对扩大的损害不负保险给付责任。因此,被保险人

---

① [英]M. A. 克拉克:《保险合同法》,何美欢、吴志攀等译,北京大学出版社2002年版,第701页。

② 覃有土、樊启荣:《保险法学》,高等教育出版社2006年版,第161页。

正确履行“损害事实”发生的通知义务，既事关被保险人的权益，也影响保险人能否依法行使正当的抗辩权利，这与保险人和被保险人的利益均息息相关。

2. 在责任保险中，“损害事实”发生的通知，可以使责任保险的保险人及早准备和进行相关的抗辩与协商事宜。如果被保险人未及时履行“损害事实”发生的通知，可能的证人会离去，证据也可能会消失，以至于到后来将很难或不可能确认到底真正发生了什么，这些信息对保险人后面履行防御义务是非常重要的。①

总之，在责任保险中，“损害事实”发生的通知目的和一般财产保险“保险事故”发生的通知目的大致相同，主要是为了让保险人进行调查并搜集证据，确定损害事实是否在承保范围内，不致因调查的拖延而丧失证据。此外，在责任保险中，因为保险人需要履行防御义务，所以对“损害事实”发生进行通知，还可以让保险人为以后履行防御义务及早做好准备工作。

（二）“索赔事实”通知之目的

有学者言：“责任保险为一种抗辩型保险。”②被保险人遭到受害第三人索赔请求时，他应当及时通知保险人上述“索赔事实”。对“索赔事实”进行通知，是被保险人对保险人必须履行的法定义务，③保险人有知晓受害第三人索赔请求的需求。因此，在责任保险中，保险人往往要求被保险人采用“洗衣单”式的通知方式，向保险人通知一切未来可能遭受的索赔请求与现在已经发生的索赔请求。被保险人采用这种方式通知保险人之后，保险人会对他遭遇的诉讼有

---

① 参见［美］詹姆斯·S. 特里斯曼等：《风险管理与保险》，裴平主译，东北财经大学出版社2002年版，第194页。

② 郑镇梁：《保险学原理》，台北，五南图书出版公司2014年版，第502页。

③ 参见郑镇梁：《保险学原理》，台北，五南图书出版公司2014年版，第502页。

一个全面且充分的了解,也会有更加充分的时间去准备和解或抗辩的应对策略。① 具体而言,其目的主要有以下几个方面。

1. 有利于保险人适时参加索赔的抗辩或者和解。责任保险保险人对受害第三人请求被保险人赔偿的诉讼有索赔参与权,倘若保险人根本不知被保险人受到索赔的发生,他就完全无法参与到诉讼中。首先,向保险人通知“索赔事实”,可以为保险人及时参加受害第三人提起的索赔程序创造条件。保险人适时参加索赔程序,可以及时对诉讼的相关情况进行调查。比如,被保险人通知保险人之后,保险人会对索赔请求进行调查,以确认该请求是否落入承保范围以及是否提出的请求是否在保险期间内;受害第三人提起的诉讼是否存在欺诈;在存在欺诈的情况下,及早采取措施,以便将风险降至最低。其次,保险人及早调查,在某些情形下,可以减少被保险人的损失发生。比如,在雇主责任保险中,如果雇员请求雇主赔偿,雇主将该请求通知保险人后,保险人可以给该雇主提供更为专业的建议,帮助他纠正不当行为,以此降低损失。

2. 标志着保险人防御义务的开始。只有在保险人已知受害第三人索赔的事实后对被保险人履行防御义务,方有意义。将受害第三人的索赔请求通知保险人,实际是被保险人信赖保险人可以为自己的利益进行充分的防御,要求保险人为被保险人的利益进行抗辩与和解。

3. 有利于明确当事人双方的地位。被保险人向保险人通知受害第三人的“索赔事实”之后,保险人会作为被保险人的诉讼当事人(代理人)参加索赔的抗辩与和解,被保险人不再直接参加索赔的抗辩与和解。被保险人的索赔通知,使得保险人必须决定是否参加索

---

① See Bennett L. Ross, *Protecting Corporate Directors and Officers: Insurance and Other Alternatives*, 40 Vanderbilt Law Review 737 (1987).

赔的抗辩与和解，若保险人拒绝索赔的抗辩与和解的，被保险人有权自行决定索赔的抗辩与和解。

综上所述，在责任保险中，通知义务的目的不仅仅只在于传统的证据保全，更在于索赔过程中的相关防御与协商目的。“索赔事实”发生时对保险人作出相关通知，不仅可以使被保险人获得更完善的协助，而且可以使保险人降低过度赔偿的风险。

**三、立法例考察：以《德国保险合同法》为例**

观诸域外，对责任保险被保险人通知义务规定最为详细的，当属《德国保险合同法》。它在“一般规定”中对各种类型的通知义务做出统一规定后，又针对责任保险通知义务的特殊性单独作出规定。

首先，就1908年《德国保险合同法》而言，它除在“一般规定”中规定了通知义务外，针对责任保险的特殊性，还在“第二章损害保险第六节责任保险”中另外规定责任保险的通知义务，其第153条规定：“(1)足以导致要保人对第三人责任的事故发生时，要保人须于一周内通知保险人。第6条第3项，第33条第2项于此准用。(2)第三人对要保人主张其请求权者，要保人有义务在请求提出后一周内通知。(3)上述期间自通知发生后起算。(4)第三人以诉讼对要保人主张其请求权，要保人请求诉讼救助或依照法律对要保人为诉讼告知者，上述期间虽尚在进行，要保人须立即通知保险人。由于请求的原因事实对要保人为刑事侦查程序者，也有其适用。”

2008年《德国保险合同法》在进行百年大修时，将责任保险单独规定在第二编“特种保险”之下的第一章，在其中的“第一节一般规定”中对通知义务进行规定。其第104条第1项明确规定：“(1)投保人应在一周之内将足以导致其对第三人承担赔偿责任之事件通知保险人。如果第三人向投保人提出索赔请求，投保人应在索赔发生后一周内将上述索赔事实通知保险人。(2)如果第三人向法院提起诉讼要求投保人承担赔偿责任,投保人申请法律援助或法院向投保人送达起诉状的,投保人应及时将上述事实通知保险人。由于诉讼请求事实导致投保人展开相关调查程序的,也适用上述条款之规定。(3)投保人应遵照第1、2款规定之时限,同时参照适用第30条第2款之规定及时向保险人发送上述通知。”而第30条对其他保险的通知义务予以统一规定:“(1)投保人在知晓保险事故发生后应立即通知保险人。在存在第三受益人的保险中,该受益人也应当履行上述通知义务。(2)投保人违反上述通知义务,保险人可以不承担保险责任,但是,保险人已通过其他方式及时获悉的除外。”

比较1908年和2008年《德国保险合同法》,我们不难发现,其中有关通知义务的规定并无太大变化,只是将责任保险通知义务的规定由四项改为三项,其中内容几乎完全一致。无论是新法还是旧法,针对责任保险的危险发生,通知义务都区分成两个时点:其一是在损害危险发生时,其二是在受赔偿请求时,此规定适用所有类型的责任保险保单。这样的规定主要是在处理责任保险中两个时点的时间间隔问题,不仅有利于举证与程序进行,还可兼顾保险人和被保险人的利益。在被保险人违反通知义务的情况下,回归“一般规定”去探讨,保险人可以拒绝承担保险责任。《德国保险合同法》在“一般规定”中规定通知义务后,又单独对责任保险规定“两次”通知义务的立法模式体系完整,逻辑严谨,值得我国在未来责任保险立法中予以借鉴。

## 本章小结　“受请求说”下责任保险人给付义务启动时点之调整

保险人给付义务的启动时点，牵涉责任保险事故的认定。从责任保险业发达国家或地区的保险立法例或判例而知，有关责任保险事故的认定，比较有影响力的学说主要有四种：“损害事故说”、“受请求说”、“责任确定说”以及“履行赔偿说”，“责任确定说”和“履行赔偿说”被归为“时间上的后置型”学说，而“损害事故说”和“受请求说”则为“时间上的前置型”学说。责任保险事故的各种学说，经历了一个从“时间上的后置型”向“时间上的前置型”逐步推移演进的过程。在这一过程中，经过理论上的去芜存菁，“受请求说”已发展成为现代保险法学说、立法例及其判例的共同趋向。“受请求说”主流地位的确立，在论理解释上符合“连贯性”的要求。此外，保险人给付义务的履行，依赖于被保险人通知义务的履行，由于上述责任保险事故“延伸性”的特质，决定了被保险人需要负担“二次”通知义务，唯有如此，保险人才能完美履行给付义务。

# 第四章　责任保险保险人防御义务之履行

现代责任保险的主给付义务已经包含保险人的防御义务。然而,防御义务究竟是属于契约义务还是属于法定义务?防御义务的具体内容是什么?防御义务的理论基础何在?防御义务的履行标准如何判断?保险人履行防御义务会导致哪些利益冲突?这些利益冲突如何处置?保险人一旦违反防御义务,他应该承担何种不利的法律后果?等等。对于上述问题,我国《保险法》并未给予回答。鉴于此,本章在英美法例基础上,拟就责任保险保险人的防御义务进行系统论述,以期对我国责任保险人防御义务的未来构建“拨云散雾”。

## 第一节　责任保险保险人防御义务概述

“现代责任保险之功能已从纯粹的损失填补契约,演进至具有保障被保险人财务安全与心境安宁之诉讼保险,提供被保险人对于责任关系之抗辩与和解乃是达成此功能之最佳方法。”①在近代责任保险中,如果责任保险保险人承诺提供被保险人在遭到受害第三人请求时,协助被保险人脱免于被求偿的不利地位,那么,保险人负有协助被保险人防御受害第三人请求的法定义务。一般而言,保险人的防御义务包含实施防御行为和负担防御费用两部分内容。保险人防御义务产生之理论基础已由传统的契约自由原则和对价平衡原则转变为诚实信用原则和权利不得滥用原则。

### 一、防御义务之基本定位

观诸域外,诸多国家和地区的责任保险法制度要求责任保险保险人承担防御义务,有在保单条款中约定之,也有在立法例中规定之。在理论上,保险人的防御义务究竟应当如何定位呢?理解防御义务,首先必须弄清该问题。

#### (一)防御义务之含义

所谓责任保险保险人的防御义务,是指在被保险人遭到受害第三人的索赔请求时,为了保护被保险人的利益,保险人应该代替被保险人防御该索赔请求。我国台湾地区著名保险法学者江朝国教授曾指出:“所谓责任保险人之防御义务,是指责任保险人对被保险人受第三人损害赔偿请求时,所提供之权利保护机能,此包含保险

---

① 李志峰:《责任保险利益冲突下抗辩律师专业责任之研究》,载《台大法学论丛》2018 年第 4 期。

人应参与被保险人与第三人所进行的诉讼、和解、调解、仲裁程序，并协助提出攻击、防御之抗辩，以代替被保险人自身为该等抗辩行为所产生之负担过程，此为责任保险人之防御义务，易言之，防御义务包括诉讼上之提供抗辩义务以及参与和解之义务。"①由此可知，防御义务包含两方面的内容：保险人的抗辩义务和保险人的和解义务。

责任保险的被保险人在保险事故发生后，通常会通知保险人有关事务发生的情况，而保险人在事故发生后，依法令或契约负有防御义务、负担必要费用以及给付保险金。保险金的给付，必须以责任的确定为前提。在责任确定过程中，保险人必须首先予以厘清被保险人是否需要对受害第三人承担损害赔偿责任。如果答案是肯定的，损害赔偿的额度是多少？而被保险人责任的确定，通常会通过几个方式，最常见的就是和解和诉讼的方式。② 所谓"和解"，是指被保险人与受害第三人相互达成合意让步的协议，事实上无论被保险人有无责任或责任额度为多少，双方都同意以谈判协商的方式，核定一个双方都可接受的数额作为赔偿额；而"诉讼"程序则是通过公正的第三人（法院），经过证据的调查，依法作出裁判来判定被保险人有无责任和责任数额。一般被保险人与保险人较希望通过和解方式，与受害第三人达成损害赔偿额的共识，避免诉讼带来的劳费；但若和解不成，通常就必须再通过诉讼方式解决。流程见图5。

---

① 江朝国：《保险法逐条释义》（第三卷），台北，元照出版有限公司2015年版，第724～725页。

② 此处仅就提出最常见的"和解"和"诉讼"做讨论，并不表示确定被保险人赔偿责任额的方式就这两种程序，其他还包括调解、仲裁等其他解决纠纷的处理机制。

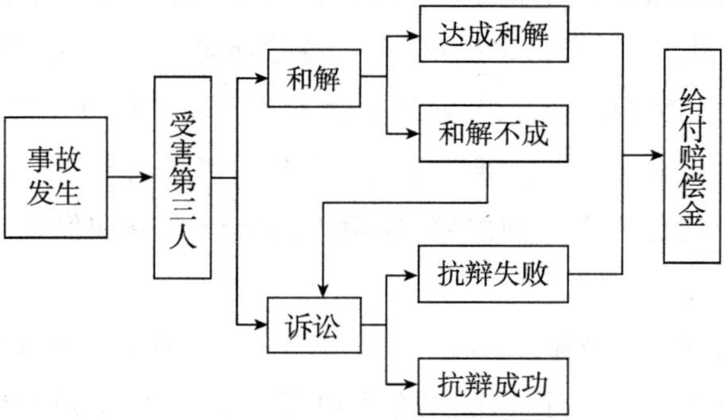


**图 5 责任保险防御流程**

在和解或诉讼过程中，要求保险人负担防御义务，无论是对保险人自己还是对被保险人都具有重要意义。就被保险人角度而言，在因不法行为侵害到他人权益时，已经心生恐惧，后续的和解协商或诉讼过程，均不为被保险人所熟悉，通常要寻求保险人的协助，希望借由责任保险来获取将来生活的安定和财产的安全。保险人承担防御义务，不仅可以帮助被保险人避免诉累，维持心境安宁，而且可以保护被保险人利益免受侵害。

反之，就保险人角度而言，责任无论是以和解还是以诉讼的方式确定的，保险人原则上都必须依据确定的责任来给付保险金。如果被保险人控制诉讼或和解的过程，那么保险人可能担心被保险人根本无应对能力而致损害赔偿数额提高，或者被保险人可能与受害第三人串通欺诈保险人。为避免上述不利情形的发生，保险人会希望能在上述程序中扮演一定的角色，参与和解或诉讼的过程，提供防御义务，使最后的赔偿金额能减少到最少，毕竟保险人才是负担最后赔偿义务的人。

（二）防御义务之界定

保险人为被保险人提供的防御义务，究竟属于依照契约而生的契约义务还是属于法律规定的法定义务，各国立法例和实务界认识并不一致。

1. 契约义务

该见解认为，防御义务是源自责任保险契约中约定的防御条款，在责任保险契约中，保险人承诺负担防御义务。英国法认为，责任保险保险人的防御义务源自保险契约的约定，并非法定义务。[①]在英国责任保险契约中，条款通常约定保险人可以自由裁量，它不仅要求未经保险人同意，被保险人不能承认对受害第三人的责任负担，而且保险人享有对整个防御过程进行控制的权利，但是，这并非保险人的义务，保险人是否提供防御义务，仍有选择权。[②] 在北美的加拿大，魁北克省之外适用普通法的其他省均坚持保险人履行的防御义务属于双方当事人契约的产物。[③] 在美国，宾夕法尼亚州的法律关于保险人对被保险人负有防御义务这一问题规定得很明确，保险人有为被保险人进行防御的契约义务，这个义务是被保险人通过缴纳保险费取得的对价。[④]

2. 法定义务

该见解认为，责任保险保险人的防御义务并非契约当事人约定的私人规范，而是不得以契约条款排除适用的法定义务。该见解已经得到诸多国家和地区立法例的支持，如德国在进行保险法百年大修时，将防御义务规定为保险人的法定义务。在隶属英美法系的美

① See Nicholas Leigh-Jones, John Birds & David Owen, *MacGillivray on Insurance Law*, Sweet & Maxwell, 2008, pp. 897 – 898.

② 参见周碧云：《论责任保险人之代行防御及其利益冲突》，中国台湾地区政治大学2007年硕士学位论文，第54～55页。

③ See H. Sanderson, R. Emblem & J. L. Woodly, *Commercial General Liability Insurance*, Butterworths, 2000, p. 211.

④ 参见[美]肯尼斯·S. 亚伯拉罕：《美国保险法原理与实务》，韩长印等译，中国政法大学出版社2012年版，第566页。

国,现在的判例法也坚持认为防御义务为法定义务。[①] 对此有学者曾言:“基于公共政策的考量,保险人必须履行的防御义务属于法定义务,它并非只是契约双方当事人达成的私人规范。”[②]

3. 防御义务性质之归属:法定义务

比较上述两种观点,我国应将保险人的防御义务定性为法定义务。所持理由主要是:(1)将防御义务定性为法定义务,有利于实现权利义务平衡。在责任保险立法和相关实务中,大多规定保险人享有抗辩与和解的控制权,对受害第三人的赔偿请求,未经保险人的同意,被保险人不能私下予以拒绝或承诺。在履行防御义务过程中,保险人享有完全的权利来制定防御策略,按照自己的意愿来选任防御律师。上述事实致使保险人可能完全控制被保险人的利益,倘若保险人无须负担法定的防御义务而只是享有控制权,那么保险人极有可能滥用权利做出损害被保险人利益的行为,导致利益失衡。(2)防御义务是独立于补偿义务的,而非补偿义务的派生物。[③] 一般情形下,保险人的防御义务范围要比补偿义务范围广,受害第三人和被保险人之间的责任确定并且属于承保范围时,保险人的补偿义务才会出现,但是被保险人在遭遇受害第三人的请求时,他就有防御需求,此时保险人就需要承担防御义务,而不论损害赔偿请求是否在承保范围之内。(3)将防御义务定性为法定义务,比较符

---

① 参见马宁:《责任保险人抗辩义务规范的继受与调适》,载《法学》2015 年第 4 期。

② Paula L. Harrington, *The Duty to Defend in California after Montrose Chemical Corporation v. Superior Court: Is the California Supreme Court Protecting Policyholders or Encouraging Litigation and the Early Settlement of Unworthy Claims*, 31 California Western Law Review 165 (1995).

③ See James M. Fischer, *Broadening the Insurer's Duty to Defend: How Gray v. Zurich Insurance Co. Transformed Liability Insurance into Litigation Insurance*, 25 U. C. Davis Law Review 141 (1991).

合我国的责任保险实际情况。在我国责任保险实务中，几乎所有的责任保险合同条款都规定保险人享有防御控制权，但并未见保险人防御义务的相关字眼。保险人负担防御义务的规定，可以更好地改善被保险人的不利地位。而且，就保险人未来经营而言，他可以更好地拓展保险市场。保险人为被保险人提供防御服务，可以更加契合被保险人购买责任保险期望得到的保障。①

## 二、防御义务之基本内容

保险人的防御义务主要包括两方面的内容：一是实施防御行为，二是负担防御费用。就被保险人的利益保障而言，这两方面的内容缺一不可。

### （一）实施防御行为

防御行为的提供，意味着保险人可以掌控受害第三人对被保险人提起的整个诉讼或和解过程。在这一过程中，保险人通常会聘请律师进行抗辩，或者帮助被保险人和受害第三人达成和解。保险人在选任能力合适且收费合理的防御律师方面，较一般被保险人显然具有优势。首先，在从事保险活动中，保险人不可避免地要经常与律师打交道，他们清楚地知道哪些律师具有能力能够胜任防御任务，也了解律师的雇用行情。其次，就律师角度而言，为了保持与保险人的经常合作，他们往往会给保险公司更大的议价空间，保险人往往可以更低的价格雇用律师。最后，保险公司作为大型企业，他们一般拥有自己的法务部门和法务人员，防御工作更利于展开。保险人虽然委托律师进行防御工作，但这并不意味着保险人可以转让其诚信善意和公平交易的模式义务，一旦聘请的律师实施不当行

---

① 参见武亦文：《论责任保险人的抗辩义务》，载《法商研究》2013年第4期。

为,替代责任保险人仍要承担相关责任。① 保险人除了需要进行防御律师选任外,他还应该制定防御策略、对和解的方案和时机进行确定,等等。

保险人在提供防御时,被保险人需要负担协助和合作义务。被保险人的上述义务主要表现在:在遭受到受害第三人的索赔请求时,被保险人应通知保险人,提供相关的文件和资料,出庭作证,不能在被保险人未同意的情况下与受害第三人私自和解,或者承担责任或者放弃抗辩权,等等。

(二)负担防御费用

防御费用也是保险人给付防御义务的重要组成内容。一般认为,保险人需要承担防御费用,但对于是否允许保险人以特别约定予以排除防御费用的承担,看法并不一致。在英国,只要防御费用的支出与被保险人承担的合理责任相关,保险人就需要负担全部费用,除非合同另有约定。② 我国《保险法》第66条也有类似规定,就被保险人承担的必要费用,保险人予以负担,但是,对此费用允许保险合同另有约定。在美国,保险法和实务皆主张防御费用不得以特约变更,保险人应予以承担。2008年《德国保险合同法》也坚持这种观念。

针对上述观点,美国的观念更加合理。理由如下:第一,在保险人享有防御控制权的情形下,却让被保险人负担防御费用,这显然是不公平的。第二,如果保险人需要负担防御义务,那么保险人给付防御费用应是必然结果。③ 第三,在实务中,被保险人可能因无力

---

① See Douglas R. Richmond, *Liability Insurance's Right to Defend Their Insureds*, 35 Creighton Law Review 115 (2001).

② See Nicholas Leigh-Jones, John Birds & David Owen, *MacGillivray on Insurance Law*, Sweet & Maxwell, 2008, p. 903.

③ 参见邹海林:《责任保险论》,法律出版社1999年版,第283页。

负担防御费用,而不愿聘用律师进行防御,在此种情形下,也不利于保险人利益的维护。反之,如果保险人负担防御费用,则有利于被保险人。总之,保险人作为保险契约的起草者,为避免损害被保险人利益的情形发生,应由保险人负担防御费用。

在实务中,如果保险人负担的防御费用与责任保险的损害赔偿数额合计超过保险金额时,保险人给付的数额为何呢?即防御费用的给付是否受保险金额的限制?对此问题,学理上主要有两种观点:

第一,不受保险金额限制。该见解主张防御费用合计损害赔偿数额的总额不受保险金额的限制。理由有两个:其一,着重于责任保险的权利保护功能,保险人提供防御的费用,纵然超过保险金额,也不能免除保险人的责任,且美国责任保险实务上的保险条款也有承认,超过保险金额的,保险人仍须提供防御。其二,防御费用支出是为了减免损害,有利于危险共同体,它与保险法中规定的损害防阻费用目的相同,因此,应做相同解释。保险人应该负担防御费用,且不受保险金额的限制。

第二,受保险金额限制。该见解认为,损害赔偿数额与防御费用合计超过保险金额时,原则上保险人应以保险金额为其负担的最高限额,超过此部分保险人无须负担。其理由为:(1)诉讼费用范围广泛。在实务中,可能由诉讼衍生出高额费用,让保险人毫无限制地承担该高额费用,实有不妥。(2)保险人费率计算困难。责任保险在契约订立时,并无法估计被保险人将来可能产生的责任范围和金额,保险人只能以过往的统计数字估计未来危险发生的概率和损失的成本,以此计算出保险费率。如果保险人不是根据保险金额给付数额,那么,保险人在进行计算费率时就会非常困难。(3)紧急性欠缺。保险法中的损害防阻费用着重在“紧急性”,所以,为防止被保险人在救助时未尽全力，保险金额不应对偿还费用进行限制。然而，防御费用是用于减轻被保险人在诉讼程序上劳力、时间和费用的负担，在某些事项上虽也有即时性，但它在程序上须经历长时间的确定过程，并无前者的急迫性。[①] 基于上述三个理由，保险人承担的防御费用应限缩在保险金额的范围内。

在实务中责任保险契约的防御条款中，就被保险人所支出的防御费用与责任保险的损害赔偿数额总额超过保险金额的处理方式，大致有三种做法：(1)超过保险金额数额仍理赔；(2)保险金额为限；(3)超过保险金额的防御费用依比例分摊。就第一种做法而言，我国台湾地区的汽车第三人责任保险、机车第三人责任保险、营业用大客车第三人责任保险等险种是采取此做法，保单条款多规定："被保险人因所有、使用或管理被保险汽车发生意外事故，致第三人财物受有损害，依法应负赔偿责任而受赔偿请求时，本公司对被保险人负赔偿之责。被保险人因本保险承保范围内应负之赔偿责任所为之抗辩或诉讼，事先经本公司同意者，其指出之费用本公司同意支付之，并不受保险金额之限。"即如果总赔偿金额超过保险金额时，防御费用仍全由保险人所负担。就第二种做法而言，以我国台湾地区的产品责任保险为例，其条款内容为："经本公司参与抗辩或和解，其有关赔偿请求之诉讼费用及必要开支，本公司于保险金额范围内均予给付，未经本公司参与的和解或抗辩，防御费用得到本公司同意的，于保险金额范围予以给付。"就第三种做法而言，我国实务有此做法，只是各种责任保险条款规定的比例并不相同。例如，我国太平洋财产保险股份公司采用的《火灾公众责任保险条款》规定的是50%，而我国平安财产保险股份有限公司采用的《平安食

---

① 参见江朝国：《保险法逐条释义》(第三卷)，台北，元照出版有限公司2015年版，第742页。

品安全责任保险条款》规定的是 10% 。

就上述几种见解,“防御费用应受保险金额限制”的做法更可取,这也是多数学者的观点。以下从责任保险利益和保险费计算这两个角度,详细阐述“防御费用支出应受保险金额的限额”。

首先,从保险利益的角度来看,保险金额的约定是以保险利益的价值为基础的,所以,可从此角度阐述防御费用合计损害赔偿数额的总额是否应受保险金额的限制。就责任保险的保险利益,主要包括统括式责任保险利益、法定责任保险利益结合消极损失可能性保险利益以及法定责任保险利益三种。① 统括式责任保险利益学说认为,被保险人在受害第三人请求赔偿时之损害系单一的损失可能性,防御费用包络在保险利益之内,保险人的保险给付包括损害赔偿以及防御费用,而以统一的保险金额作为给付限制。因此,防御费用合计损害赔偿数额的总额应受到保险金额的限制。就法定责任保险利益结合消极损失可能性保险利益学说而言,关于防御费用的支付属于另一个保险利益,可在责任保险中单独约定一个保险金额或分别约定保险金额,如在责任保险契约中约定一个保险金额,此两项保险给付也应受到该保险金额的限制。至于法定责任保险利益,保险人的保险给付本来就仅包括损害赔偿责任,不包括防御费用,因此,防御费用合计损害赔偿数额超过保险金额的,以保险金额为限,自不待言。

其次,就保险费计算角度而言,保险金额是保险费计算的基础,保险费是指订立某一保险契约所应缴纳的总费,它的计算方式是以保险金额乘以保险费率,由此可知,契约订立时保险金额的约定和确定,关系到投保人所缴纳的保险费,这也是保险人所承担危险的对价。即当投保人和保险人约定应缴纳多少保险费时,也相当于在

---

① 参见江朝国:《保险法逐条释义》(第三卷),台北,元照出版有限公司 2015 年版,第 745 页。

保险事故发生时,保险人应给付多少保险金额。因此,责任保险契约当事人在订立保险契约时约定的保险金额,是保险费缴纳的基础。如果认为保险事故发生时,保险人就损害赔偿数额和防御费用合计超过保险金额仍须给付时,无疑使保险人承担的危险超过投保人缴纳的保险费的对价,违反对价平衡原则。

最后,就保险公司经营的责任保险而言,其多为短年期保单,并无多余的预缴保费可供累计投资,因此,财险公司核保和理赔是否得当是决定其营业的关键因素。如果保费的收入与保险人理赔的总额不符对价,实务上这种情况增加且防御费用极大的情形,将损害财产公司的财务。

## 三、防御义务之理论基础

在责任保险发展之初,传统理论认为,责任保险保险人的防御义务属于契约义务,它的理论基础是契约自由原则和对价理论。[①]随着人们对防御义务的认识深入,责任保险的现代理念开始转变,认为其理论基础应当是诚实信用原则和权利不得滥用原则。

### (一)防御义务之传统理论基础

#### 1. 契约自由原则

契约自由原则作为私法自治的核心部分,是近代私法的三个重要原则[②]之一。它是指双方当事人依据自己的自由意志达成合意,由于该合意是双方当事人意思表示一致的产物,所以任何一方都应受其约束。因为责任保险契约是投保人和保险人双方当事人合意的体现,所以双方当事人可以在保险契约中自由约定防御义务。一旦保险契约中有防御义务的约定,保险人就应按照约定履行防御义务,受其意思表示的约束。

---

① 参见邹海林:《责任保险论》,法律出版社 1999 年版,第 291 页。

② 近代私法的三大原则包括所有权绝对原则、过错责任原则和契约自由原则。

2. 对价平衡原则

防御义务作为保险人的一项重要义务，传统理论认为，它源于对价平衡原则。在责任保险中，作为缴纳保险费的对价，保险人的“保险给付”包括两方面的内容：给付保险金的“补偿义务”和代替被保险人防御索赔请求的“防御义务”。

在保险合同中，所谓“对价平衡原则”，是指为求保险制度的合理运作，保险费的支出与收取必须合理，且保险人承担的危险与投保人支付保险费之间，有维持两者间平衡的必要性。① 详言之，保险是由危险共同体组成，在危险共同体中的成员遭受损失时进行经济上的补偿和救济，来帮助他消化和分散危险的制度安排。保险公司作为营利主体，在承担危险时，投保主体自然需要付出代价，此代价即为保险费。在保险运作过程中，保险费的计算，依危险的大小决定，而危险的大小，又依具体事实加以观察、依据经验法则加以推断。② 保险合同将选择承保的危险，纳入承保范围，将拒绝承保的危险，列于除外事项中。保险费的计算，仅将承保范围内的危险纳入考量，非承保范围内的危险，则不在保险计价的范围内。相对地，保险人既然将某些危险纳入费率的考量，那么该危险确实发生时，保险人有给付义务；反之，保险人如果未将危险纳入费率的计算，则该危险发生时，保险人无给付义务。即保险费的支付与收取，必须维持保险人与投保人之间对价的平衡，保险制度才能不断运行。

在一般保险中，人们购买保险的目的在于分散未来的风险，避免未来不确定因素对自己正常生活的干扰。具体到责任保险中，人们购买责任保险也是为了得到生活保障，但这种保障却有两方面的

---

① 参见欧千慈：《保险法上对价平衡原则之研究》，中国台湾地区中正大学2007年硕士学位论文，第7页。

② 参见袁宗蔚：《保险学》，台北，三民书局1997年版，第60页。

需求:一是财务的稳定,二是内心的安宁。被保险人的财务稳定寻求的主要是对财产损失的补偿,内心的安宁追求的则是减轻或避免诉讼对自己正常生活的干扰。众所周知,司法实务中的诉讼是一项耗费时间长、消耗金钱多的纠纷解决方式,为摆脱诉讼对自己内心的困扰,在购买责任保险时,被保险人对保险人是有合理期待的,期待保险人可以防御受害第三人的索赔,使自己免受诉累。为了实现上述目的,被保险人会向保险人支付保险费,作为对价,保险人需要提供"补偿义务"和"防御义务"。

针对上述两种传统理论观点,曾有学者指出,即使责任保险单未约定保险人的防御义务,现代的责任保险理念和原则也认为,仅仅采用对价理论对保险人的防御义务进行解释,太过牵强。① 如果以契约自由原则和对价平衡原则作为防御义务的理论基础,那么,该义务只能是源自责任保险契约特别约定的契约义务,一方面保险人可以利用其保单制定者的优势地位约定排除适用该义务,这可能不利于保障被保险人的利益;另一方面契约义务的认识也与上文论述的法定义务的定论不相符。

(二)防御义务之现代理论认识

观诸现代责任保险实务,保单条款中多有关于保险人防御控制权的约定,要求被保险人不得未经保险人同意作出任何赔偿、承诺或者出价,如果被保险人违反约定,保险人可以不受责任结果的约束,这样约定主要是为了防止被保险人在缔约责任保险的前提下,肆意就受害第三人的请求进行赔偿、和解或承认,导致保险人负担加重。② 保险人拥有防御控制权即意味着他可以完全掌握受害第三

---

① 参见邹海林:《责任保险论》,法律出版社1999年版,第291页。

② 参见刘宗荣:《新保险法:保险契约法的理论与实务》,中国人民大学出版社2009年版,第338页。

人对被保险人索赔的诉讼或和解过程，滥用权利，侵害被保险人的利益。对权利的行使，现代民法有正反面的限制，从正面规定诚实信用原则，从反面规定权利不得滥用原则。因此，现代理论认为，依据诚实信用原则和权利不得滥用原则，保险人在行使防御控制权时，应承担起避免被保险人利益遭受损害的义务，此即保险人的防御义务。

1. 诚实信用原则

诚实信用是合同法律关系中最重要的一项原则。因为保险合同是一种特别的合同类型，所以当事人在履行义务和行使权利的过程中也应该依照诚实信用原则。但是，与民法中的诚实信用原则相比较，因为保险合同具有特殊性，所以它所要求的诚信内容以及公平、正义的判断标准，与前者并不完全相同。保险领域对诚实信用原则的要求更高，因此保险法上遂有“最大诚信原则”。根据该原则的要求，合同的当事人在订立和履行合同时，对他们的诚信态度的要求会高于普通合同。保险法如此规定，主要是保险合同的信息不对称性导致的。一方面，相较于保险人，因为投保人占有保险标的物，所以他可能更了解危险情况，在实务中，被保险人很可能利用这种情况给保险人估算风险带来影响。另一方面，相较于被保险人，保险人在专业方面更具有知识优势，所以在缔约合同时，保险人可能会不公平对待被保险人，给被保险人的利益带来损害。作为保险合同生存与赖以发展的基础，最大诚信原则贯穿整个保险领域，从保险合同订立时的投保人如实告知义务、保险人的说明义务等，到保险合同履行时的保险人危险增加的通知义务、被保险人的防灾减损义务等。总而言之，最大诚信原则可以说是整个保险业的生命线。

2. 权利不得滥用原则

权利不得滥用也是现代民法中的重要原则之一，是指在从事民事活动时，民事主体的权利必须正确行使，它不能损害他人利益和国家利益。① 诚如有学者所言："权利的行使，虽然在权利的范围内，如其行使，竟以损害他人为主要目的，仍非法之所许，是为禁止权利滥用原则。"②"权利之所止，滥用之所始。"享有权利的人往往会滥用手中的权利作出损害他人利益的行为，为此，立法者从立法高度确定了权利不得滥用原则。

在责任保险中，被保险人在诉讼或和解过程中，一般仅充当名义上的当事人，真正能够作出决定的是保险人，在法庭审理中，被保险人甚至不具有承认某些事实的权利，因为作出有关审判策略的决定是属于保险人的权利范围。③ 详言之，因为保险人在责任争议的处理问题上拥有防御控制权，并且处于主动地位。依据诚实信用原则的要求，民事主体在追求自身权利时不能损害他人利益，因此，保险人防御控制权的行使应该遵守诚实信用原则。此外，保险人要在考虑被保险人利益的基础上保护自己的利益，即保险人的防御控制权不能滥用，保险人应该负有使被保险人利益不受损的义务。

综上所述，作为保险合同履行必须遵守的重要原则，诚实信用原则要求保险人在行使防御控制权的同时不得滥用该权利，他必须负有充分考虑、计算被保险人利益的义务，即防御义务。总之，构成保险人防御义务的理论基础坚持采用权利不得滥用原则和诚实信用原则更为合理。

---

① 参见孙宪忠：《民法总论》，社会科学文献出版社2010年版，第66页。

② 黄立：《民法总则》，中国政法大学出版社2002年版，第504页。

③ 参见[德]格哈德·瓦格纳：《比较法视野下的侵权法与责任保险》，魏磊杰、王之洲、朱淼译，中国法制出版社2012年版，第123页。

## 第二节 责任保险保险人防御义务之履行标准

在责任保险运行过程中,尽管保险人防御义务的履行不以被保险人对受害第三人应负侵权责任为前提,但这并不意味着保险人的防御义务是无限的。保险人究竟应在何时开始履行防御义务?对此问题,保险人和被保险人的态度可能截然相反。就被保险人言,在受害第三人请求损害赔偿时,他就会处于不利地位,此时,为了避免诉累,被保险人肯定想让保险人尽早进入诉讼。与之相反,保险人可能更为谨慎,因为"原则上,防御义务的存在必须受害第三人提出的赔偿请求与保险人的承保范围有关联。"①而受害第三人在提出赔偿请求时,显示的事实及证据都十分有限,受害第三人的损害到底是否真实,与承保范围到底是否存在关联,判断这些还是存在一定困难的。所以,在获取更多信息之后,保险人才会对是否介入责任关系诉讼作出决定,以避免金钱和时间的浪费。一言以蔽之,责任保险保险人防御义务何时履行的判断标准,归根结底就是如何就受害第三人的请求是否落入承保范围作出判断。

就防御义务履行标准的判断问题而言,我国现有法律未见相关的明确规则。由于防御义务起源于美国的判例法,所以关于履行标准,美国保险司法实务形成了诸多学说。针对这些学说,我国学者有不同总结,有学者主张四种标准:形式说、事实说、折中说和可能

---

① Robert H. Jerry, *The Insurer's Right to Reimbursement of Defense Costs*, 42 Arizona Law Review 13 (2000).

性理论;[1]有学者主张三种标准:形式说、事实说和可能性理论;[2]也有学者主张两种标准:形式说和事实说。[3] 比较有影响力的是形式说、事实说和可能性理论三种标准。

## 一、形式说

形式说,又称"诉状内容规则"(the complaint rule)[4],是指保险人防御义务的履行,以受害第三人起诉状或赔偿请求所主张的内容为准,将诉状内容与责任保险契约的承保范围相比较,如果受害第三人的主张内容落入承保范围,保险人即有防御义务。[5]

从形式说的字面意义解释来看,首先,保险人防御义务成立与否,一律以受害第三人的诉状内容为标准,即使受害第三人的主张为"无理由、虚假或欺诈"(groundless,false and fraudulent),抑或法院后来的判决结果有不同认定,也不影响保险人负担防御义务。如果依照受害第三人的诉讼内容,不足以认定被保险人在事实上或法律上承担损害赔偿责任,纵使保险人调查后,所得的事实证据显示案件事实落入承保范围中,保险人也无须负担防御义务。其次,如果受害第三人更改诉讼中的请求,将本没有落入承保范围的请求改为契约承保事项,或者将故意行为改为过失行为,此时,保险人仍然需要承担防御义务。最后,如果原告的主张,有部分落入承保范围,部

① 参见林建智、李志峰:《论责任保险人之抗辩义务——以美国发展为重心》,载《东吴法律学报》2011 年第 2 期。

② 参见武亦文:《论责任保险人的抗辩义务》,载《法商研究》2013 年第 4 期;马宁:《责任保险人抗辩义务规范的继受与调适》,载《法学》2015 年第 4 期。

③ 参见邹海林:《责任保险论》,法律出版社 1999 年版,第 299 ~ 306 页;黄义丰:《论美国责任保险保险人之责任》,载《台大法学论丛》1988 年第 2 期。

④ Susan Randall, *Redefining the Insurer's Duty to Defend*, 3 Connecticut Insurance Law Journal 221 (1997).

⑤ See James M. Fischer, *Insurer or Policyholder Control of the Defense and the Duty to Fund Settlements*, 2 Nevada Law Journal 1 (2002).

分不属于承保范围,保险人仍应为全部的诉讼进行抗辩。[①] 如在 Alm v. Hortford Fire Ins. Co. 案[②]中,受害第三人主张被保险人对他身体造成伤害,请求的事实包括“故意”和“过失”侵权两部分,保险人认为受害第三人起诉主张被保险人的行为属故意侵权行为,为责任保险契约除外条款所排除,因而拒绝为被保险人进行抗辩。法院则认为,保险人不能仅因受害第三人的请求有“故意伤害”的事由,即主张免除防御义务,因为诉状中也有对“过失伤害”加以控诉,既然后者属于责任保险的承保范围,保险人即应负担防御义务。

在美国,形式说是一项比较传统的判断标准[③],该规则由 Lee v. Aetna Casualty & Surety Co. 案[④]所确立。在本案中,受害第三人在光顾被保险人 Lee 的宠物商店时,不慎摔入宠物商店电梯井底部而受伤。但遗憾的是,Lee 向 Aetna Casualty & Surety Co. 投保的责任保险契约条款明确规定,因电梯使用而产生的责任,保险人无须对宠物商店承担。审理本案的法官认为,如果原告主张的赔偿请求内容属于保单的承保范围,保险人仍有义务提供抗辩,即使主张内容是无理由、虚假或欺诈。其实,在受害第三人提出赔偿请求时,法院必须假定主张和请求都是真实的,以此避免发生问题的转化,即将审视防御义务是否产生的问题转化成调查补偿义务是否存在的问题。[⑤] 从北美国家的司法实践看,由于形式说更加客观明确,因此,更多的

---

① 这在美国称为“the mixed action rule”。See Randall L. Smith & Fred A. Simpson, *The Mixed Action Rule and Apportionment/Allocation of Defense Costs and Indemnity Dollars*, 29 Thurgood Marshall Law Review 97 (2003).

② See 369 P. 2d 216(Wyo. 1962).

③ See Susan Randall, *Redefining the Insurer's Duty to Defend*, 3 Connecticut Insurance Law Journal 221 (1997).

④ See 178 F. 2d 750 (2d Cir. 1949).

⑤ See Sansalone v. Wawanesa Mutual Insurance Co. , S. C. R. 551(2000).

法院选择将它作为防御义务的判断基准。① 加拿大联邦最高法院也是采用此学说。②

形式说保证了在大多数情况下,责任保险保单下的被保险人将得到保险人提供的抗辩利益,这是被保险人支付巨额保费的一项重要权利。但是,一味专注于保护被保险人的有偿抗辩权利,将使形式说的不利后果变得模糊,导致防御义务趋于绝对化。首先,形式说使被保险人受到起诉的可能性增加。因为诉状内容可以决定保险人的防御义务,所以原告律师能够操纵诉状来触发防御义务,即使案件事实显然不属于保单承保范围。责任保险的存在可以驱动侵权诉讼,对于没有责任保险保障的被保险人而言,拥有责任保险保障的被保险人更容易成为目标,更可能受到起诉。有学者曾言:"起诉谁常依赖于谁有保险,诉状常被修改,审判策略也相应改变,以符合保单承保范围。"③其次,虽然个别被保险人可能从保险人提供的防御中获得利益,但形式说将被保险人的经济损失作为一种分类而增加保险费用。形式说至少在两个方面增加成本:一为增加诉讼率,二为针对不属于承保范围的请求仍需要防御。防御成本成为保险人的重要开支,而这些费用最终被转嫁给保险消费者。最后,形式说增加了在保险防御时产生利益冲突的可能性。即使在保单不予承保的情况下保险人也必须进行防御,许多法院明确支持这个规则,除非保险人能将案件的诉状内容限制在承保范围之外,否则,保险人需要履行防御义务。因此,保险人主要关注的是表明保单未承保;而被保险人的利益在于避免法律责任或至少将责任限制在承

---

① 参见邹海林:《责任保险论》,法制出版社 1999 年版,第 305 页;黄义丰:《论美国责任保险保险人之责任》,载《台大法学论丛》1988 年第 2 期。

② 参见马宁:《责任保险人抗辩义务规范的继受与调适》,载《法学》2015 年第 4 期。

③ Kent D. Syverud, *The Duty to Settle*, 76 Virginia Law Review 1113 (1990).

保范围内。[①]

## 二、事实说

事实说,又称"事实标准规则"(actual facts test),[②]依据此说,保险人防御义务存在与否,始于案件事实是否落入承保范围,保险人在受害第三人提出赔偿请求或诉讼后,应当对周边的相关事实进行合理调查,如果调查得知的事实落入承保范围,保险人即对被保险人负担防御义务。[③] 反之,如果调查得知的事实未落入承保范围,则保险人无须承担防御义务。由此可知,事实说更倾向于将案件的事实作为判断标准。

美国部分法院采用此说,理由如下:(1)事实说比较契合责任保险之本质。在责任保险中,只有被保险人对自己的过失行为造成的损害需要负担损害赔偿责任,并因承担赔偿责任而(将)受到经济上的不利益(损失)时,保险人有给付保险金的义务。当被保险人致人损害的事故并没有落入保险责任范围,此时,按照合同约定,保险人是没有必要履行给付义务的,当然也就无须给付防御义务。因此,事实说不仅更加符合损失填补原则,而且使防御义务和保险人的补偿义务趋于一致:倘若保险人需要履行补偿义务,即他也需要履行防御义务;倘若保险人不需要履行补偿义务,即他也不需要履行防御义务。[④] (2)受害第三人往往有夸大权利主张的倾向。例如,在被保险人过失伤人的案件中,受害第三人为了得到惩罚性损害赔偿并获得有利的和解方案,可能对被保险人提起故意侵权诉讼。而故意

---

① See Susan Randall, *Redefining the Insurer's Duty to Defend*, 3 Connecticut Insurance Law Journal 221 (1997).

② Allstate Ins. Co. v. Harris, 445 F. Supp. 847 (N. D. Cal. 1978).

③ 参见黄义丰:《论美国责任保险保险人之责任》,载《台大法学论丛》1988 年第 2 期。

④ 参见邹海林:《责任保险论》,法律出版社 1999 年版,第 303 页。

侵权诉讼是排除在保单承保范围之外的,如依据形式说而完全不考虑事实,被保险人将失去应有的抗辩服务。①

**三、可能性理论**

在美国司法实务中,在判断保险人的防御义务时,还存在"可能性理论"。在确立"可能性理论"时,Gray v. Zurich Insurance Co. 案②发挥了重要作用。在该案中,受害第三人对被保险人格雷(Gray)提起赔偿之诉,主张被保险人"意图(wilfully)、恶意(maliciously)、残忍(brutally)及故意(intentionally)"地实施攻击行为,而被保险人却主张其行为是自我防御(self defense)。苏黎世保险公司(Zurich)拒绝为被保险人防御,其引用保险契约中排除由被保险人故意行为而造成的体伤或财损除外条款。下级法院作出对保险人有利的判决,然而上诉时,加利福尼亚州最高法院却撤销了该判决。加利福尼亚州最高法院认为,原告主张被保险人故意造成伤害,但就基础责任关系而言,法院仍然有可能认定,被保险人造成身体伤害的结果是过失行为所致,而过失行为是保险契约的承保事项。换言之,虽然责任关系的请求权人在诉状中仅主张故意行为,加利福尼亚州最高法院认为,受害第三人修正其请求而主张过失行为的可能仍然存在,且最终法院也有可能认定被保险人仅负担过失责任。所以,尽管受害第三人的诉状并未表明其请求在承保范围内,但在该请求有落入承保范围的可能性时,保险人仍需履行防御义务。在美国,尽管 Gray v. Zurich Insurance Co. 案并非是采用"可能性理论"的首个案件,但该案由美国知名的加利福尼亚州最高法

① See David S. Garbett, *The Duty to Defend Clause in a Liability Insurance Policy: Should the Exclusive Pleading Test Be Replaced*, 36 University of Miami Law Review 235 (1982).

② See 419 P. 2d 176 (Cal. 1966).

院作出判决，这极大地促进了"可能性理论"在美国的广泛适用，随之保险人的防御义务得以扩展。①

然而，何为"可能性"？Gray v. Zurich Insurance Co. 案并没有进行清晰地阐述，在其后的美国判例中，给出了以下判断标准：(1)诉状表述不清，但诉状未排除诉请之责属于承保范围的可能性；②(2)诉状表述不清，但实际事实有可能属于承保范围。③ 在我国，诸多学者赞同美国的"可能性理论"，只是对它的表述有所区别。有学者主张，原则上，防御义务是通过诉状内容进行确定的，倘若通过诉状不能进行准确判定，但是只要存在落入承保范围的潜在可能，保险人就必须承担防御义务，即"若存疑，则防御"(When in doubt, Defend)。④ 也有学者认为，保险人防御义务的确定需要将多种因素综合进行考虑，比如，保险人调查得知的事实或者诉状反映的事实，倘若事实表明有落入承保范围的可能性，此时，保险人即必须提供防御服务。⑤ 不管采用何种观点，无论是从诉状内容还是从事实来看，只要其一有落入承保范围的可能性，保险人就应履行防御义务。

综上所述，运用上述理论判断责任保险人是否应履行防御义务时，根据不同的情形，适用不同的履行标准来判断保险人的防御义务是否承担。(1)依照受害第三人的诉状内容，诉请之责属于承保范围，

---

① See James M. Fischer, *Broadening the Insurer's Duty to Defend: How Gray v. Zurich Insurance Co. Transformed Liability Insurance into Litigation Insurance*, 25 U. C. Davis Law Review 141 (1991).

② See Continental Sav. Ass'n v. United States Fidelity & Guar. Co., 762 F. 2d 1239, 1244 (5th Cir. 1979).

③ See Pattison v. Employers Reinsurance Corp., 900 F. 2d 986, 988 (6th Cir. 1990).

④ 参见孙宏涛：《董事责任保险人抗辩义务论纲》，载《政法与法律》2009 年第 7 期。

⑤ 参见武亦文：《论责任保险人的抗辩义务》，载《法商研究》2013 年第 4 期。

事实上被保险人的责任也属于承保范围,保险人应承担防御义务。(2)依照受害第三人的诉状内容,只要诉请职责在承保范围内,即便保险人调查的事实未落入承保范围,依照形式说,保险人应当承担防御义务。(3)虽然受害第三人的诉请之责不属于承保范围,但诉讼事实属于承保事实,依照事实说,防御义务必须履行。(4)倘若诉状内容对请求是否落入承保范围表示并不明确,依照可能性理论,防御义务必须履行。一旦保险人不履行防御义务,假设事后证实被保险人需要承担的损害赔偿责任属于除外责任,保险人也必须就被保险人防御费用的花费承担责任。[①] 仅有在受害第三人的诉请之责不属于承保范围,且事实也不属于承保范围时,保险人才无须承担防御义务。上述各种情形分析见表1。

**表1 责任保险保险人防御义务履行情形汇总**

| 类型 | 承保范围 | 诉状主张事实 | 真正事实 | 保险人是否履行防御义务 | 履行标准 |
|---|---|---|---|---|---|
| 一 | A | A | A | √ | 形式说/事实说 |
| 二 | A | A | B | √ | 形式说 |
| 三 | A | B | A | √ | 事实说 |
| 四 | A | 可能性 | 可能性 | √ | 可能性理论 |
| 五 | A | B | B | × | — |

## 四、责任保险保险人防御义务履行标准之应然选择

依据“形式说”判断保险人是否需要履行防御义务,具有可操作性强、简便、高效等优势。但是,“形式说”存在明显不足,在某些情形下,可能会造成实质不公平。“事实说”的出现是对“形式说”的纠正,不过所诉事实认定必须在一段时间内作出,这难免会出现事实认定不清的情形,可“事实说”并没有给出很好的对策。“可能性理

① See John F. Dobby, *Insurance Law*, West Publishing Co. ,1981, p. 207.

论”的出现是为了解决事实认定困难的问题,然而,在实践中,“可能性理论”的标准很难把握,可能造成防御义务的绝对化,导致保险人负担过重。上述三种标准,优劣互现,究竟应该采用何种学说作为责任保险人防御义务的履行标准?我国学者对此问题,见解纷纭,莫衷一是。有学者赞成“形式说为基础,事实说为辅助”的观点,也有学者赞成“事实说为基础,可能性理论作为补充”的观点,上述两种观点均有失妥当。

“形式说为基础,事实说为辅助”的观点,本质上是采取了“形式说和可能性理论”的双重标准。[①] 坚持此观点的理由在于,当受害第三人的索赔事实属于保险责任范围,而受害第三人的诉状内容却没有涉及保险责任时,保险人若仅严格依照诉状的内容不承担防御义务,显然不利于保护被保险人的利益。[②] 但是,忽视保险人的利益保障就是公平的吗?基于“保护被保险人利益”,在我国司法实践判决中保险人在诉讼中败诉的现象,俨然已经演变成一种趋势。[③] 这种趋势产生的主要原因是相较于保险人,在专业知识和经济能力方面,被保险人显然属于弱势群体,出于实质公平的需要,需要对被保险人的利益进行保障。但是,在实际中,这个理由有时实在让人难以信服。与被保险人相比,在缔约和赔付这两个阶段中,保险人具有明显的优势。首先,在缔约阶段,有免责条款提示说明义务等方法应对保险人的不当行为。其次,在赔付时,保险人未能诚信履行理赔义务,应先以赔付期待利益损失等措施对其进行约束。通过上

---

① 美国学者兰代尔称之为修正版诉状规则,而将拒绝考虑任何外部证据的诉状规则称为强化版诉状规则。See Susan Randall, *Redefining the Insurer's Duty to Defend*, 3 Connecticut Insurance Law Journal 221 (1997).

② 参见邹海林:《责任保险论》,法律出版社 1999 年版,第 305 页。

③ 参见杨小勇、李晶雪:《保险的法律困境与出路》,载《法律适用》2008 年第 1、2 期。

述两种方式,被保险人的利益可以很好地得到保护,所以,不计代价、不加区分地放弃对保险人利益的保护,并不是理想的策略。由此而知,“形式说和可能性理论”的双重标准,会造成保险人和被保险人利益的失衡,实不可取。

支持以“事实说为基础,可能性理论作为补充”的理由,主要在于“形式说”存在诸多不足,如增加被诉风险、增加成本、引发利益冲突等。而“事实说”符合责任保险的本质,它将保险人的防御义务与补偿义务有机地统一起来,两种义务适用相同的履行标准,更为科学。而且,在被保险人的配合协助下,保险人可以获知足够信息,可以对诉请之责是否落入承保范围作出正确的判断。在事实暂时不清时,则适用“可能性理论”加以补充。①

“形式说”可能致使防御义务被受害第三人完全操控的观点,颇值怀疑。首先,受害第三人仅在与被保险人恶意串谋时,才会恶意操纵诉状,否则增加善于诉讼的保险人进入诉讼,完全无益于自己。假如受害第三人在诉状中请求的责任未落入承保范围,他即便胜诉也无法从保险人处获得赔偿,而且一旦串谋的事实被查证,保险人可以免除承担保险责任。此外,在“形式说”下,被保险人能否获得保险人的防御服务是操纵在受害第三人手中,而在“事实说”下,被保险人能否获得防御服务是由保险人进行操纵的,但是相比而言,由受害第三人操纵是被保险人更愿意接受的。其次,虽然就理论上而言,“事实说”可能更加合理科学,但是就实际上而言,它可能并不可行。“事实说”使判定基准更加模糊,保险人忽视诉状请求的事实,就事实本身进行调查,然后自己对防御义务履行与否作出决定,对上述决定保险人承担完全责任。在保险实务中,在索赔主张提出

---

①　参见武亦文:《论责任保险人的抗辩义务》,载《法商研究》2013 年第 4 期。

时,保险人是难以依据诉讼的事实作出是否承担防御义务的决定的,因为防御的事实未经审理是不确定的,这样保险人为安全起见,只能选择诉讼的防御,结果使得责任保险人为被保险人承担诉讼的防御义务具有普遍性。[①] 再次,“形式说”虽然会引发利益冲突,但是,“事实说”同样会存在利益冲突,除非保险人可以就受害第三人的请求,完全确定其是否属于保单承保范围,否则,保险人都将谨慎采取附条件的防御。如此一来,一旦出现自己的判断和法院的判决不一致时,保险人可以避免承担责任。最后,从本质上讲,“可能性理论”内含在“事实说”中。在“事实说”下,当事实证据表明被保险人负担赔偿责任的概率较高时,即便诉状表明保险人无防御义务,理性的保险人依然会决定履行防御义务,这与“可能性理论”一致。[②] 只是在采用“事实说”的情形下,倘若调查得知的事实表明诉请之责完全没有落入承保范围,此时,保险人就可以拒绝防御。

结合上述两种观点之批判,我国应选择严格的“形式说”。究其缘由,主要有三方面:(1)“形式说”简单且易于操作。在判断被保险人是否需要防御义务时,保险人根本不需要考虑其他因素,只需要将承保事项与诉讼主张加以比对即可。[③] (2)考量“时间点”。一旦索赔请求被提出,被保险人即处于被请求的不利地位而必须有适当的反应行为,在大多数案件中,此时已经显现的事实证据并不多,然而法院需要评估保险人的防御义务是否启动,所以,最简单的方法

① 参见邹海林:《责任保险论》,法律出版社 1999 年版,第 305 页。

② 参见马宁:《责任保险人抗辩义务规范的继受与调适》,载《法学》2015 年第 4 期。

③ See David S. Garbett, *The Duty to Defend Clause in a Liability Insurance Policy: Should the Exclusive Pleading Test Be Replaced*, 36 University of Miami Law Review 235 (1982).

即是以受害第三人提出的诉状或赔偿请求的内容为判断依据。[1] 倘若依据事实来进行判断,则会诱发更多的争议,致使责任诉讼的延迟。(3)就合同的相关事实而言,司法机会并不希望保险人单方面进行决定[2],而“形式说”能够避免这种由保险人单方面做出评估的情形的发生,有利于被保险人和保险人之间利益的平衡。

## 第三节 防御义务履行中的利益冲突及解决方式

任何制度的运用并非绝对的有利无弊,由保险人履行防御义务,最常发生的一个弊病即是“利益冲突”的衍生。详言之,在保险人防御受害第三人的赔偿请求时,就宏观而言,被保险人和保险人的基本价值追求应当是一致的,目标应是尽力免除或减轻赔偿。然而,就微观而言,在某些情形下,被保险人和保险人两者之间会产生分歧,导致利益冲突的出现。一旦两者之间产生利益冲突,难保被保险人的利益不会被牺牲,这将使得责任保险丧失保障被保险人心境安宁及财务安全的功能。因此,关于各种利益冲突情形必须找到解决方式。

### 一、承保范围引发利益冲突及解决方式

#### (一)承保范围不确定性引发的利益冲突

在责任保险中,保险人无须承担保险给付责任的方式有两个:其一,在责任关系中,保险人协助被保险人防御,使得受害第三人的

① See Susan Randall, *Redefining the Insurer's Duty to Defend*, 3 Connecticut Insurance Law Journal 221 (1997).

② See Susan Randall, *Redefining the Insurer's Duty to Defend*, 3 Connecticut Insurance Law Journal 221 (1997).

请求被驳回;其二,纵使被保险人经法院判决需要为责任判决负责,但如果保险人能够取得相关事实证据,证明该责任未落入承保范围,或提出法律上或契约上的免责抗辩,保险人即无须承担保险责任。就第二种情形而言,保险人与被保险人之间的利益冲突就出现了。保险人可能会以各种理由来否认该责任落入承保范围,例如,因为责任保险的保单并不包括由被保险人故意造成的损害,保险人可能依据这个理由来进行抗辩,主张被保险人对受害第三人造成的损害是其故意为之,而被保险人则与此相反,他希望法院判决的责任落入承保范围。

(二)利益冲突之解决方式

在责任保险中,当被保险人和保险人对承保范围有争议时,如果保险人选择为被保险人防御,那么他可能对承保范围有疑义的索赔也提供了防御服务,这些防御会耗费大量的时间和金钱;如果保险人错误地拒绝为被保险人防御,那么他又畏惧将来可能需要承担各种不利的法律后果。对此,保险人究竟应该如何行动呢?针对上述利益冲突,美国保险实务上形成三种解决方案。

1.确认诉讼

在对受害第三人提出的赔偿请求内容,是否落入承保范围有疑虑时,为避免因错误判断而未提供防御,嗣后被法院认为违反防御义务,而需支付损害赔偿,在此情况下,保险人可以对启动责任保险契约的先决条件即请求事实是否落入承保范围,起诉请求法院进行确认判决。① 只要法院判定赔偿请求没有落入承保范围,保险人就可以不为被保险人抗辩。通过这种办法,保险人能够预先确定拒绝抗辩的正当性。

---

① 参见黄义丰:《论美国责任保险人之责任》,载《台大法学论丛》1988年第2期。

确认诉讼最大的好处就是防止保险人对承保范围产生争议，一经法院确认判决，保险人是否负担防御义务，即行确定。相反地，保险人提起确认诉讼也有一些缺点：首先，它最大的缺点就是会拖慢受害第三人和被保险人自己责任诉讼的进行，而且加重被保险人的负担。美国有部分州的法院曾以此作为反对该方式的理由。① 这些法院认为，此时受害第三人对被保险人求偿的责任诉讼已在进行中，如果要求被保险人一方面进行责任关系诉讼，另一方面又要与保险人进行保险争议的确认诉讼，无疑是把被保险人推入一个内外交迫的境地。如果允许保险人在此时提出确认诉讼，购买责任保险的被保险人所处的情况，无疑比没有购买责任保险的被告还要糟糕。所以，如果不禁止保险人提出确认诉讼，似乎不符合责任保险对被保险人权利保护的功能。其次，出于对商业名誉的重视，对被保险人进行确认之诉，对保险人的商誉很容易产生负面的影响。最后，如果保险人确认诉讼败诉，等于浪费了一笔诉讼费用，甚至还要赔偿被保险人的损失，就保险人而言，相当不利。因此，保险人是否需要提起确认诉讼来解决承保范围的争议，仍有待保险人做整体性的考量。

2. 未弃权协议书

如果法院不允许保险人提起确认诉讼，但无条件为被保险人防御，嗣后又可能被法院认定不得再就是否落入承保范围而争执，为避免进退两难的情况发生，保险人可以和被保险人订立“无弃权协议书”，即保险契约当事人双方同意：对受害第三人提起的诉讼，保险人仍为被保险人进行防御，但是，保险人对受害第三人提出的索

① See United States Fidelity & Guar. Co. v. Wilkin Insulation Co. ,550 N. E. 2d 1032,1041, aff'd,578 N. E. 2d 926 (Ill. 1991); Foundation Reserve Ins. Co. , Inc. v. Mullenix,642 P. 2d 604 (N. M. 1982).

赔请求是否落入承保范围问题,仍享有权利进行抗辩。①

被保险人和保险人签订"未弃权协议书"后,保险人因不受禁反言原则的牵制,他可以更加毫无顾忌地为保险人提供防御保护。但是,该方式也可能会产生这样的情形:保险人自恃有"未弃权协议书"的存在,认定自己将来仍有机会对承保范围进行争执,以此免除需要承担的责任,因此,保险人可能怠于进行诉讼抗辩或者怠于达成有利于被保险人的和解。此外,"未弃权协议"也可能造成保险人与被保险人之间产生利益冲突,因为保险人可能一方面为被保险人提供诉讼防御,另一方面却借由控制诉讼过程来影响法院关于事实的认定,使判决结果落在承保范围之外,如不尽力为被保险人是否有过失进行辩护,使得法院认定被保险人的行为属于故意,为责任保险的除外责任。最后,就如同其意义所言,"未弃权协议书"是"双方同意"的协议,必须保险人和被保险人都同意,该协议才能生效,所以,在被保险人不同意签署该协议的时候,保险人无法达到保护自己的目的。

3. 权利保留通知

在被保险人不愿与保险人签订"未弃权协议书"时,倘若保险人仍想要进行防御,但又害怕无条件进行防御,会对自己造成不利的结果。美国保险实务遂发展出"权利保留通知"的方式,保险人可单方面发出权利保留通知,说明尽管提供防御,但是其仍有权利对承保范围进行争执。进行通知的目的只是在于让被保险人知悉自己的全部意向,日后如出现无保险保障的情况,保险人进行主张时,被保险人不能以保险人已经放弃了进行主张的权利为理由对抗保险人;或者以被保险人受保险人误导相信保险人已经接受了保单上的责任为理由主张保险人禁止反言。权利保留通知也使被保险人意

---

① 参见黄义丰:《论美国责任保险人之责任》,载《台大法学论丛》1988 年第 2 期。

识到,保险人可能在侵权诉讼的任何阶段撤回抗辩,因此,被保险人应当对聘请自己的律师和进行自己的调查进行充分的准备。①

由于权利保留通知是由保险人单方面发出的,所以,通知不仅必须清楚表明具体保留的事项,而且必须即时为之,以使被保险人及早了解所处地位,不致因此遭受损害。依多数美国法院的见解,有效的权利保留通知必须具备以下任一内容时,始生效力,即:(1)保险人应清楚表明,其依责任保险契约无须负责的内涵;(2)保险人保留争议被保险人的行为不属于承保范围的权利。② 在 Cowan v. Insurance of North America 案③中,伊利诺伊州上诉法院强调,基于保险契约的诚实信用与公平交易原则,保险人必须将其地位清楚地向被保险人表达,即"权利保留要生效,必须公平地向被保险人通知保险人之立场……因此,仅仅只有权利保留并不足够,除非其具体指明可能主张之保险抗辩内涵为何。"事实上,在权利保留通知中,如果保险人未详细表明保留的权利和意图,嗣后不得主张其保留的保险抗辩权。

比较上述各种方式,我们不难看出,确认诉讼导致被保险人可能陷入两场诉讼之中,这与减轻被保险人诉累的价值目标相违背。比较未弃权协议书和权利保留两种方式,二者最大的不同之处在于:签订未弃权协议书是双方合意下的行为,而发出权利保留通知仅为单方行为,不需要被保险人的承诺。因此,有学者敏锐地指出:"权利保留通知使保险人具有了控制诉讼和争执保单保障的权利,这会引发被保险人和保险人之间的利益冲突,因此一些法院不承认这一保险人的单方权利主张。"④这些法院坚持认为,如果要想使权

---

① 参见[美]约翰·F. 道宾:《美国保险法》,梁鹏译,法律出版社 2008 年版,第 241 页。

② See Henry v. Johnson, 381 P. 2d 538,545(1963).

③ See 22 Ill. App. 3d 883,896,318 N. E. 2d 315 (1974).

④ [美]约翰·F. 道宾:《美国保险法》,梁鹏译,法律出版社 2008 年版,第 242 页。

利保留通知具有效力，该通知必须得到被保险人的同意，这样，权利保留通知实际上无异于未弃权协议书。[①] 如果保险人以权利保留方式为被保险人进行防御必须获得被保险人同意，势必造成保险人两难的窘境——拒绝防御，丧失对责任关系的介入机会，并且冒着并未进行防御给付的处罚危险；或者承担防御责任，面临大笔防御费用支出与弃权的风险，因而似无赞同的余地。

综上所述，保险人在介入责任关系中遇到任何利益冲突或承保范围争议时，为避免错误拒绝防御的不利法律后果，可在承担防御义务之初先行取得经被保险人同意的未弃权协议书，如果被保险人不同意时，保险人便应即时地发出载明缘由的权利保留通知，如果被保险人拒绝权利保留下的防御，保险人除应采取适当步骤避免损害被保险人利益外，最好是提起确认诉讼来对该疑义有所确定并保障双方权益。

**二、索赔数额引发利益冲突及解决方式**

索赔数额和保险金额两者之间的关系会引发利益冲突。就足额保险而言，被保险人和保险人之间发生利益冲突的概率很小，因为在此情形下，被保险人对受害第三人需要承担的赔偿责任，完全被责任保险契约所涵盖，两者之间的利益处于重合状态。但是，在不足额保险中，利益冲突就出现了，这些利益冲突多发生在保险人履行和解义务当中。通常情况下，责任保险合同要求保险公司防御诉讼，会赋予保险人和解控制权。在保险人和被保险人就和解数额是否接受存在争议时，究竟应该如何分配该和解控制权，应该依据不同的情形区别对待。

（一）索赔数额在保单限额内

如果受害第三人在保单限额内请求赔偿金额，这意味着被保险

① 参见［美］约翰·F. 道宾：《美国保险法》，梁鹏译，法律出版社 2008 年版，第 242 页。

人无须支付任何费用。如果受害第三人提议在保单限额内和解,保险人和被保险人对此均表示赞同或反对,那么,和解控制权的分配没有问题。但是,如果被保险人和保险人之间存在分歧,同意和解的权利应该分配给保险人享有,因为选择继续诉讼是拿保险人的钱来进行赌博,所以保险人享有和解同意权是适当的。

### (二)索赔数额超过保单限额,但提议和解数额在保单限额内

在受害第三人的索赔数额超过保单限额的情形下,被保险人潜在的责任将被分成两部分,责任限额决定了损害赔偿请求的哪部分由保险人承担,哪部分由被保险人承担。在任何判决或和解中,保险人的那部分须先支付,被保险人的那部分仅在保险人的那部分耗尽时才支付。但是,如果在侵权诉讼中,受害第三人提出以保单限额内的数额和解时,保险人和被保险人就是否接受和解协议会有不同意见。从被保险人角度来看,假如接受该和解协议,和解赔偿金会由保险人全部承担;假如拒绝和解选择继续进行诉讼的话,一旦败诉,判决的赔偿金额可能远超过保单的责任限额,此时,保险人承担的责任依然只是在保单限额内,那么,对于超过保单限额的部分,则会由被保险人承担。因此,被保险人为了避免将来判决的不确定性肯定会选择接受和解,因为相比于花自己的钱赔偿受害第三人,被保险人肯定更乐于用保险人的钱进行和解。与之相反,保险人的激励机制可能有所不同。如果保险人接受和解,那么他要对和解金额进行完全的支付;假如拒绝和解进入诉讼,如果胜诉,保险人无须给付保险赔偿金,即便败诉,保险人也仅在保险金额范围内承担责任,不会遭受额外的损失。总之,在这种情形下,保险人会倾向于拒绝和解而选择继续诉讼,而被保险人则会倾向于接受和解而拒绝诉讼。

因为法院的责任判决具有不确定性,所以,保险人拒绝和解而

选择诉讼,这其实更像一次赌博。[①] 如果保单限额内提出索赔请求,其实是用保险人的钱进行赌博;如果保单限额外提出索赔请求,其实是拿被保险人的钱进行赌博。针对前者,那是保险人自己的事情;针对后者,被保险人的利益则可能受到损害。所以,保险人必须承担一定的义务,以避免其滥用权利。在我国,无论是立法还是司法,均未见关于保险人在诉讼和解中的义务的规定。

如何规制保险人滥用和解控制权,成为解决利益冲突的一个重大难题。对此问题的解答,首先必须确定保险人有无滥用和解控制权的行为。在美国,没有法院主张,一旦保险人拒绝保单限额内的和解,就属于滥用和解控制权,就必须对超额判决负责。[②] 多数法院所采的见解为,保险人在考虑是否和解时,需要对被保险人的利益予以最大善意的考量,这意味着,在评估和解时,保险人需要给予被保险人利益"同等考虑"。诚如学者所言:"保险人有权决定在诉讼中实行的策略,但要以他这样做是真诚地考虑了被保险人的利益为条件。"[③]在处理和解事宜时,保险人如果没有对被保险人的利益进行考量,就应该对拒绝和解负责。但是,如何判断保险人处理和解事宜时有无考虑到被保险人的利益,是否应对拒绝和解负责时,美国主要有三种不同的判断标准。

1. 恶意违约说。该学说认为,保险人在拒绝和解时存在"过失"、"恶意"或两者的结合时,应该对被保险人承担责任。

2. 合理要约说。该学说认为,在考虑能否接受和解要约时,保险人应该采取的合理处理方式是尽可能地在保险金额内达成和解。在

---

① 参见周学峰:《侵权诉讼与责任保险的纠结——从两方对抗到三方博弈》,载《清华法学》2012 年第 2 期。

② See Kent D. Syverud, *The Duty to Settle*, 76 Virginia Law Review 1113 (1990).

③ [英]约翰·伯茨:《现代保险法》,陈丽洁译,河南人民出版社 1981 年版,第 248 页。

适当情形下,如果保险人能够与受害第三人达成和解,却不会导致诉讼,就被保险人而言,这是责任保险提供给其的较好的保护方式。

3. 严格责任说。坚持这种学说的观点认为,保险人拒绝保单限额内的和解,对于判决的赔偿数额,无论数额是否在保险限额内,保险人均应负赔偿责任。因为保险人在处理和解时,须考虑被保险人的利益,在保单限额内和解,是基于诚信原则的契约义务,必须严格执行,不受和解要约"合理"与否的标准限制。如果有可能引发超出保单限额的判决时,就一般的社会观念而言,对被保险人最好的利益就是在责任保险限额内和解,这是责任保险给予被保险人的保障,被保险人也会对保险契约有这样的期待。仅仅为了保护自己的利益,保险人不能断然拒绝保单限额内的和解,除非保险人更加愿意承担将来不能和解所导致的损失。在美国,有些判决判定,如果责任保险人拒绝了受害第三人提出的保险单限度内的理赔请求,受害第三人在后来对被保险人提起的民事诉讼中获得了多于保险金额的款额,那么保险人对于这全部款额负有责任。①

就上述三种判断方式,每种方式均有不足,在实践操作中,保险人还是应该根据个案的客观情形来进行具体判断。

首先,就"严格责任说"而言,它看起来是一个比较简单的判断标准,可以避免判断保单限额内的和解要约是否"合理"的负担,但是这样的责任要求,对于保险人而言却是过于严苛的,将会导致"保险人接受保单限额内的和解要约"才是最合理的处置方式。一旦拒绝保单限额内的和解,就会被认定为滥用和解控制权,对拒绝和解的不利后果承担责任。

其次,就"恶意违约说"而言,所谓的"恶意",其意义与不诚实、

① 参见[英]约翰·伯茨:《现代保险法》,陈丽洁译,河南人民出版社 1981 年版,第 249 页。

欺诈及隐匿相同,在证明上非常困难。如果欠缺证据证明保险人有确实不诚实、欺诈或隐瞒的行为事实,难以使保险人承担责任,因此,对被保险人相当不利。为解决上述难题,在确定保险人的行为是否存在"恶意"时,美国密歇根州法院会依据以下因素:(1)保险人在拒绝保单限额内的和解要求之前,未能对索赔进行适当调查;(2)当情况需要时,保险人未能请求合理和解或启动和解讨论;(3)未接受保险限额内的合理要求;(4)评估可能的判决金额很高,保险人却无故拖延处理合理的和解提议;(5)未能让被保险人充分了解可能影响其利益的诉讼的发展情况;(6)无视辩护律师关于和解的建议;(7)保险人严重及经常性疏忽。① 这一系列因素给了法官诸多方式解释保险人的"恶意"行为。

最后,就"合理要约说"而言,如果受害第三人提出合理的和解数额,就该和解,保险人应作出接受的决定,②并且不得要求被保险人自行负担任何金额。③ 坚持该理论有两个理由:其一,从责任保险的购买目的看,被保险人通过责任保险,他所欲避免的风险就是因为被受害第三人求偿而必须支出赔偿金,即被保险人购买责任保险的目的是避免最后判决的结果超过保险限额而使其须自掏腰包来支付赔偿金的风险。④ 所以,在受害第三人提出的和解金额合理时,保险人应当协助被保险人豁免于受请求的不利地位,而接受和解。其二,早期有部分保险人滥用保单条款上的和解控制权,在受害第

---

① See Commercial Union Ins. Co. v. Liberty Mut. Ins. Co., 393 N. W. 2d at 165 – 66, 1986.

② See Ellen S. Pryor, *The Tort Liability Regime and the Duty to Defend*, 58 Maryland Law Review 1 (1999).

③ See Gwen M. Rogers, *Comment*, *Medical Monitoring*, *Trigger of Coverage Analysis*, *and the Duty to Defend*, 13 Geo. Mason Law Review, 13 George Mason Law Review 869 (2005).

④ See Kent D. Syverud, *The Duty to Settle*, 76 Virginia Law Review 1113 (1990).

三人提出低于保单限额的和解要约时，原应由其负担全额赔偿金，但却因不当要求被保险人也需分担部分和解金额，即保险人利用被保险人害怕案件进入诉讼后，法院的判决可能会超过保单限额的恐惧心理，来巧取利益。① 所以，针对受害第三人提出的"合理"和解请求，保险人应接受和解，否则，他将承担不利后果。

然而，就"合理要约说"而言，"合理"与否的判断标准可能相当暧昧不明，究竟怎样的和解提议才算合理呢？从美国司法实践看，各个法院确立的标准并不一致。多数美国法院接受罗伯特·基顿（Robert Keeton）教授的观点，即在衡量保险人接受或拒绝的和解要约是否合理时，必须忽略"保险金额"这个因素，以从一个合理平均人的立场为出发考量其是否会接受该和解为标准。② 如果答案是肯定的，那么该和解协议就是合理的，而保险人在未超过保单限额的前提下却拒绝这样的和解要约，就会被认定为没有考虑到被保险人的利益，属于滥用和解控制权的行为。美国著名的 Crisci v. Serurity Ins. Co. 案③

---

① See Kent D. Syverud, *The Duty to Settle*, 76 Virginia Law Review 1113 (1990).

② See Robert E. Keeton, *Liability Insurance and Responsibility for Settlement*, 67 Harvard Law Review 1136 (1954).

③ 66 Cal. 2d 425; 426 P. 2d 173; 58 Cal. Rptr. 13 (1967). 在该案中，受害第三人 DiMare 夫妇承租被保险人 Crisci 的公寓，但因被保险人疏于维修公寓楼梯，使得 DiMare 太太在楼梯上摔伤，并因惊吓引发精神上的疾病，DiMare 夫妇遂向被保险人请求 40 万美元的损害赔偿。被保险人拥有一份最高额度仅为 1 万美元的责任保险，因而向保险公司请求代为防御，保险公司聘请律师调查该案件，防御律师和保险公司的理赔案负责人均认为除非能够证明 DiMare 太太以前就患有精神疾病，否则法院陪审团应该会认定 DiMare 太太的精神疾病是因为这次摔伤所造成的，这样的判决赔偿金额不会低于 10 万美元。后来，DiMare 夫妇请求与被保险人和解，并将和解金额降为 1 万美元，但保险人只愿意以 3000 美元和解，造成和解破裂。嗣后 DiMare 夫妇起诉被保险人请求损害赔偿，法院判决被保险人应赔偿 DiMare 夫妇总共 10.1 万美元。在保险人支付 1 万美元的保险金后，DiMare 夫妇遂查封被保险人的财产请求不足额部分，导致被保险人 Crisci 生活困苦、精神状态不稳定，甚至产生自杀的念头，被保险人 Crisci 于是提起本案诉讼，向保险人请求财产上以及精神上的损害赔偿。

即是采用“合理要约说”的经典案例。在审理该案时,加利福尼亚州最高法院表示:保险人在决定是否和解时,必须给予被保险人利益同等考虑;在判断保险人是否考虑到被保险人利益时,要以在没有保单限额下保险人是否会接受该和解作为标准;假如被保险人可能承担的赔偿责任数额超过保单限额,那么,在保单限额内和解显然更有利于保护被保险人的利益,如果保险人拒绝和解,由此带来的不利后果应由保险人承担。在上述案件中,受害第三人提出的和解数额是在保单限额之内的,显然是合理的,如果保险人拒绝该和解请求,则属于不合理行为,因而认定保险人根本没有详尽考量被保险人有可能面临超额判决的财产上不利益,判决保险公司除了基于保险契约已赔偿的1万美元外,尚应赔偿被保险人超出保险额度的9.1万美元。

那么,我们怎样判断保险人在没有保单限额下是否会接受和解协议呢?针对这个问题,美国司法实践会使用这样一个规则:一个谨慎的、理性的保险人应该将预期判决金额与和解金额作比较,如果预期判决金额高于和解金额,那么保险人就应当接受该和解协议;反之,保险人则应该拒绝。[①] 从理论上看,这个规则简单合理,但是,实践中可能不易操作。因为判断保险人拒绝和解是否合理,并非是在保险人决定作出之时,而是在法院判决作出以后。如果保险人拒绝和解而继续诉讼,一旦法院最后的判决金额超过和解金额,保险人就会被认定为滥用和解控制权,这种“事后诸葛亮”的效应显然对保险人不利。

(三)和解数额超过保单限额

当受害第三人提出的索赔数额在保单限额之外时,倘若保险人

---

① 参见周学峰:《侵权诉讼与责任保险的纠结——从两方对抗到三方博弈》,载《清华法学》2012年第2期。

和被保险人决定接受该和解请求，那么，保险人在保单限额内承担责任，超过保单限额的部分则由被保险人承担。在继续诉讼所需的诉讼费用较高而判决结果中的金额可能有所降低的情况下，被保险人可能拒绝和解而选择诉讼，而保险人却会拒绝继续诉讼。

举例来说，被保险人拥有的责任保险保单限额是50万元，在侵权诉讼中受害第三人提出的索赔金额是80万元，其后他提议以70万元进行和解。被保险人和保险人都预估未来法院的判决金额可能为60万元，但若继续诉讼的诉讼费用可能有15万元。在此情形下，就被保险人而言，他可能拒绝和解而选择继续诉讼，因为接受和解的话他需要承担20万元的赔偿金，而拒绝和解的话他可能仅需要赔偿10万元。可是，就保险人而言，他却会选择接受该和解请求，因为无论如何，他都仅需要支付50万元的赔偿金，但如果继续诉讼的话，他还另外需要承担15万元的诉讼费用，总计付出65万元。

在上述情形下，怎样解决被保险人和保险人之间的分歧呢？在我国，未见有关这个问题的解决方案。在美国，法院一般的处理规则是，假如对于超过保单限额的和解，保险人想接受的话，那么，他事先必须得到被保险人的同意。假如被保险人予以拒绝，保险人依然可以利用和解控制权接受该和解协议，只是他必须全部给付和解金额，对于超过保单限额的部分，他不能让被保险人负担。[①] 美国法院确立的这一规则值得我国借鉴。

### 三、防御律师导致利益冲突及解决方式

在责任保险中，保险人履行防御义务时，往往会聘请专门的律师来进行防御工作。律师在为被保险人与受害第三人进行协商或抗辩时，对从被保险人处获得的信息负有保密义务。但是，这些信

---

① 参见周学峰：《侵权诉讼与责任保险的纠结——从两方对抗到三方博弈》，载《清华法学》2012年第2期。

息可能是有利于保险人的,可能成为保险人对抗被保险人甚至拒绝保险给付的理由。此时,防御律师是应该对保险人诚实还是应继续为被保险人保守秘密呢？这是防御律师面临的主要困境。对该问题的认识,可从防御律师的法律地位入手。

(一)防御律师之法律地位

被保险人购买责任保险最主要的目的在于:当被保险人因损害到他人的权利,而有受害第三人请求赔偿的可能性时,责任保险可提供给被保险人某些保障,其中相当重要的一个保障在于:保险人承诺会为被保险人提供防御保护,必要时还会为被保险人聘请律师来防御受害第三人的请求或诉讼,以降低赔偿的可能性或数额。此时,保险人、被保险人和防御律师之间形成了一个三角关系(见图6),而这种关系就像一种松散的合作或结盟。

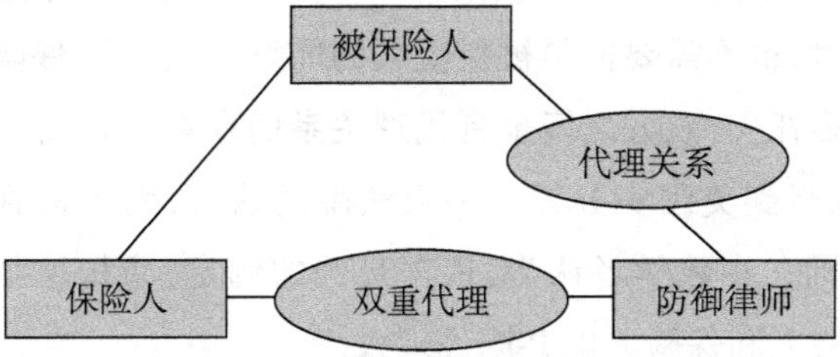


**图6　被保险人、保险人与防御律师间的三角关系**

在这个三角关系中,被保险人和防御律师之间的代理关系是较为容易确认的一环,因为在防御程序中,防御律师无论是与受害第三人进行诉讼,还是与受害第三人达成和解,他都是以被保险人的名义进行的。但是,防御律师与保险人之间是否存在代理关系呢？法学界对此并未取得一致看法。

有学者主张“单一代理理论”,防御律师的委托人只能是被保险人。坚持这种理论的主要依据是,强调防御律师对被保险人的义务是最为重要的，防御律师必须忠诚地只为被保险人服务，为了被保险人的利益，绝对不能有所让步或妥协，更不能因为防御律师个人的利益或其他委托人或任何第三人的利益，而允许防御律师对被保险人的忠诚义务变稀薄。即使是由保险人聘请防御律师、给付防御律师的费用，或者保险人因为防御律师的行为不当而必须承担责任。①

也有学者主张“双重代理理论”，防御律师的委托人可以是保险人和被保险人两者，所以，对于双方委托人的利益，防御律师都应该履行注意义务。坚持这种观点最基本的理由在于：保险人对于防御律师及防御程序享有控制权，而且大部分的责任诉讼额度都是在保险限额内，很容易被解决，被保险人根本不需要知道保险人有无聘请防御律师为其进行防御。保险人有时也可以不征求被保险人的意见，径行授权防御律师与受害第三人达成和解，且保险人在指定防御律师时，也不需要征得被保险人的同意。② 因此，保险人也是防御律师的委托人，双方之间也有代理关系的存在。目前，“双重代理理论”不仅得到美国实务界大多数法院的认可，而且得到多数理论学者的赞同。多数学者认为，依据契约的约定，防御律师可以同时成为被保险人和保险人的共同代理人。③

比较上述两种观点，“双重代理理论”更合理。首先，从保险人与防御律师订立的契约内容来看，一般的契约内容中，保险人通常

---

① See Nathan Andersen, *Risky Business: Attorney Liability in Insurance Defense Litigation-A Review of the Arizona Supreme Court's Decision in Paradigm Insurance Co. v. Langerman Law Offices*, 2002 Brigham Young University Law Review 643 (2002).

② See Nathan Andersen, *Risky Business: Attorney Liability in Insurance Defense Litigation-A Review of the Arizona Supreme Court's Decision in Paradigm Insurance Co. v. Langerman Law Offices*, 2002 Brigham Young University Law Review 643 (2002).

③ See Aviva Abramovsky, *The Enterprise Model of Managing Conflicts of Interest in the Tripartite Insurance Defense Relationship*, 27 Cardozo Law Review193 (2005).

会希望防御律师可代理其处理委托事务，因为诉讼的结果对保险人而言有实质的财务风险，保险人也必须通过这份契约来控制防御律师的行为。其次，从委托关系的长远性观之，防御律师与保险人间的委托关系通常较为持久。防御律师不只在个案上为保险人提供防御服务，还可能包括为保险人所拟定的保单提供法律意见，或协助保险人处理其他商业上经常性的法律事务，这些事务处理对防御律师而言，是相当重要的收入，因此很难在个案上采取单一代理理论，认为只有被保险人才是防御律师的委托人。最后，就经济利益关联性而言，对于防御律师的选任和费用的支付，都是保险人的权利，而且他必须承担诉讼或和解后的对受害第三人的损害赔偿，因此，保险人对这个损害赔偿争议的结果，承担巨大的经济风险，应该相对地建立防御律师与保险人间的委托关系，让防御律师对保险人负担某种程度的义务。

就我国而言，虽然《中华人民共和国律师法》第 39 条规定“律师不得在同一案件中为双方当事人担任代理人”，但是法律并不禁止律师与同一案件中非处于对立状态的多个当事人同时缔结委托合同而成为其共同代理人，这在实践中也是被允许的。[①] 此外，保险人也并非受害第三人对被保险人提起诉讼的当事人，即便防御律师是被保险人和保险人的共同代理人，也不能归于“同一案件的双方当事人”，因而，防御律师可以同时成为保险人和被保险人的代理人。

一言以蔽之，就被保险人和保险人而言，防御律师均存在代理关系，应对保险人和被保险人负担委托关系中应尽的义务。

(二)防御律师的义务范围

防御律师在代理权限内，对委托人负有忠实义务、尽责义务、保

---

① 参见马宁：《责任保险人抗辩义务规范的继受与调适》，载《法学》2015 年第 4 期。

密义务等专家义务。

1. 忠实义务

该义务是律师对委托人所负担的相当重要的一项义务，是律师与当事人关系中十分基本的元素，最简单的理由应该是“受人之托，忠人之事”。而忠实义务的概念非常广泛，最重要的一环就是禁止律师直接执行损害委托人权益的行为，或是间接接受与委托人利益相反的其他人或事务的委托，以避免利益冲突的产生。

2. 尽责义务

律师受到当事人的委托，必须为当事人追求最大的合法利益，必须履行合理的注意义务，符合具有合理能力的专业律师所具备的一般行为标准，必须具备足够的法律知识与技能并加以运用。此外，律师在为当事人处理事务时，必须详尽地告知当事人所有可能的权利主张、救济方法，以及个别方式的利弊得失，使得当事人在充分了解并获得充足的资讯后，作出深思熟虑的决定和指示。

3. 保密义务

律师与当事人之间的关系以“信赖”为基础，而为了维护当事人对律师的信赖和期待，以及保障当事人隐私权等，律师对当事人透露的信息负有“保密与缄默”的义务。律师如果违反该项义务，他可能需要承担损害赔偿责任，相反，律师得到当事人的同意而将信息揭露时，将不会违反保密义务。律师并非对其与当事人之间所传递的一切信息均负有保密义务，该信息具有“秘密性”才是保密义务所要规范的。律师保密义务的范围有三项判断标准：该信息必须与委任实务的处理有关；律师是在契约关系存续中，因当事人取得该信息；当事人是以秘密不公开的方式及意旨传递该信息。① 信息除了

---

① 参见周碧云：《论责任保险人之代行防御及其利益冲突》，中国台湾地区政治大学2007年硕士学位论文，第93页。

具备“秘密性”以外，还要具有保密的“必要性”，即保密义务的界限。而律师保密义务的界限，主要有两个：一是来自当事人的同意；二是来自社会公益的要求。既然某种程度上保密义务的目的在于保障当事人的隐私权，但若当事人认为其所传达的信息不构成秘密而有保密的必要，律师自然可以免除其保密义务。此外，律师保密义务为人所诟病的一点在于妨碍真实的发现，尤其是在刑事程序上的影响更大，因此，在法律规定或其他社会公共利益的考虑下，律师可以甚至应该揭露特定的信息。①

(三)保密义务导致利益冲突之情形

防御律师必须履行的专家义务中，履行保密义务过程中最常产生利益冲突。律师作为保险人和被保险人的共同代理人，但是，保险人和被保险人追求的利益可能并不一致。对被保险人来说，其想要证明的是，如果他要负担全部责任，并且他的行为并不存在故意，那么，他应当获得保险保障；对保险人来说，其想要得到的是，从对案件进行的裁决中发现被保险人行为存在故意的证据，据此证明保险人没有义务提供保障，因为对故意行为的赔偿均被排除在保险保障之外。因为与受害第三人进行纠纷解决的是防御律师，所以在纠纷解决过程中，防御律师会从被保险人处获得诸多信息，这些信息可能在诉讼中有利于保险人却会损害被保险人的权益。因为防御律师同时也必须对保险人负担同样的专家义务，此时，他就会陷入进退两难的困境：因为保险人也是主要的委托人，他可否向保险人透露被保险人的信息？或者优先考量被保险人的利益，帮助被保险人保守秘密？面对上述难题，有学者曾指出：“防御律师更会顾及保险人的需求而有牺牲被保险人利益的可能。因为由保险人雇用的

---

① 参见颜华歆：《论律师契约义务之具体化：以律师伦理规范充实律师契约义务之可能性》，中国台湾地区台湾大学2004年硕士学位论文，第54页。

律师,有动机给予保险人特别关怀来管理好客户关系,如此将有利于双方未来继续合作和获取新的业务。"①因此,在保险人与被保险人间有利益冲突时,防御律师究竟应该如何抉择,有必要对其作出详细规定。

(四)利益冲突之解决方式

针对防御律师的保密义务引发的上述利益冲突,并未见我国相关规定。在美国,主要有以下几种解决方式。

1.主动退出委托关系

在防御律师从被保险人处获得有利于保险人的信息后,向保险人披露信息可能会对被保险人的利益造成损害,此时,就会出现因防御律师遵守保密义务而引发的利益冲突,因此,防御律师应该主动的退出与保险人间的委托关系,仅为被保险人服务;或直接从这个三角关系中全面退出。

2.主要委托人理论

在采取"双重代理理论"时,防御律师代表的是被保险人与保险人双方,同时受到双方的委托,因此,他必须对双方都履行忠实义务。在出现利益冲突时,防御律师必须维护"主要委托人"的利益。与保险人相比,被保险人是主要委托人,他的利益应该优先予以考虑。

3.无次级理论

该理论认为没有任何一个委托人的利益是次于另一个委托人的,因此不能因为一方的利益而去伤害另一方。防御律师在获得有可能损及被保险人保险利益的信息时,必须要告知被保险人并获得其同意后,才可向保险人揭露这一信息,并没有特意提高被保险人

---

① Jeffery W. Stempel, *Stempel on Insurance Contracts*, Aspen Law & Business, 2005, p.89.

的地位,因而认为防御律师在面临利益冲突时,仅需采取无次级理论就足以保护被保险人的利益。①

4. 取得被保险人同意后揭露信息

这种方式认为,原则上防御律师不能披露从委托人处获得的信息,除非他已经向该委托人详尽告知并得到他的同意,唯有如此,他才不会构成违反保密义务。比如,美国马里兰州《律师职业伦理规范》规定,防御律师必须要告知被保险人有关信息揭露的形式,以及可能产生的法律效果等。②

首先,就第一种"主动退出委托关系"方式而言,从理论上讲,防御律师在面对保密义务引发的利益冲突时,似乎可以采取直接退出委托关系的方式,避免泄露被保险人的信息,也可以免除对保险人应负的忠实义务。但是,从实际上说,防御律师这样的举动会带给保险人怎样的联想?保险人很有可能通过防御律师退出委托关系这件事,猜想到被保险人一定有某些损害保险权益的事由发生,才会使得防御律师为了避免两方利益冲突,而退出委托关系。此时,防御律师的退出,如同间接宣告了被保险人有不可告人的秘密,对被保险人不见得公平。

其次,无论是采取对被保险人保护更甚的"主要委托人理论",还是"无次级理论",防御律师在面临被保险人和保险人间的利益冲突时,最基本的要求是必须消极地尽到保密义务,不能积极揭露不利于被保险人的信息给保险人,如果律师在诉讼中代表被保险人的

---

① See Ellen S. Pryor & Charles Silver, *Defense Lawyers' Professional Responsibilities: Part III-Contested Coverage Cases*, 15 Georgetown Journal of Legal Ethics 29 (2001).

② See William G. Ross, *An Ironic and Unnecessary Controversy: Ethical Restrictions on Billing Guidelines and Submission of Insurance Defense Bills to Outside Auditors*, 14 Note Dame Journal of Law, Ethics & Public Policy 527 (2000).

目的在于向保险人揭示任何从被保险人处得到的保险人可能会在抗辩保险人偿债诉讼程序中使用的信息，这就显然破坏了被保险人和防御律师间的信赖关系。

最后，在保密义务冲突的情况下，取得被保险人同意的方式，是较为理想的状态，但许多的保密义务冲突，却是在未取得被保险人同意的前提下产生的。实务中，保险人所雇用的律师与保险人间有更紧密的关系且有更大的利益来保护保险人，而不论保险人与被保险人的最佳利益是否一致，此种情况在保险人与被保险人间存在利益冲突时更为明显。对此，美国律师协会职业伦理与职业责任委员会以及亚利桑那州律师协会职业行为规范委员会都认为：应保险人的要求而代表被保险人的律师对被保险人负有不可分割的忠诚义务，因此，其不能将因代表被保险人而获得的、可能在后来的诉讼中对被保险人不利的任何信息或结论透露给保险人。①

综上所述，防御律师对被保险人的保密义务，是防御律师面临利益冲突时所应固守的一道防线。在整个防御程序中，如果被保险人因无法信任防御律师而隐藏与受害第三人请求的相关信息，使防御律师在与受害第三人的诉讼抗辩或和解谈判过程中，不能取得更有利的证据或条件，则诉讼或和解的结果对应负最后赔偿责任的保险人而言，也不见得有利。此外，防御律师向保险人透露被保险人的相关信息，也有违委托代理合同中受托人不得损害委托人利益的基本规定。总之，防御律师对被保险人应该负有保密义务。

**四、专家责任保险中利益冲突及解决方式**

虽然被保险人投保责任保险的目的在于规避责任风险，对于保单限额的和解请求，多数被保险人会予以接受。但是在专家责任保

---

① 参见[美]肯尼斯·S.亚伯拉罕：《美国保险法原理与实务》，韩长印等译，中国政法大学出版社2012年版，第591页。

险中,情况可能有所不同,专家被保险人和保险人间的利益冲突也有别于一般责任保险。

（一）专家责任保险中利益冲突之表现

在一般责任保险中,受害第三人对被保险人提起相关诉讼时,被保险人的生活已相当不便,例如,被保险人必须配合保险人进行调查、出庭等。在此状况下,被保险人通常希望早日了结与受害第三人之间的纠纷,倾向于在诉讼终结前和解,或者期望由保险人充分防御,排除自己责任成立的可能性。然而,在专家责任保险中情形却大不相同,专业人员就其执业上的过失投保责任保险,固然是为自己提供赔偿资力的保证,但他对保险人与受害第三人争执事故责任归属的需求,似乎有异于一般责任保险被保险人。在选择诉讼还是和解时,保险人和被保险人就会出现利益冲突。

专家在从事专业服务时,必须尽到相当的注意义务且应有为人所预期的技术水准。由于专家身份的特殊性,所以,他与一般责任保险被保险人有两种截然不同的状态。一方面,因为专业人员责任成立的对象绝大多数具有顾客身份,而非毫无关系的第三人,所以,专业人员面对损害事故发生时,唯一的期待并不是责任不成立,或经过一番冗长烦琐的诉讼程序确定责任后再对受害第三人赔偿损害,反而是希望能以最迅速、最和缓,甚至有利于受害第三人的方法去解决问题。因此,被保险人仍有权利保护的需求,但对给付的方式和强度要求不同。另一方面,专业人员对赔偿责任的成立较一般人可能更为敏感,因为责任的承担,都有影响其名声和生计的可能性,此时,被保险人肯定不愿意任由保险人以自己的喜好来处理问题。[①] 正如有学者所言:“在某些特定的行业,如律师、会计师、医师

---

① 参见陈雅萍:《论责任保险人于危险事故发生时之参预权与其为被保险人利益之防御义务》,中国台湾地区政治大学1994年硕士学位论文,第44页。

等专门职业人员，一旦受害第三人对其提出基于执业行为疏忽的赔偿请求，经公开报道或宣传，可能对他们的名誉及社会的定位是一种严重伤害。”①

在专家责任保险中，对受害第三人提出的赔偿请求进行和解后，纵使只是象征性的赔偿而金额不大，也难以逃脱社会大众对专门职业人员行为有过失的联想及评论，和解会无形损害专业人员的形象、声誉和执业，而且在很大程度上，将来可能无法获得保险承保。然而，如果采用诉讼的方式，一旦法院判决是对其有利的结果，对他名誉的修补则是有所助益的。所以，对名誉因素较一般人更为看重的专业人员会积极反对许多案件的和解，即使受害第三人提出的赔偿请求金额或和解金额是落在保单限额之内。例如，受害第三人提议以较少的数额和解，而且责任证据是非常微弱的，保险人可能更愿意接受该请求，以便节省诉讼中的抗辩成本。但是，专业人员可能更喜欢诉讼，哪怕和解对他的形象、声誉和执业的损害不超过审判对他声誉和财产的预期损害。当专业人员对胜诉很有信心，以及预期损害在保单限额之内，这种情形更有可能发生。在专家责任保险中，对名誉的关注将和解义务冲突放在了专家执业过失诉讼的首位。

（二）专家责任保险中利益冲突之解决

发展初期的责任保险，关于保险人协助和解的条款，并未针对专业人员的需求来设计。所以，在考虑和解时，保险人根本没有必要考虑名誉方面的因素。未经被保险人同意，保险人经常径行与受害第三人和解，而导致被保险人嗣后向保险人提出赔偿请求。

事实上，为了保护自己的利益，职业被保险人曾通过职业团体

① Robert Quinn, *Medical Malpractice Insurance: The Reputation and Defensive Medicine*, 65 The Journal of Risk and Insurance 463 (1998).

的力量,要求保险人设计针对名誉保护需求的和解条款,如在1950年,美国医生团体即通过与保险人进行协商,让保险人为其团体设计专业责任保险的标准保单,包含“同意和解条款”,即只有经过被保险人的事先同意,保险人才能与受害第三人和解,反之则不能。[①]其后,保险人推出两种不同的保单形式进行销售:一类是含有“同意和解条款”的合同,保险人同意和解必须事先经过被保险人的同意,这类保单往往费用较高。另一类是没有“同意和解条款”的合同,无须事先得到被保险人的同意,保险人就可以独自决定是否与受害第三人和解,这类保单往往费用较低。针对上述两种保单形式,被保险人可以选择一般责任保险保单,也可以额外支付费用来选择含有“同意和解条款”的保单,利用保单赋予的权利来否决保险人接受和解的提议。甚至美国某些州明文规定,保险人在专门职业人员投保时,必须提供两种不同形式的保单,给予选择机会,如纽约州法即规定,在医生要求投保职业责任保险时,保险人要告诉被保险人有两种不同的保单形式,并告知效果与费率间的差异,以供其选择投保。[②]

其后,为了避免责任保险当事人的任何一方有权单方面决定是否接受和解,而造成该决定仅顾及一方利益的疑虑,责任保险和解条款的相关内容进一步发展,出现“调停条款”(hammer clause)。[③]该条款规定,在受害第三人提出和解提议时,如果被保险人和保险人对此存在意见分歧,那么,两者可以选定一名具有专业背景的公正第三人,并由该专家依其专业给出是否接受和解的建议,保险人

---

① See Bernard D. Hirsh, *Insuring Against Medical Professional Liability*, 12 Vanderbilt Law Review 667 (1959).

② 参见林建智、李志峰:《论责任保险人之和解义务——以美国法制为参考》,载《中原财经法学》2012年第29期。

③ 参见李志峰:《长尾责任——美国责任保险保单形式的演变、争议及我国责任保险保单之特色》,载《保险专刊》2009年第1期。

与被保险人双方均受此建议的约束。然而,在美国责任保险实务中,“调停条款”的运用仅限于部分险种,如董事监事责任保险等,假以时日如果得到全面性的适用,或可能成为保单条款中较能平衡保险人和被保险人利益的选择。

## 第四节　责任保险保险人违反防御义务之法律后果

就被保险人而言,防御义务具有相当程度的重要性。保险人一旦违反防御义务,那么,被保险人必将承担诸多不利后果。被保险人不仅需要自己独自应诉,受自我抗辩经验和资金准备等方面不足的影响,其可能要承担败诉的风险,而且需要承担诉讼带来的精神压力和诉讼费用支出的经济压力。为此,违反防御义务后,保险人必须承担不利后果。

### 一、责任保险保险人违反防御义务之性质

侵权行为和违约行为是现代民法上最典型的两大违法行为。在责任保险中,保险人违反防御义务究竟属于侵权行为还是违约行为呢?对此问题,理论界和实务界上的观点存在分歧,并未统一。

#### (一)违约行为说

有学者主张,由于保险人的防御义务是基于契约而产生的契约义务,违反该义务,应该属于违约行为。[①] 依据这种观点,保险人违反防御义务后,仅需要对被保险人负担违约责任。也有学者坚持将其认定为违约行为,理由主要在于,这更加能够体现行为的本质,因为往往在不存在法律关系的当事人之间才会发生侵权行为。保险

---

① 参见施文森:《保险法总论》,台北,三民书局1985年版,第272页。

人和被保险人事先就会以保险条款约定抗辩的权利义务关系，这显然不同于侵权行为。

当然，将保险人违反防御义务的行为定性成违约行为也具有显著优势：一方面，因为在我国违约责任的归责原则采用严格责任原则，所以，在保险人没有按照约定履行防御义务，被保险人提出赔偿请求时，只需要向法院证明保险人没有按照约定行为即可，但是，保险人为了免除责任，必须证明存在免责事由。

另一方面，依照严格责任原则，保险人没有履行关于防御义务的约定与违约责任存在直接的因果关系，将其定性为违约责任，有利于保险人认真对待防御义务，因为保险人一开始便会知晓没有履行或者不完全履行防御义务的违约责任的存在。①

（二）侵权行为说

另有学者主张，保险人错误地拒绝履行防御义务，构成侵权行为。在美国一些州的司法实务中，判例上均视被保险人违法拒绝防御义务的行为为侵权行为。②

侵权行为是给他人的合法权益造成损害的行为，但并不是说造成他人损害的行为都是侵权行为。违约行为也表现为对民事权利的侵害。它与侵权行为可能会发生竞合，即同一行为既是侵权行为又是违约行为。但二者之间的区别也是很明显的，主要表现在以下几个方面：（1）行为违反的性质不同。侵权行为违反的是法定义务，一般情况下行为人承担的多为消极的不作为义务。违约行为违反的是约定义务，一般情况下是行为人与他人的社会接触（合同行为）

① 参见陈静：《责任保险人的抗辩义务研究》，上海交通大学2008年硕士学位论文，第19～20页。

② See Karon O. Bowdre, "*Litigation Insurance*": *Consequences of an Insurance Company's Wrongful Refusal to Defend*, 44 Drake Law Review 743 (1996).

而承担的多是积极的作为义务。(2)行为侵害的对象不同。侵权行为主要表现在对他人的具有对世意义(能够对抗一切不特定的人)的绝对权或受法律保护的利益的侵犯。由于违约行为是以有效合同的存在为前提,所以违约行为侵犯的是已经存在于特定人之间、具有特定意义的相对权(只能对抗特定的义务人)——合同债权。(3)行为主体不同。在民事活动中,任何人都可能成为侵权行为的主体,而违约行为的实施主体却是特定的,只能是合同的当事人。(4)行为归责原则不同。一般而言,侵权行为需要考虑过错性,仅在特殊情形下才会不予考虑。而对违约行为所致的责任承担时一般不考虑违约人的过错。(5)承担的法律责任形式不同。精神损害赔偿等法律责任可能由侵权行为所引发,但是,在我国目前的法律实践中,违约行为引发的法律责任仅限于财产责任。当然,在二者发生竞合时,如果选择侵权责任的请求权,当然可以获得精神损害赔偿的救济。

(三)竞合说

有学者认为,防御义务是保险人的默示义务,它源自公平交易原则和诚实信用原则,保险人如果违反防御义务,那么就会发生侵权行为和违约行为的竞合。①

该学说普遍得到理论界的接受,美国保险实务上虽认为违反防御义务构成违约,但在保险人违反防御义务时,法院也支持被保险人的精神损害赔偿请求。如在上文提及的美国著名的 Crisci v. Serurity Ins. Co. 案中,法院认为,保险人的行为兼具侵权和违约两种性质,保险人拒绝和解导致被保险人的经济情况突变,被保险人因而萌生短见,心神备受折磨。依据损害赔偿的一般法则,受害第

① 参见邹海林:《责任保险论》,法律出版社 1999 年版,第 343 页。

三人的损害如果是被保险人的过失所致，不论是否可以预见，均可请求赔偿，于是判决保险人向被保险人支付25,000美元的精神损害赔偿。目前美国多数法院认为，保险人拒绝防御的行为兼有违约行为及侵权行为性质，被保险人可依据侵权行为或违约行为选择一个行使其求偿权。①

（四）"侵权行为说"之合理性

比较上述三种学界观点，"侵权行为说"更加合理，所持理由主要表现在以下几个方面。

1.侵权行为说符合防御义务的性质认定。就法律的基础理论而言，侵权行为一般违反的是法定义务，而违约行为违反的则是契约义务。从上文论述而知，防御义务属于保险人应该履行的法定义务，因此，坚持"侵权行为说"更为合理。

2.侵权行为说能够更加满足保障被保险人利益的需求，实现责任保险应有的价值追求。购买责任保险，是被保险人以保费换取财产安全和心境安宁的方式。倘若保险人违反防御义务，这给被保险人的心境安宁必然带来影响。可是，如果这些精神上的不利影响得不到赔付，对被保险人的利益保障显然不利。坚持"违约行为说"的话，被保险人请求的赔偿数额仅限于履行契约所可预期的利益，及不履行契约所受的损害，根本无法请求精神损害赔偿和惩罚性赔偿。但是，在"侵权行为说"下，被保险人依据侵权行为的规定对一切损失均可请求赔偿，在故意或重大过失的场合，保险人需要承担精神损害赔偿、被保险人向保险人提出违反防御义务的律师费用和针对保险人的惩罚性赔偿金。在"竞合说"下，被保险人被赋予请求权的选择权，他可以选择对他更有利的请求权来进行救济，毕竟个

---

① 参见周碧云：《论责任保险人之代行防御及其利益冲突》，中国台湾地区政治大学2007年硕士学位论文，第139页。

人是自己利益的最佳判断者。但是,被保险人通常为普通大众,他们可能无法准确认知两种请求权的差异,并且无法准确判定行使哪种请求权对自己利益的保护更佳。

3.侵权行为说更有利于制裁加害行为。保险人因为违反防御义务需要负担侵权责任,这必然对保险人更有教育意义,可以制裁他的加害行为,防止不当行为的再次发生。在美国,也有法院曾指出,如果将违反防御义务的法律效果限于违反契约的损害赔偿,将无法达到吓阻保险人的目的,且如果被保险人因无法获得其支出所有费用的赔偿,例如,因为对保险人提出违反防御义务的诉讼而需负担的律师费,将可能使其选择不对保险人采取法律行动,长此以往,保险人将因不履行防御义务而得到利益。①

综上,责任保险人违反防御义务的行为应认定为侵权行为,这不仅符合防御义务属于法定义务的定性,能够实现责任保险的价值追求,而且可以充分保障被保险人的利益,制裁保险人的加害行为。

## 二、责任保险保险人违反防御义务之效果

行为人违反法定义务后,需要承担不利的法律后果。防御义务作为保险人重要的义务之一,违反防御义务后,保险人必然需要承担某些不利的法律后果。

### (一)失权效果

1.丧失抗辩控制权

在受害第三人向被保险人提起诉讼时,保险人享有防御控制权。保险人违反防御义务后,嗣后就不能再以其在违反防御义务当时已知或者应知的对抗被保险人的事由为基础,与被保险人争执保险关系或主张拒绝理赔。详言之,一旦保险人拒绝防御,那么,嗣后

---

① See Robert H. Jerry & Douglas R. Richmond, *Understanding Insurance Law*, LexisNexis, 2007, p. 856.

他不能再主张被保险人抗辩不利或者主张判决金额过高而拒绝赔偿了。

2. 丧失履约请求权

在责任保险契约中，保险人通常会对被保险人制定某些禁止性和命令性条款。保险人在违反其防御义务时，不得要求被保险人履行责任保险契约上的义务，保险人丧失履约请求权。保险人拒绝防御后，被保险人出于对维护自己的利益考量，他可以采取任何行动，其他人无权反对他在诉讼中的妥协或接受合理的和解协议。违反防御义务的保险人也是无权向被保险人主张履行这些义务的。这是基于契约法上的一般原则而作出的规定，即违反契约内容的一方当事人不得再依赖相同契约的其他内容，要求被保险人履行义务。

关于上述失权效果，虽有学者主张，在保险人违反防御义务时，不应构成失权效果，因为身为违反契约受害者的被保险人，他仅能请求违反契约的损害赔偿，不得有超过此范围的请求。① 但是，由于被保险人并非像专业的法律人员或保险人一样，具有良好面对诉讼和选择律师的能力，所以，在保险人径自拒绝提供抗辩时，被保险人不得不自行抗辩索赔请求，这对被保险人造成的损害不可谓不大，失权效果应属适当。

(二) 损害赔偿

保险人违反防御义务后，除了上述的失权效果外，被保险人还可以向保险人请求数项损害赔偿。

1. 必要的防御费用

倘若保险人违反防御义务，那么，被保险人就需要自行雇用律师来进行防御，并为诉讼支出必要的费用，如律师费用、调查费用、

---

① See Allan D. Windt, *Insurance Claims and Disputes*: *Representation of Insurance Companies and Insureds*, West, 2007, p. 37.

上诉费用及其他必要费用等，因为这些费用都是被保险人因保险人错误地拒绝防御而不得不承担的费用，所以，属于保险人应赔偿的范围。然而，须强调的是，所谓的律师费用并非被保险人支出的所有的律师费用，保险人需赔偿的部分仅为合理的律师费用。

2. 超额判决的结果损害

保险人错误地拒绝为被保险人抗辩，并不必然会使原本依照保险关系所负的责任会超过保险金额，所以，对于保险人提供抗辩即得到较少金额判决并无合理立论基础。但我们不能否认这种风险的现实存在，因此，有学者归纳认为，在以下几种情形出现时，保险人对超额判决也应负责：首先，假如保险人不作为或肯定的意思表示，导致被保险人相信他将承担抗辩，但保险人却未如此为之，那么，保险人将为法院对被保险人作出的缺席判决负责，纵使其超过保险金额。其次，在案件已非常接近审判或已接近诉讼的后期，此时保险人撤回抗辩，虽然被保险人可以自行雇用律师进行抗辩，但是雇用的律师可能对案件并不熟悉，从而无法帮助被保险人进行完整防御，致使产生超额判决，此时，保险人需要为此超额判决负责。最后，假如保险人在缔结保险契约时就知晓被保险人无足够财产自行雇用律师，而保险人在危险事故发生后，具有防御义务却拒绝履行而导致产生不利于被保险人的判决，则即使该判决为超额判决，保险人也需要承担责任。①

3. 责任关系的和解金额

如果保险人拒绝提供防御，而被保险人自行进行防御，嗣后和受害第三人达成和解协议，且和解的数额合理时，保险人应以保险金额为限对此和解负责。所持理由在于，保险人原本享有防御控制

---

① 参见林建智、李志峰：《论责任保险人之抗辩义务——以美国发展为重心》，载《东吴法律学报》2011 年第 2 期。

权,然而,一旦他选择拒绝进行防御,那么,保险人就需要承担相应的风险,该风险包含被保险人不想进行诉讼而加速和解的风险。然而,保险人可能会有不同意见,如果责任关系的赔偿请求有部分是不在承保范围内的,保险人却要赔偿,这对自己是非常不利的。因此,对于受害第三人主张落在承保范围内的部分,是否为保险所承保,应有再争执的权利。针对上述情形,有学者认为:"在某些方面,此和解对于保险人仍属有利。因为被保险人虽然以较高的金额达成和解,此时为责任关系支出的总金额,可能比保险人一直提供抗辩下,虽然得到的判决金额较低,然而律师费用加总上去,会高于做成和解的总金额。"①因此,有学者建议:"原则上保险人仍需对此和解金额负责,除非保险人能够证明,在被保险人和解当下之情况,接受此和解十分不合理;或被保险人与受害第三人的和解是为共谋诈欺保险人而来,才能对于合理金额以外的部分要求免责。"②换言之,保险人只有举证证明被保险人和受害第三人的和解金额不合理,他才能对该部分免责。

4. 侵权的损害赔偿责任

假如保险人拒绝防御的行为给被保险人带来损害,此时,保险人对该损害必须承担赔偿责任。在责任保险中,保险人一般仅在保单限额之内给付保险金,但是,违反防御义务导致的侵权责任并不以此作为限度,即使超过保险金额的损害赔偿,保险人仍要赔偿。因违反防御义务给被保险人带来的精神损害,保险人也须承担赔偿责任。

---

① Robert H. Jerry & Douglas R. Richmond, *Understanding Insurance Law*, LexisNexis, 2007, p. 858.

② Robert H. Jerry & Douglas R. Richmond, *Understanding Insurance Law*, LexisNexis, 2007, p. 858.

## 本章小结 “形式说”下责任保险保险人防御义务之操作

在责任保险中,保险人履行的防御义务不仅包括对索赔诉讼的抗辩义务,还包括对索赔请求的和解义务,它们属于保险人的法定义务,这些义务源自法律中的诚实信用原则和权利不得滥用原则的要求。保险人防御义务的履行,应当以“形式说”作为标准,只要受害第三人提交的起诉状或者提出的赔偿请求属于保单承保的范围,此时,保险人就应该履行防御义务。但是,保险人在依照“形式说”履行防御义务时,虽然从宏观上讲他和被保险人的利益应该是一致的,但是,在承保范围、索赔金额、防御律师以及专家责任保险等方面,被保险人和保险人可能会产生利益冲突。如果保险人违反防御义务,他必须承担丧失抗辩控制权和履约请求权等失权后果,以及承担赔偿被保险人防御受害第三人索赔请求而支出的必要费用等损害赔偿的后果。

# 第五章　我国责任保险法之审思与前瞻

美国著名法理学家博登海默曾言:“一个理想的法律制度可能是这样一种制度,其间,必要的法律修正都是在恰当的时候按照有序的程序进行的。”①与现代责任保险的立法精神相比,我国责任保险基础理论和制度构建仍有很大的差距。鉴于我国责任保险落后的境况,为了顺应现代责任保险的先进发展趋势,改革我国责任保险法迫在眉睫。但是,未来修订责任保险立法,是在现有保险合同框架下进行“医头、医脚”式的小修小改,还是突破现有保险合同框架进行彻头彻尾式的大修大改?这是一个亟待解决的问题。本章拟从我国责任保险法的历史

① [美]博登海默:《法理学:法律哲学与法律方法》,邓正来译,中国政法大学出版社1999年版,第328页。

沿革和立法现状出发,反思我国责任保险法的不足和缺陷,然后就我国责任保险法的未来构建建言献策,期能促进我国责任保险法之现代化转型。

## 第一节 我国责任保险法之现状

虽然我国《保险法》于1995年颁布实施之时,即有责任保险之相关规定,但是,在之后的四次修法中,仅有2009年对其进行了修改。遗憾的是,即使经过此次修正,我国责任保险的相关理论和有关规定,依然存在诸多问题:由于我国责任保险的理论认知落后,责任保险之规定未能体现"诉讼保险"之法本质;责任保险的权义结构依然固守于"一元论";保险人给付义务的履行时点在"履行赔偿说"和"责任确定说"之间徘徊;有关责任保险被保险人的通知义务仅能适用《保险法》的一般规定,未能体现出责任保险的特殊性。虽然我国于2018年颁布的《保险法司法解释(四)》中,有保险人参与权之规定,但仍然缺乏防御义务之规定。

### 一、我国责任保险法之历史沿革

我国《保险法》于1995年颁布实施时,即有责任保险之相关规定,主要体现为两个法条。我国1995年《保险法》第49条规定:"保险人对责任保险的被保险人给第三者造成的损害,可以依照法律的规定或者合同的约定,直接向该第三者赔偿保险金。责任保险是指以被保险人对第三者依法应负的赔偿责任为保险标的的保险。"其第50条规定:"责任保险的被保险人因给第三者造成的损害的保险事故而被提起仲裁或者诉讼的,除合同另有约定外,由被保险人支付的仲裁或者诉讼费用以及其他必要的、合理的费用,由保险人承担。”2002 年对《保险法》进行修正时，受偏重保险业法修订[①]观念的影响，修法主要集中在保险业法方面，并未对保险合同法作出相应修改，其中的责任保险法也保留了原有规定，未有改变。

在 2009 年第二次修订《保险法》时，大幅修订了保险合同法部分，些许欣慰的是，此次修订对责任保险规定稍有修改，在本来两个条文三款规定的基础上增加了两款规定。我国 2009 年《保险法》第 65 条第 1 款和第 4 款的规定是 1995 年和 2002 年《保险法》中存在的内容，一直未进行修改。第 2 款和第 3 款是此次修法时新增加的内容，第 65 条第 2 款规定：“责任保险的被保险人给第三者造成损害，被保险人对第三者应负的赔偿责任确定的，根据被保险人的请求，保险人应当直接向该第三者赔偿保险金。被保险人怠于请求的，第三者有权就其应获赔偿的部分直接向保险人请求赔偿保险金。”第 3 款规定：“责任保险的被保险人给第三者造成损害，被保险人未向该第三者赔偿的，保险人不得向被保险人赔偿保险金。”再者，第 66 条防御费用负担的规定，只是就某些条文用语的顺序进行了稍许调整，这没有多大意义。2014 年、2015 年在修正《保险法》时，有关责任保险的相关规定，在 2009 年基础上未有改动。我国责任保险相关规定之修改，详见表 2。

① 参见樊启荣：《中国保险立法之反思与前瞻——为纪念中国保险法制百年而作》，载《法商研究》2011 年第 6 期。

**表2 我国责任保险新旧条文对照**

| 1995年《保险法》 | 2002年《保险法》 | 2009年、2014年、2015年《保险法》 |
| --- | --- | --- |
| **第49条** 保险人对责任保险的被保险人给第三者造成的损害,可以依照法律的规定或者合同的约定,直接向该第三者赔偿保险金。<br>责任保险是指以被保险人对第三者依法应负的赔偿责任为保险标的的保险 | **第50条** 保险人对责任保险的被保险人给第三者造成的损害,可以依照法律的规定或者合同的约定,直接向该第三者赔偿保险金。<br>责任保险是指以被保险人对第三者依法应负的赔偿责任为保险标的的保险 | **第65条** 保险人对责任保险的被保险人给第三者造成的损害,可以依照法律的规定或者合同的约定,直接向该第三者赔偿保险金。<br>**责任保险的被保险人给第三者造成损害,被保险人对第三者应负的赔偿责任确定的,根据被保险人的请求,保险人应当直接向该第三者赔偿保险金。被保险人怠于请求的,第三者有权就其应获赔偿部分直接向保险人请求赔偿保险金。**<br>**责任保险的被保险人给第三者造成损害,被保险人未向该第三者赔偿的,保险人不得向被保险人赔偿保险金。**<br>责任保险是指以被保险人对第三者依法应负的赔偿责任为保险标的的保险 |
| **第50条** 责任保险的被保险人因给第三者造成损害的保险事故而被提起仲裁或者诉讼的,除合同另有约定外,由被保险人支付的仲裁或者诉讼费用以及其他必要的、合理的费用,由保险人承担 | **第51条** 责任保险的被保险人因给第三者造成损害的保险事故而被提起仲裁或者诉讼的,除合同另有约定外,由被保险人支付的仲裁或者诉讼费用以及其他必要的、合理的费用,由保险人承担 | **第66条** 责任保险的被保险人因给第三者造成损害的保险事故而被提起仲裁或者诉讼的,**被保险人支付的仲裁或者诉讼费用以及其他必要的、合理的费用,除合同另有约定外**,由保险人承担 |

我国《保险法》中有关责任保险的相关规定相对落后，在适用过程中，争议颇多。为增强责任保险规定的司法适用性和可操作性，2018年5月14日，最高人民法院审判委员会第1738次会议讨论通过的《保险法司法解释(四)》中第14条至第20条就责任保险的司法适用进行了详细的解释。比如，被保险人怠于请求的认定，责任保险的保险人和解参与权等。

## 二、我国责任保险法规定之审思

在短暂的二十几年的发展过程中，我国《保险法》历经了四次修法。就2015年《保险法》中责任保险的相关规定而言，从规范效果来看，我国关于责任保险的规定"为德不卒"，不但未能揭示出责任保险的精义，而且有过度偏惠保险人之虞。此外，这仅有的两条规定也未能反映出现代责任保险的发展趋势，无法解决这两个条文应当解决的责任保险的主要问题。

### (一)我国责任保险法理论认知之落后

就我国责任保险法而言，不仅法条规定简陋，而且彼此之间相互抵牾，从第65条第3款规定来看，被保险人只有先行赔偿受害第三人之后，保险人才向被保险人给付保险金，由此可知，我国责任保险似乎处于第一阶段——纯粹损失填补保险。但是，从第65条第2款规定来看，保险人在责任确定后应当向第三者直接给付保险金，由此而知，我国责任保险似乎又处于第二阶段——"责任"保险。[①] 但无论处于何种阶段，我国责任保险法并未体现出责任保险为"诉讼保险"之法的本质，导致我国对责任保险具体制度的构建仍停留在传统认识上，阻碍我国责任保险的发展。为了顺应责任保险先进的发展趋势，在未来修法时，应该按照"诉讼保险"的基础理论来构

---

① 参见樊启荣、刘玉林：《责任保险目的及功能之百年变迁：兼论我国责任保险法制之未来发展》，载《湖南社会科学》2014年第6期。

建我国的责任保险法制。

(二)我国责任保险权义结构之“一元论”

责任保险法制的现代发展,已经完全摒弃了责任保险为纯粹损失填补保险的认识,不再固守责任保险权义结构之“一元论”的观点。在责任保险彰显“诉讼保险”之韵味下,责任保险的权义结构应演变为“不利脱免请求权——免责义务”和“防御请求权——防御义务”之“二元论”。但是,我国《保险法》中关于责任保险权义结构的规定,却仍停留在“一元论”阶段。

首先,就被保险人请求权性质而言,依据我国2015年《保险法》第65条第3款之规定,“责任保险的被保险人给第三者造成损害,被保险人未向该第三者赔偿的,保险人不得向被保险人赔偿保险金”。我国立法者仍然认为责任保险被保险人对保险人享有的请求权为“金钱给付请求权”,而非“不利益豁免请求权”。虽然“金钱给付请求权”理论的出发点是避免发生被保险人受领保险金之后,未将保险金用以赔偿受害第三人,导致事实上被保险人因他人受害而获利的不当结果,但是,该理论却造成若被保险人无足够资金先行赔偿,非但自己无法从责任保险中获得保护,受害第三人也无法从中获得任何补偿的结果,因而备受学者批评。①

其次,就保险人给付义务而言,从我国《保险法》第65条的规定来看,多有保险人“赔偿保险金”这一用语,所以,由立法规定而知,保险人需要履行的是保险金给付义务。

综上所述,在我国责任保险中,被保险人仅享有“金钱给付请求权”,请求保险人给付保险金。与之相对的,保险人也仅需要履行“保险金给付义务”,填补被保险人的金钱损失。

---

① 参见叶启洲:《保险法实例研习》,台北,元照出版有限公司2011年版,第302页。

（三）保险人给付义务履行时点："多元化的无序性"

在我国2009年修订《保险法》时，对第65条关于"责任保险"的规定增订第2款和第3款，立法者的初衷主要在于通过立法明确"责任保险给付义务的履行时点"，以弥补原有规定的疏漏、杜绝实务上的争议，本无可厚非。但是，新增订的第2款和第3款规定的内容，不仅体现了立法者在态度上的摇摆性以及认识上的陈旧性，而且因新增订规定本身所具有的"多元化的无序性"，使得在解释与适用上呈现出"缺乏难以解决的协调性"①，从而事与愿违，值得深刻反思。

1. 立法者态度之"摇摆性"

观诸我国《保险法》第65条第2款的规定，立法者在态度上倾向于采用"责任确定说"，保险人给付义务的履行时点发生在和解或裁判对责任确定时。但是，观诸我国《保险法》第65条第3款的规定，立法者态度又转向"履行赔偿说"，将被保险人实际向受害第三人履行赔偿义务之时作为保险人给付义务时点。我国立法者在态度上呈现出"摇摆"状态，在一定意义上体现了司法裁判机关与保险业者在该问题上的认识分歧。从司法裁判机关的观点来看，主张采"责任确定说"。比如，在最高人民法院于2003年12月8日公布的《关于审理保险纠纷案件若干问题的解释（征求意见稿）》中，第18条第2款作出如下规定："责任保险的保险事故发生之日是指依法确定被保险人的民事责任之日。"但是，就保险业者的态度而言，在2009年之前，我国保险公司所采用的责任保险条款大多约定被保险人实际履行赔付义务之后，保险人给付义务的条件才开始达成。保险人之所以采此约款"目的是避免保险人受困于没有理由的索赔请

---

①　［美］格瑞尔德·J.波斯特马主编：《哲学与侵权行为法》，陈敏、云建芳译，北京大学出版社2005年版，第344～345页。

求,避免频繁出庭诉讼”。[①] “在被保险人‘付钱’之前(被保险人实际地赔偿了受害者)并没有损失发生,其实务上的优势在于:任何对抗承保人的行为的起诉期限都相对较晚地开始,而且,越推迟承保人的责任,承保人的声誉受到被起诉的损失的可能性越少。”[②]因此,我国现行《保险法》第65条第2款和第3款之间的摇摆不定的状态,一定意义上是在修法过程中法院与保险人博弈后一种妥协的结果。

2. 学界认识之“陈旧性”

从现代责任保险法理而论,无论是“履行赔偿说”,还是“责任确定说”,均为一种落后的、过时的观点,为保险业先进国家或者地区保险立法例所纷纷摒弃。[③] 我国立法者在认识上之所以仍然“抱残守缺”,其深层次的原因在于我国当前责任保险基础理论的“贫困”。我国大陆地区关于责任保险法的理论研究,于20世纪末才开始。[④]相关理论成果表明,在十余年的发展过程中,我国责任保险法理论依然没有被深入思考并无有所进步。我国这样一种关于责任保险理论“守旧”的态度,必然导致关于现代责任保险基本理论的“贫困”,进而阻碍责任保险法制的改良,我国2009年修订《保险法》时,新增的第65条第2、3款之规定,即为一个明证。

3. 规范效果之“多元化的无序性”

立法者的初衷,之所以在采用“责任确定说”以后,又设置第65

---

① [美]小罗伯特·H. 杰瑞、道格拉斯·R. 里士满:《美国保险法精解》,李之彦译,北京大学出版社2009年版,第302页。

② [英]M. A. 克拉克:《保险合同法》,何美欢、吴志攀等译,北京大学出版社2002年版,第409页。

③ 参见[澳]彼得·凯恩:《阿蒂亚论事故、赔偿及法律》,王仲光等译,中国人民大学出版社2008年版,第244页。

④ 在我国大陆地区,1999年法律出版社出版的邹海林教授的专著《责任保险论》,代表着新中国责任保险法理论研究的起步。

条第3款的规定,可能是出于以下目的:"避免发生被保险人受领保险金之后,未将保险金用以赔偿受害人,导致事实上被保险人因他人受害而得利的不当结果,可谓立意良善。"①也就是说,第3款规定的主要立法目的在于,防止被保险人领受保险金后挪作他用,而没有赔付受害第三人。在被保险人破产时,这种情形更加不利于对受害第三人利益的救济,因此,设置第3款的规定来保护受害第三人。但是,有学者曾言:"这种规定仅是含有'履行赔偿说'的见解,并不是采纳'履行赔偿说'。"②

但是,即便上述关于前引第3款规定的解释得以成立,但是在保险司法裁判过程中,关于第2款与第3款在适用上的冲突又十分明显。在保险人与被保险人的对立关系中,保险人之"惜赔、少赔或者拒赔",乃商人营利的本性使然,尽管往往会遭受到道德上的非议甚至谴责;受害第三人介入二者之间的关系之后,使这一问题变得更为复杂甚至难解。我国《保险法》第65条第2款与第3款体现了这一点。详言之,依据第2款的规定,被保险人的责任确定之后,被保险人可以向保险人发出请求,要求其向受害第三人给付保险金;即使被保险人怠于请求,受害第三人仍然有权利向保险人请求向自己给付保险金。由此可见,第2款实际上是建立起了一种"替代(代表)赔付"机制,③即在被保险人对受害第三人的损害赔偿责任确定时,保险人就须"代表"被保险人向受害第三人给付保险金。此时,如果保险人拒绝"替代给付",是可以从第3款中寻找到法律依据的,即如果被保险人未向受害第三人赔偿,保险人就会拒赔。由此

---

① 叶启洲:《保险法实例研习》,台北,元照出版有限公司2011年版,第302页。

② 郑玉波:《保险法论》,台北,三民书局1998年版,第145页。

③ 参见[美]所罗门·许布纳等:《财产和责任保险》,陈欣等译,中国人民大学出版社2002年版,第383页。

可见,第3款的规定不仅为保险人拒赔或者迟延理赔提供了“合法的外衣”,而且大大地削弱了第2款所建构的“替代(代表)赔付”机制的功效。

进言之,我国《保险法》第65条第2款与第3款之间的冲突及其产生根源,借用国外著名学者欧内斯特·韦恩瑞布在《私法观》中的观点,即“多元化的无序性”。详言之,按照法律“机能主义”的观点,强调通过外部特定的目的去理解所有的私法,包括保险合同法;但是如果法律要实现自己的目的,那么,无论怎样,它必须是单一的。“如果是多元的,则不同目的之间因表现出缺乏协调性而出现多元化的无序性,这样一种不协调的无序的目标的法律尤其是成问题的。”①“因为法律本身就是一种‘智慧的展示’,一个自我意识到的理性的组合,并且由于公开形成和客观理解的原因,一直追求避免矛盾,保持连贯,与实际的原则、规则和标准之间有一种自我调节的和谐。”②

综上所述,我国2009年修订《保险法》对第65条增订的第2、3款的规定,既不是满足时代的需求所做的修改,也不是顺应责任保险的现代立法趋势所做的修改。在未来修法时,应当予以废止,并通过立法予以再造。

(四)责任保险保险人防御义务之欠缺

自1995年我国《保险法》颁行以来,一直未见保险人提供防御义务的相关规定。尽管我国《保险法》第66条有关于防御费用负担的规定,但尚难依此认定责任保险的保险人需要向被保险人提供防

---

① [美]格瑞尔德·J.波斯特马主编:《哲学与侵权行为法》,陈敏、云建芳译,北京大学出版社2005年版,第344~345页。

② [美]格瑞尔德·J.波斯特马主编:《哲学与侵权行为法》,陈敏、云建芳译,北京大学出版社2005年版,第344页。

御义务,帮助被保险人防御索赔请求。

此外,本规定并非强制性规定,保险人原则上应负担防御费用,“除合同另有约定外”表明保险人仍得以保险条款进行不同的约定。在保险实务中,大多数保单都是保险人事先单方拟制的格式条款,被保险人往往无“话语权”,在地位相差“悬殊”的环境下,保险人制定有利于已的条款是不足为奇的。因为在国内外保险实务中,潜在的防御费用甚至可能高于约定的保险金额,如果强制要求保险人负担全部防御费用,有时会形成不公平的后果,而且保险人也不会愿意这么做。此外,倘若经保险人防御而被保险人胜诉,保险人除负担防御费用外,无须负担任何保险金的给付。但如其抗辩失败,保险人至多也仅在保险金额范围内负担保险责任,其他责任损失则需由被保险人自负。因此,本规定保护保险人的目的显而易见。

(五)责任保险被保险人通知义务之规定

我国《保险法》自 1995 年颁布实施以来,历经四次修法,但有关责任保险被保险人的通知义务的规定始终未得到足够重视,立法中一直未见相关规定。回到“第二章保险合同第一节一般规定”来看,保险法除一般规定外,别无专设的其他规定。《保险法》的一般规定看似完整简短,但根本无法满足责任保险特殊性的需求。

有关被保险人通知义务的规定,我国 2015 年《保险法》第 21 条规定:“投保人、被保险人或者受益人知道保险事故发生后,应当及时通知保险人。故意或因重大过失未及时通知,致使保险事故的性质、原因、损失程度等难以确定的,保险人对无法确定的部分,不承担赔偿或给付保险金的责任,但保险人通过其他途径已经及时知道或者应当及时知道保险事故发生的除外。”它保留了 2009 年《保险法》对此规定的修改,而 2009 年在修改此规定时,其在 2002 年《保险法》第 22 条的基础上,完善了未及时通知的法律责任的规定。由于原来2002年的《保险法》并没有对未及时履行通知义务的法律后果作出规定，所以，在保险实务中，保险人常以保单条款约定：如果被保险人没有及时履行通知义务，对于难以确定的损失，保险人不必承担责任，以此减少理赔金额。显然这种做法对所有的情形采用了"一刀切"的处理方式，严重不符合公平原则。2009年修订后的《保险法》对此有所改进，被保险人因故意或重大过失没有及时履行通知义务而造成的损失，对于无法确定的部分，保险人才能不予给付。如此规定，细化了被保险人未及时履行通知义务，针对被保险人因一般过失或客观原则未履行通知义务的情形，保险人仍要承担责任，这更加符合公平原则。此外，被保险人"应"及时通知保险人，表明通知义务被强制规定为被保险人的法定义务。最后，被保险人"及时"通知保险人，表明我国采用"概括式"的通知期限，具有弹性，能更好地保护被保险人的利益。

2015年《保险法》有关通知义务的规定较2002年前的旧法有所进步，这是值得肯定的。但在责任保险中，法条依然难以适用。归根结底，还是因为责任保险的特性在于事故发生与索赔发生之间往往会产生时间上的间隔，若仅要求一次的危险发生就履行通知义务，不仅使得当事人持续的协力义务无法运作，更在根本上无法达到危险发生通知义务所欲达成的目的。因此，通知义务在责任保险中应该有适度修正的必要，方能符合责任保险的险种的特性。

## 第二节 责任保险与财产保险合同立法：从"统"到"分"

责任保险具有财产保险的性质已毋庸置疑，然鉴于责任保险的

“异质性”特征,如何辩证责任保险和传统财产保险的关系,是责任保险立法不可回避的问题。诚如邹海林教授所言:“保险和财产保险的基础理论奠定了责任保险的发展基础,但责任保险的基础理论尚难以被保险和财产保险的基础理论所包含。责任保险是否能够而且有无必要建立自己独立的基础理论体系?这倒是一个十分有趣的问题。”①

## 一、我国责任保险范畴归属之不利背景:积极财产保险独大

以保险利益的性质为标准,人们通常将保险划分成人身保险和财产保险两类。“传统学说认为,责任保险的保险利益,乃基于现有利益而期待某项责任不发生之利益,故属财产上之保险利益。”②根据保险利益来划分财产保险,它又被区分为积极财产保险与消极财产保险。“消极保险和积极保险之主要区别在于后者保护之对象乃是已存在或将来可得之利益,前者则是非针对被保险人现存之特定标的,而是为防止任何因法律规定、契约义务、或事实上之必要费用而产生被保险人财产上之负担而设。”③在责任保险中,如果被保险人需要对受害第三人承担损害赔偿责任,那么,这种责任的承担必然会导致被保险人整体财产的减少,所以,责任保险是为分担被保险人的财产负担而设立的制度,属于一种典型的消极财产保险。

相较于积极财产保险,责任保险作为消极财产保险的产生相对较晚。依据西方国家保险界的观点,责任保险为整个保险业发展的第三阶段,也是最后阶段。整个保险业可以被划分为三个大的阶段:第一阶段为传统海上保险与火灾保险(后来扩张到一切财产保

① 邹海林:《责任保险论》,法律出版社1999年版,第2页。

② 梁宇贤:《保险法新论》,中国人民大学出版社2004年版,第205页。

③ 江朝国:《保险法基础理论》,中国政法大学出版社2002年版,第107页。

险);第二阶段添加了人寿保险;第三阶段则扩张到责任保险。[①] 从承保物质利益风险发展到承担人身风险,再扩张到承保各种法律风险,从保险业的这个发展过程来看,责任保险产生的较晚。由于人们对责任保险认识不清,再加上它又被广泛地纳入财产保险中,所以,传统建立在以"物"之所有权为基础的积极财产保险理论和制度,对责任保险影响甚巨。而在我国,由于缺乏对责任保险的深入认识,相关责任保险的解释论,大多只是简单地"套用"抑或"照搬"积极财产保险的法理,这种现象被学者视为对责任保险之不利的理论背景——积极财产保险独大。[②]

国外实践表明,以传统保险理论回答责任保险的相关问题已显得力不从心。对此问题,美国著名保险法学者约翰·F. 道宾教授曾总结指出:"对被保险人造成他人财产或人身损害进行保障的各种保险类型中,责任保险与纯粹损失补偿保险之间的差异更为明显。过去的一些保单规定,在被保险人因判决赔付,或者因被保险人、第三人和保险人之间和解协议而实际对第三人进行了赔付,确实遭受经济损失之前,'不能对保险公司提起诉讼'。这样的保单是一种纯粹损失补偿保单,而不是责任保险单。"[③]

**二、我国责任保险之范畴归属:财产保险合同**

就比较法角度而言,对责任保险进行规定的立法例主要分为两种:(1)将责任保险归为财产保险,将保险分成财产保险和人身保险。(2)将责任保险作为特种保险,将保险分为财产保险、人身保险和责任保险。前者的典型代表为2008年《日本保险法》;后者的典

① 参见许飞琼:《责任保险》,中国金融出版社2007年版,第42页。

② 参见温世扬、姚赛:《责任保险保险事故理论的反思与重建》,载《保险研究》2012年第8期。

③ [美]约翰·F. 道宾:《美国保险法》,梁鹏译,法律出版社2008年版,第167页。

型代表为2008年《德国保险合同法》。观诸我国,受"积极财产保险独大"不利背景的影响,无论是从保险法理论还是从立法体系上看,责任保险均被归入财产保险。

首先,从理论上讲,责任保险属于财产保险的一种。依据学者的分类,广义的财产保险可以分为三类:(1)对于特定标的物的灭失损毁之保险,即有形财产保险;(2)对于将来可取之利益的丧失之保险,即无形财产保险;(3)对于发生事故而须由其财产中支出之保险。[①] 责任保险即符合对第三类财产保险的定位。责任保险的保险标的既不是人身,也不是有形的动产或不动产,而是被保险人对第三人依法应负的赔偿责任。"被保险人以购买保险之方式将此赔偿责任风险移转由保险人负担,以免除'负债之增加',与投保财产保险以避免因财产发生毁损灭失而导致'资产之减少',在经济上具有相同之效益。因为'负债'须以'资产'偿付,最后亦导致'资产'之减少。故责任保险亦属于广义之'财产保险'。"[②]

其次,依法律的体系解释方法,责任保险规定是置于我国2015年《保险法》第二章第三节"财产保险合同"中的;同时第95条第1款第2项规定:"财产保险业务,包括财产损失保险、责任保险、信用保险、保证保险等保险业务。"

### 三、责任保险独立于财产保险合同之正当性

有学者曾言:"保险合同的分类所考量的重点应当是如何将性质上相同者归为一类,以利于对保险合同的权利义务予以有效地规范。"[③]既然我国将责任保险规定于"财产保险合同"节下,那么有关

---

① 参见郑玉波:《保险法论》,台北,三民书局1998年版,第132页。

② 杨诚对:《意外保险:理论与实务》,台北,三民书局2008年版,第286页。

③ 樊启荣:《中国保险立法之反思与前瞻——为纪念中国保险法制百年而作》,载《法商研究》2011年第6期。

财产保险的基础理论和法律规定自然可以毫无障碍地适用于责任保险。这种立法体例是否合理,值得怀疑。

(一)责任保险基本构造之复杂性

虽然责任保险属于财产保险,但是,与一般财产保险不同的是责任保险的基本构造更加复杂。可以说,责任保险是一种具有特殊性质的财产保险。它的特殊性主要表现在以下三个方面。

1. 责任保险之人

在一般财产保险中,原则上所涉及的相关当事人为保险人和被保险人。保险人是在保险事故发生时,须承保责任,赔偿或给付保险金之人;被保险人则是指因保险事故的发生而遭受损失,并享有请求赔偿权利之人。从保险契约的缔约双方来看,责任保险与其他财产保险相同,责任保险也是被保险人和保险人签订的契约,被保险人向保险人缴纳保险费,保险人对被保险人的损失进行填补。[①]可是,在责任保险中,除了保险人与被保险人外,还涉及一个重要的利害关系人即受害第三人。在整个责任保险发生作用时,保险人、被保险人和受害第三人都是不可或缺的,责任保险是由三方玩家所进行的"游戏"。

2. 责任保险之法律关系

相较于一般财产保险,责任保险的法律关系更为复杂,除被保险人和保险人的保险关系外,更有加害人(被保险人)与被害人(受害第三人)之间的责任关系。基于债之相对性,这两个法律关系之间本无任何联系,但随着责任保险制度机能之转变,在自保护被保险人的思想逐渐趋向同时兼顾或甚至优先保护受害第三人的思想模式下,渐而承认受害第三人对保险人有直接请求权,两者之间存

① 参见[澳]彼得·凯恩:《阿蒂亚论事故、赔偿及法律》,王仲光等译,中国人民大学出版社2008年版,第238页。

在直接关系。这三种关系形成一个“等边三角形”构成责任保险的内容。

3. 责任保险之法律问题

在一般财产保险中，仅涉及一个法律问题：保单承保的范围及其有效性。只要被保险人的损失属于保单承保范围，并且保单依然有效，保险人就需要对被保险人承担责任。而在责任保险中，它会涉及两个法律问题：被保险人对受害第三人的法律责任和保单承保范围及其有效性。

综上，不同于传统财产保险，在法律主体、法律关系、基本法律问题等方面，责任保险具有自己的特殊性和复杂性。

（二）责任保险基础理论之特殊性

就法理角度而言，将责任保险归入“财产保险合同”一节，运用财产保险的基础理论解决责任保险基本问题，并不科学。

1. 责任保险保险标的之特殊性

在一般财产保险中，保险的标的存在于特定的具体物上，如房屋、船舶、汽车等，概念较为清晰，范围较为确定；责任保险的保险标的，既不是人身，也不是有形的动产或不动产，而是被保险人对于受害第三人所负担的损害赔偿责任。此种赔偿责任须具备下列要件。

（1）被保险人对受害第三人应负担赔偿责任。作为责任保险标的的“赔偿责任”，必须为被保险人对受害第三人所应负的赔偿责任。受害第三人是指除被保险人以外的任何人，唯独不包括被保险人自己在内。因此，被保险人纵使购买责任保险，如果因保险事故发生致使被保险人自己受伤，保险人也无须承担赔偿责任。

（2）必须为民事损害赔偿责任。责任保险标的的赔偿责任，必须属于民事责任，如果被保险人应负的责任为刑事责任，或者为行政责任，则不得成为责任保险的标的。此外，非损害赔偿责任，也不能成为责任保险的标的,例如,被保险人致人损害而应当承担的赔礼道歉。

(3)必须是依法应负的非故意的责任。[①] 把被保险人故意导致保险事故发生的行为排除在保险合同保障范围之外,是各国保险立法均有的规定。赔偿责任必须是由被保险人非其所愿、所求的意外事件所造成。

因为侵权行为导致的损害赔偿责任,可以属于责任保险的标的,这毋庸置疑。但是,除此之外的其他民事责任能否作为责任保险的标的呢?对此问题,学者间有不同认识。

有学者主张,仅有非故意的侵权责任才是责任保险的标的。例如,英国学者克拉克认为:"对于违约责任的承保通常被排除,即使同一情况可能发生侵权责任。"[②]我国台湾地区著名学者王卫耻先生也认为:"责任保险的标的,只限于侵权责任,对于合同责任的承保,属于保证保险的范畴。"[③]也有学者主张,责任保险的标的主要是侵权责任,除此之外,可以约定合同责任为保险标的。比如,崔建远先生坚持认为:"责任保险中之责任,主要为侵权责任,其次为合同责任。"[④]还有学者主张,侵权责任和合同责任都属于责任保险的标的范围。比如,我国台湾地区著名保险法专家桂裕先生曾主张,责任保险的标的,可以是侵权损害赔偿责任,也可以是违反合同而应当

---

① 在一般责任保险中,赔偿责任必须是由被保险人的过失行为引发的责任,但在强制责任保险中,对于被保险人故意行为引发的责任,保险人也应先行垫付受害人的损害赔偿金,事后,他可以向实施故意行为的被保险人进行追偿。所以,"赔偿责任必须是非故意责任"这一条件,在强制责任保险中并不适用,但主要探讨一般责任保险。

② [英]M. A. 克拉克:《保险合同法》,何美欢、吴志攀等译,北京大学出版社 2002 年版,第 409 页。

③ 王卫耻:《实用保险法》,新北,文笙书局 1981 年版,第 319 页。

④ 崔建远:《合同责任研究》,吉林大学出版社 1992 年版,第 45 页。

承担的损害赔偿责任。①

第一种主张将责任保险与侵权责任联系在一起，与利用责任保险分散侵权赔偿责任风险的原始目的较为相符。这种主张将故意侵权责任排除在责任保险的适用范围之外，突出了责任保险分散侵权损害赔偿责任的意义，对责任保险承保的风险的意外性具有显著价值。但是，第一种主张也有明显的不足，它未能反映现代责任保险制度适用的扩张趋势，将责任保险的标的仅局限于侵权损害赔偿责任，与现代责任保险的承保现状不符。第二种和第三种主张把责任保险的标的范围扩张至违反合同的损害赔偿责任，符合现代责任保险的发展趋势。就理论而言，虽然保证保险或信用保险可以分散合同责任的风险，但是为了分散这种风险，采用责任保险可能更为有利。② 其次，当合同责任和侵权责任竞合时，在分散责任方面，非要说成责任保险分散的是侵权责任，恐怕并不妥当。以医师的专家责任、律师的专家责任等为标的而成立的责任保险，实际是以专家的合同责任作为保险标的。所以，责任保险的标的可以包括合同责任。

综上，传统财产保险的保险标的为特定的财产和利益，而作为责任保险的保险标的，既可以是侵权责任，也可以是合同责任。例如，中国平安财产保险股份有限公司《平安雇主责任保险(2008版)》第3条规定："在保险期间内，被保险人的雇员在其雇佣期间因

① 参见桂裕：《保险法论》，台北，三民书局1984年版，第330页。

② 保证保险和信用保险与责任保险具有根本的差别。特别是，保险人依照保证保险或信用保险承担给付保险金的责任后，对应当承担给付责任的"被保证人"有追偿权；保证保险或信用保险的"被保证人"并非合同当事人，而被保险人只能为"被保证人"的权利人。与之不同的是，责任保险的被保险人为赔偿义务人，保险人在承担保险责任后，对赔偿义务人没有追偿权。在这个意义上，保证保险和信用保险不具有分散"义务人"的给付责任的机能，而责任保险则具有分散义务人的给付责任的机能。

从事保险单所载明的被保险人的工作而遭受意外事故或患与工作有关的国家规定的职业性疾病所致伤、残或死亡，符合国务院颁布的《工伤保险条例》第十四条、第十五条规定可认定为工伤的，依照中华人民共和国法律（不包括港澳台地区法律）应由被保险人承担的经济赔偿责任，保险人按照本保险合同约定负责赔偿：……”为后文论述方便，在文中，责任保险仅指对侵权责任的保险。

2. 传统保险利益法则是否适用于责任保险

保险利益，英文称为“Insurable interest”，是指对于保险标的物的现存状态的维持或破坏、对于责任的发生与不发生，或对于被保险人的生存、死亡、疾病、伤害有利害关系，而且经过价值判断，可以以这种利害关系作为保险标的投保保险的利益。① 美国加利福尼亚州保险法典更直接将焦点集中于保险利益的本质，它对保险利益所作的定义是：“它是预期危险可能直接损害被保险人的一种本质的东西，任何财产上的利益，或者此外的任何关系，或者有关的责任皆属之。”②法谚有云：“无利益，无保险。”由此而知，保险利益在保险中的地位举足轻重。它不仅决定了保险契约的效力，更界定出损害的概念、保险价值、保险标的、超额保险和复保险等。保险利益是保险契约的基础，它的重要性不言而喻。消极方面在于防止道德危险、防止赌博，积极方面在于测定损失补偿的程度、避免不当得利。③ 可是，责任保险是否适用传统财产保险的保险利益法则？对此问题，曾在理论界展开过一场激烈争议，产生了肯定说和否定说两种意见。

---

① 参见刘宗荣：《新保险法：保险契约法的理论与实务》，中国人民大学出版社2009年版，第80页。

② ［美］约翰·F. 道宾：《美国保险法》，梁鹏译，法律出版社2008年版，第51页。

③ 参见刘宗荣：《新保险法：保险契约法的理论与实务》，中国人民大学出版社2009年版，第82页。

(1)肯定说

肯定说是目前大多数学者所坚持的观点,该观点认为,一般保险利益法则可以适用于责任保险,因为责任保险契约与其他保险契约无异,被保险人必须具备保险利益,保险契约始生效力,换言之,保险利益法则应普及保险法全部领域。① 也有学者认为:“责任保险常被认为有一些与其他种类的保险不同的地方,可是,至于可保利益,责任保险和其他任何保险一样,投保人必须具有可投保利益。”② 只是,一般财产保险的保险利益存在于一特定财产标的上;而“责任保险之保险利益,系属消极之期待利益,乃基于现有利益而期待某项责任不发生之利益……被保险人因特定意外事故致发生,将使其蒙受不利益或直接遭受金钱上之损失。被保险人对此不利益或损失,有保险利益,此即为责任保险之保险利益。”③

(2)否定说

否定说认为,在一般的意外保险中,被保险人应具有构成保险标的之财产上利益,契约才能有效;而责任保险被保险人向保险人请求赔偿的权利,非基于财产上的法律或衡平的权益,而是依普通法或衡平法所应负的赔偿责任,因此一般保险的利益法则,不能适用于责任保险。④ 详言之,在一般财产保险中,保险利益的适用是为了避免道德危险和赌博的发生,在损失补偿原则下防止不当得利的发生。但在责任保险中,似乎没有上述保险利益功效发挥的空间。

---

① See Osborne v. Security Ins. Co. (1957) 155 Cal. App. 2d 201,318 P. 2d. 94; Standard Life & Acci. Ins. Co. v. Bambrick Bros. Constr. Co. (1912) 163 Mo App. 504, 143 SW. 845.

② [英]M. A. 克拉克:《保险合同法》,何美欢、吴志攀等译,北京大学出版社 2002 年版,第 101 页。

③ 梁宇贤:《保险法新论》,中国人民大学出版社 2004 年版,第 205 页。

④ See R. A. Vinluan, Liability Insurance-Insurable Interest § 1 (c); Blashfields' Cyclodepia of Automobile Law and Practice § 3873.

责任保险可以不受财产价值的拘束进行购买。此外,责任保险的标的是民事损害赔偿责任,故不会发生被保险人故意损毁保险标的物以期望发生不当得利的道德危险。此外,依照损失填补原则,超额赔付的问题也不会发生。所以,否定说学者坚持主张,传统财产保险利益之规避道德危险的发生和避免赌博的作用,在责任保险中并无用武之地,要求保险利益存在显得不合时宜。

基于肯定说和否定说之间展开的学理之争,肯定说应属合理。为防止赌博行为或道德危险的发生,在责任保险中也应具备保险利益。虽然责任保险的被保险人无财产上的保险利益,但因使用财产所可能产生的预期责任,也可视为财产上的保险利益。为了防止责任风险侵蚀积累的个人财产,社会主体通过缔结责任保险予以排除风险。倘若被保险人无须承担责任,那么必然可以保存现有的财产;倘若被保险人必须负担责任,那么必然会降低其现有财产。民事责任只是表征,与整体财产之间存在的利害关系才是保险利益的真正体现。因此,在责任保险中,被保险人也必须拥有保险利益,只是责任保险的保险利益与一般财产保险的保险利益还是存在明显的不同,责任保险的保险利益是一种需要修正的保险利益类型。

依照上述认识,传统财产保险属于积极财产保险,保险利益的连接对象是被保险人所拥有的特定利益或财产,所以,这种合同有保险价值和保险金额之分。与之相对,责任保险作为消极财产保险,保险利益的连接对象是责任利益,并不是被保险人所拥有的特定利益或财产,而是被保险人所拥有的一般责任财产,所以,在责任保险中,并没有办法计算保险利益的价值,与之相对应的是,责任保险中并没有保险价值这一概念的存在。在传统财产保险中,以保险价值为前提而产生的诸多规定,比如超额保险、重复保险、定值保险等,原则上在责任保险中都不适用。①

(三)责任保险具体制度之特殊性

将责任保险归入财产保险中,适用财产保险的具体制度处理责任保险问题,略显力不从心。

1. 责任保险事故认定问题

在传统财产保险中,由于保险事故的认定较为简单,如火灾保险之火灾,所以保险事故的认定并无问题。与之相比,在责任保险中,保险事故因“延伸性”特质,从“危险事件发生”至“责任确定”再至“被保险人实际赔偿”,会产生一系列事实及法律上的连锁反应,究竟应该以哪个时点作为保险事故发生时点,存在意见分歧,莫衷一是。如前文所述,为实现责任保险的权利保护功能,保证保险人防御义务的履行,应以受害第三人向被保险人提出索赔请求之时,作为责任保险事故发生时点,而非一般意义上的损害事故发生之时。由此而知,责任保险的保险事故认定与一般财产保险并不相同。

2. 责任保险被保险人的通知义务履行问题

被保险人的通知义务,对保险人防御义务的启动具有重大意义,相关规定的良窳,对双方当事人的权利义务影响甚巨。我国《保险法》对其的简短规定在适用于传统财产保险时,对通知义务的履行并无障碍,被保险人只要在保险事故发生后,及时履行即可。但是,在适用于责任保险时,会发生诸多规范上的漏洞。但观察我国的责任保单条款,对此却规定得非常具体,显示出特殊性。

有关被保险人的通知义务,在责任保险契约中常有数个条文对其进行了明确约定。以我国平安财产保险股份有限公司《平安公

① 参见梁宇贤:《保险法新论》,中国人民大学出版社2004年版,第216页。

众责任保险条款》为例，平安财产保险股份有限公司《平安公众责任保险条款》第 20 条第 2 款规定："知道保险事故发生后，被保险人应该：……（二）及时通知保险人，并书面说明事故发生的原因、经过和损失情况；故意或者因重大过失未及时通知，致使保险事故的性质、原因、损失程度等难以确定的，保险人对无法确定的部分，不承担赔偿责任，但保险人通过其他途径已经及时知道或者应当及时知道保险事故发生的除外；……"第 21 条规定："被保险人收到受害人的损害赔偿请求时，应立即通知保险人。……"第 22 条规定："被保险人获悉可能发生诉讼、仲裁时，应立即以书面形式通知保险人；接到法院传票或其他法律文书后，应将其副本及时送交保险人。保险人有权以被保险人的名义处理有关诉讼或仲裁事宜，被保险人应提供有关文件，并给予必要的协助。对因未及时提供上述通知或必要协助导致扩大的损失，保险人不承担赔偿责任。"其在第 20 条第 2 款规定了被保险人的危险事故发生的通知义务，这与一般财产保险条款规定的通知义务约定相同，内容基本上承袭了 2015 年《保险法》第 21 条的规定；第 21 条规定了被保险人的索赔请求的通知义务；第 22 条规定了被保险人知悉存在诉讼或仲裁可能性时必须通知保险人。总体来看，这三个保单条款约定的是从保险事故发生到被保险人遭遇索赔请求，再到被保险人知悉仲裁或诉讼可能发生时，被保险人都要向保险人进行通知。这种规定充分、全面，更加能够满足责任保险渐进式发展的需要，唯有如此，保险人才能更加及时地掌握被保险人面临的各种情形。从通知义务的履行来看，被保险人似乎需要履行多次，但就最大诚信原则观之，这并不会必然使被保险人的义务加重。

尽管保单条款对通知义务的规定具体、全面，能够符合责任保险渐进式发展的特性，在实务运作中并无问题。但我们必须明白，责任保险契约约定的通知义务毕竟属于约定义务,它虽可降低立法成本,但效力层级太低。因此,为保证我国责任保险业的健康发展,真正釜底抽薪的方法并非从约定义务着手,而应从法定义务下手。抱着希望责任保险法制愈加完善的美好愿景,在责任保险法中针对责任保险的特殊性,增加专属的通知义务,要求被保险人履行"二次"通知。

总之,在诸多方面,责任保险与传统的财产保险存在差异,以具体物为保险标的所形成的财产保险之规定和理论,不能适用责任保险者的,为数不少。责任保险已发展成为脱胎于传统的财产保险而逐渐"变异"的现代险种。因此,为满足责任保险特殊的运作要求,保障责任保险的健康发展,应将它从财产保险范畴中剥离,把它设计成一种具有独立理论体系和制度构造的"特种保险"。

## 第三节　保险人参与索赔:从"参与权"到"防御义务"

我国责任保险法受"债之相对性"和"分离原则"的限制,保险人和被保险人间一直无任何权利义务关系,保险人无法参与到责任关系的索赔程序中,由此造成终局承担责任的保险人与责任判决隔离。为保护保险人的利益,我国责任保险保单条款多会约定保险人的参与权。但是,保单条款大多是由保险人单方面制定的,所以,它可能不利于被保险人和受害第三人。因此,2018 年《保险法司法解释(四)》中增加了责任保险的保险人和解参与权之规定。但是,为了迎合现代责任保险"诉讼保险"之本质,我国责任保险人参与索赔应从"参与权"转变为"防御义务"。

### 一、我国责任保险理赔之基础:分离原则

自我国《保险法》1995 年颁行以来,责任保险法一直是在"债之

相对性”和“分离原则”的基础上构建的。受害第三人不能向保险人主张任何权利,保险人也无须对受害第三人承担任何义务,前述三种解决分离原则缺失的现代措施,在我国《保险法》中均未予以体现。

首先,就受害第三人直接请求权而言,虽有学者依据我国2015年《保险法》第65条第2款的规定,认为我国受害第三人对保险人享有直接请求权。但是,该规定仅仅属于缩短给付关系,受“债之相对性”和“分离原则”的影响,我国2015年《保险法》并未规定直接请求权。原因主要有两个:一是对比《中华人民共和国民法典》合同编,此处受害第三人直接请求权实质上是《中华人民共和国民法典》第535条①规定的代位权在保险法中的适用,也即当债务人(被保险人)怠于行使其到期债权(保险金给付请求权)时,受害第三人可以自己名义代位行使该保险金给付请求权,代位权是债的保全途径之一,并不等于直接请求权。二是从该条适用条件来看,此处的受害第三人的请求权不仅以“被保险人怠于请求”为前提,同时以“被保险人对第三人应负的赔偿责任确定”为前提,而前文要求的直接请求权是指在责任程序开始时,受害第三人可依据其直接请求权起诉保险人,而请求权本身成立与否是要经责任程序确定的,不可能反过来成为直接请求权成立的前提。依据该条规定,受害第三人仅是代理被保险人受领保险给付的地位,受领后,同时完成被保险人对受害第三人的给付义务。由此可得出结论,第65条第2款规范的是被保险人的赔偿责任确定后的阶段,与责任程序中的受害第三人直

① 参见《中华人民共和国民法典》第535条第1款规定:“因债务人怠于行使其债权或者与该债权有关的从权利,影响债权人的到期债权实现的,债权人可以向人民法院请求以自己的名义代位行使债务人对相对人的权利,但是该权利专属于债务人自身的除外。”

接请求权无关,并且保险给付请求权的主体仍为被保险人,且只有当出现被保险人怠于请求的情形时,受害第三人才可以代位行使其权利,因此第65条第2款同样不能成为受害第三人对保险人享有直接的给付请求权利的根据。综上,在《保险法》中并不存在受害第三人对保险人享有直接请求权的依据。其次,就参与权而言,我国《保险法》中并没有保险人参与权的相关规定。最后,就防御义务而言,根据我国2015年《保险法》第66条的规定,我国仅要求保险人承担诉讼费用,而未要求保险人提供防御服务,即帮助被保险人防御受害第三人索赔请求。详言之,在保险人的义务范围方面,保险人承担"仲裁或者诉讼费用以及其他必要的、合理的费用",这虽在一定程度上避免了被保险人遭受财务损失,但在理论上仍囿于责任保险发展"第一阶段的消极的填补损失的功能",已远远落后于责任保险"第三阶段的为被保险人提供抗辩的功能";[①]在实务中也不能完全分散被保险人将面对的责任风险,这与被保险人内心的期待可能相去甚远。

综上所述,我国责任保险法与现代责任保险的立法精神仍有很大差距,具有陈旧性。在未来改革时,为顺应现代责任保险的发展趋势,我国《保险法》仍需要进行大幅修改。

## 二、我国责任保险之进步:保险人之参与权

### (一)我国责任保险保险人参与权之体现

在我国《保险法》中未见保险人参与权之规定,些许欣慰的是,《保险法司法解释(四)》第19条规定了保险人的和解参与权,其规定:"责任保险的被保险人与第三者就被保险人的赔偿责任达成和解协议且经保险人认可,被保险人主张保险人在保险合同范围内依

---

① 参见樊启荣、刘玉林:《责任保险目的及功能之百年变迁——兼论我国责任保险法制之未来发展》,载《湖南社会科学》2014年第6期。

据和解协议承担保险责任的,人民法院应予支持。被保险人与第三者就被保险人的责任达成和解协议,未经保险人认可,保险人主张对保险责任范围以及赔偿数额重新予以核定的,人民法院应予支持。"观此规定,容易引起一个问题:责任保险的保险人参与权的适用范围是仅限于被保险人与受害第三人进行的诉讼外和解,还是同样适用于诉讼中的和解以及法院支持下达成的和解。"被保险人与第三人达成的和解协议,经法院审查确定并出具调解书,在本质上仍是被保险人与第三人两方之间达成的合意,在第三方保险人未经参与并认可的情况下,对保险人不能发生拘束力。在司法实务中,多数地方法院亦采纳该观点。"①

究诸实务,我国责任保险保单合同条款中多有保险人参与权的相关规定。例如,中国太平洋财产保险股份有限公司《会计师职业责任保险条款》第22款规定:"……未经保险人书面同意,被保险人对受害人及其代理人作出的任何承诺、拒绝、出价、约定、付款或赔偿,保险人不受其约束。对于被保险人自行承诺或支付的赔偿金额,保险人有权重新核定,不属于本保险责任范围或超出应赔偿限额的,保险人不承担赔偿责任。"该条款并未加重被保险人的责任,也并未减轻保险人义务或排除被保险人权利。但是,有些保险合同约定"被保险人未经保险人同意进行承认、和解或赔偿的,保险人不承担或免除保险责任"的,此类条款减轻或免除了保险人的保险金给付义务,应认定为无效。

综上所述,《保险法司法解释(四)》和责任保险保单条款中的参与权之规定具有先进之处。依照"分离原则"构建的责任保险制度,会造成保险人与责任关系存在隔离,导致在保险实务中难免发生这

① 最高人民法院民事审判第二庭编著:《最高人民法院关于保险法司法解释(四)理解与适用》,人民法院出版社2018年版,第390页。

样的情形:被保险人认为自己已经购买了责任保险,能够获得保险保障,故常在保险赔偿限额内,对受害第三人的赔偿请求怠于抗辩,或与受害第三人达成不合理的高额和解或赔偿,导致保险人实际承担的责任远高于应该承担的责任,最终损害危险共同体的利益。因此,为了保护保险人的自身利益,更为了维护保险团体成员的共同利益,保险人需要享有参与权。诚如学者所言:“责任保险人于发生保险事故时,其最关心者为被害人无正当根据之请求或超过损害额之请求,因防御这些请求对保险人而言有高度之经济上利害关系。甚至这些请求并非仅被害人为之而已,有时亦有加害人与被害人共谋之情形。为防患此种危险,保险人采取各种对策,其一即为保险人参预权。”①

(二)赋予保险人参与权之进步性

参与权的建立是以保护保险人的利益为出发点的。保险人参与到赔偿过程中,享有参与权,能够很好地控制被保险人对受害第三人的抗辩行为及结果,能够最大限度地保护自身利益,防范被保险人和受害第三人在赔偿责任确定时的道德危险。

1. 控制损害填补之范围

就保险关系而言,被保险人购买责任保险的目的,在于填补因对受害第三人负担损害赔偿责任而受到的损害。因此,保险人是否应替被保险人填补损害、填补义务的范围及内容为何,均由责任关系成立与否来确定。责任保险的这一特征,使其有异于一般财产保险。“任何类型之财产保险,保险给付皆具有偶然性与射幸性,盖因保险事故发生与否不确定、损害范围大小之不确定,本即为保险契约存在之前提;但其他财产保险保险事故之发生或损害之范围,并

① 陈荣一:《论我国保险法对责任保险之规定的缺失》,载《责任保险论文菁萃》,中国台湾地区责任保险研究基金会1990年版,第77页。

非取决于特定'人'的行为,而系因约定'意外'事故之发生。反之,责任保险事故之发生,承保范围之'意外'事故发生,并非保险理赔之决定性因素;受害第三人对被保险人求偿与否及其范围,责任关系中双方攻防之互动结果,才是填补损害范围之决定性因素。因此,保险关系势需受到责任关系求偿程序与结果之影响与牵制。"①

因为在责任保险中,实质上保险人才是责任的终局承担者,所以,责任判决或和解的结果对保险人的利益有巨大的影响。而被保险人负担的赔偿责任在保险金额范围内才会获得给付,所以,利害关系大为减弱。被保险人甚至可能对责任关系的结果毫不在乎,尤其在受害第三人的请求完全在保险金额范围内时,期待被保险人对责任关系认真进行防御,不啻缘木求鱼。因此,为使保险人能够合理地控制填补损害的范围,应突破"分离原则",让保险人参与责任关系。

2. 控制保险商品价值之不确定性

责任保险既然以填补损害赔偿责任为目的,那么,保险人到底应该给付多少数额必须等到受害第三人和被保险人之间的责任确定。可是,保险人在和被保险人签订保险合同时,就必须决定责任保险合同的价格,即保险费。任何商品在市场上的价格,应取决于它对购买者的价值。在责任保险中,保险人为被保险人承担发生风险的责任,但实际上对待给付的真正时点,需等到责任关系确定,此时才能彰显出责任保险对被保险人的价值。就保险人而言,决定责任保险的商品价格时,对它价值的估算与预测,往往具有高度的不

① 范晓玲:《责任保险之保险人于第三人求偿程序中参与行为之研究》,中国台湾地区台湾大学1998年硕士学位论文,第18页。

确定性：除了可能因被保险人的肇事概率等资讯不全①外，更重要的是，损害赔偿的求偿结果很难预测，因为求偿结果可能受到举证责任②等因素的影响。“此种不确定性，与一般财产保险之‘损害程度不确定性’最大的区别，在于其受到第三人求偿程序中两造攻击防御能力、诉讼或磋商技巧之重大影响，主要操之于可加以控制改变的人为因素，而非仅始于偶然发生之意外因素。”③

因此，保险人参与责任关系，协助被保险人防御，将使保险人有机会利用攻击防御及磋商技巧方面的优势，掌握并影响责任关系的结果；进而降低防御过程中的花费与成本，尽可能减少责任关系结果的不确定性，包括尽力促成数额较低的和解、提供诉讼结果的可预测性等。保险人在个案中的参与行为，能避免因被保险人对于责任关系的恣意处分，致使责任数额的不当增加，更能因个案经验的积累，普遍地将被保险人责任关系的解决能力提高到较为一致的水平，使责任保险的价格得到合理的估算。因此，通过保险人的参与行为，控制责任保险商品价值的不确定性，才能使责任保险的商品价格发挥机能。

3. 防止民事责任之畸形膨胀

民事责任的归责原则，本就与责任保险制度的建立有交互作用的关系，当立法者采取严格的归责原则时，通常必须考虑通过责任保险制度分散风险之可能性，所以，责任的扩张将刺激责任保险需

---

① 资讯不全，将有造成逆选择以及道德危险的可能。如果资讯透明化且交易成本为零，则理论上保险不会发生逆选择和道德危险，且任何归责方式都符合经济效率。

② 例如，过失的行为人可能因为原告无法举证而免责，无过失的被告也可能因法官欲使原告获得赔偿而莫名负责。See Steven W. Pottier and Robert C. Witt, *On the Demand for Liability Insurance: An Insurance Economics Perspective*, 72 Texas Law Review 1681 (1994).

③ 范晓玲：《责任保险之保险人于第三人求偿程序中参与行为之研究》，中国台湾地区台湾大学 1998 年硕士学位论文，第 20 页。

求的增加。反过来说，责任保险的存在，有可能导致责任求偿数额的增加。法律创立责任制度，目的在于对损害进行填补，要求加害人对其不利行为承担法律后果。因此，从事社会活动的任何主体都必须积极履行注意义务，以避免自己实施的行为给他人造成损害，如果他人的利益遭受损害，那么加害人必须付出一定的代价。加害人最终需要承担多少损害赔偿金额，在私法自治原则下，加害人和受害人之间可以自由协商，如果无法达成协商，此时，法律才有介入的必要。在人之利己心的驱使下，加害人会力图减轻他的损害赔偿责任，与之相反，受害第三人会力图扩大他的求偿范围。无论怎样，双方当事人都会认真进行防御，以便获得损害和责任相当的平衡结果。

然而，如果加害人即被保险人已经投保责任保险来承保损失，那么，由于被保险人根本无须自己承担赔偿责任，所以，他必然会缺乏认真防御的利己心，前面阐述的重要基础已然不复存在。在被保险人投保责任保险的情况下，如果受害第三人恰好得知，那么，他可能会直接提高自己的议价实力或提高请求，例如，受害第三人同意和解的金额提高、受害第三人更加乐意起诉被保险人等。更为严重的是，在诉讼程序中，由于责任保险的存在，法院的最终判断可会受其影响。当责任保险反而会提高责任关系的求偿数额时，不仅对终局负担求偿结果的保险人极为不利。更重要的是，此等不当膨胀的责任数额，最终会通过价格机制由全体被保险人一起分散并承担，被保险人加害行为的成本被“外部化”，进而影响“损害赔偿法则课予加害人行为成本，以便维持避免侵害他人之注意义务”的实际效果。①

---

① 参见范晓玲：《责任保险之保险人于第三人求偿程序中参与行为之研究》，中国台湾地区台湾大学 1998 年硕士学位论文，第 22 页。

因此,彻底突破“分离原则”,让保险人介入责任关系,可以让保险人尽可能合理地控制责任关系求偿的结果,避免因为被保险人怠于防御或者受害第三人议价地位的提升,导致民事责任不当扩张。这并非为了保护保险人的利益,更重要的是为了确保责任与损害间的平衡相当,以便维持合理的费率基础。

4. 赋予责任判决之程序保障

在诉讼过程中,因为当事人的言词辩论受到充分的程序保障,有充分攻击防御的机会,该判决的结果不会对当事人造成冲击,对判决效力加以约束,才具备诉讼法上的正当性。在责任保险中,受害第三人求偿后可能获得关于责任关系的判决,该判决将对保险关系产生一定的作用。被保险人与受害第三人之间在责任关系中所确定的赔偿责任,无论通过判决或者和解,都将构成保险人基于保险关系的给付准据。在受害第三人和被保险人的责任确定过程中,如果保险人无法参与其中,那么,保险人可能会抗辩或争执受害第三人提出的请求。就程序保障方面而言,如果保险人没有参与责任关系,即欠缺使他接受最终责任结果的正当性。一旦没有正当性基础,保险人可能争执判决或协商结果的合理性,进而致使保险人和被保险人之间产生纠纷,违反纠纷一次性解决之要求。从程序利益角度观之,如果保险人因未参与而对第三人请求的结果再生争执,可能导致双方程序成本的支出,进而造成社会总体效益的减损。因此,从一次性解决纷争来看,对于受害第三人的请求结果,既然保险人存在利害关系,那么,让他参与责任关系,使其受责任结果的约束,能够避免纠纷再次出现,符合法理程序的要求。

(三)赋予保险人参与权之弊端

尽管保险人享有参与权有上述诸多好处,但是,在某些情形下,参与权可能并不利于保护被保险人和受害第三人。

首先,参与权是保险人所享有的一种民事权利,依据“权利自由处分”原则,该权利是可以由保险人自己决定放弃与否的。保险人一旦有相应的意思表示,即发生弃权的效果。[①] 如此一来,被保险人取得自行抗辩索赔请求,不得不自行承担起抗辩的责任,责任保险帮助被保险人分散损害风险的机能大打折扣。

其次,由于保险人享有参与权,在和解或抗辩等诸多事情中,被保险人要完全听从保险人的建议。倘若保险人拒绝参与责任关系,或者尽管参与但是没有积极协助,更有甚者,保险人会阻碍解决纷争,例如,对合理的和解请求拒绝接受,如此一来,被保险人可能任何协助都无法得到,而且可能错失和解或承担责任的最佳时机。此外,受害第三人的损失也可能无法得到及时救济,纠纷解决效率受到严重影响,最终可能无法实现社会稳定与和谐。

最后,在我国司法实务中,因受害第三人向被保险人请求损害赔偿的民事诉讼往往附带于刑事诉讼而进行,在刑事诉讼中,加害人赔偿被害人与否往往又将成为被害人撤回起诉或者法官量刑的重要依据,被保险人一方面想要迅速和解解决纷争,另一方面又恐遭受无法向保险人请求保险金额填补的结果,更容易进退两难。

在责任保险实务中,为了防止保险人和被保险人玩“猫捉老鼠”的把戏,德国法院一致认为,保险人应受到最终索赔判决的约束,即使他不是该诉讼程序的当事人。[②] 让保险人受判决的约束,是因为保险人拥有将终端解决程序掌握在自己手中的公平机会。如果保险人未行使参与权而受害第三人仍然胜诉,那么唯一的解释就是保

---

① 参见李祝用:《责任保险人抗辩问题研究》,中国政法大学2011年博士学位论文,第79页。

② 参见[德]格哈德·瓦格纳:《比较法视野下的侵权法与责任保险》,魏磊杰、王之洲、朱淼译,中国法制出版社2012年版,第148页。

险人方面的错误判断。基于显而易见的原因,容许保险人摆脱对被保险人错误判断的风险将是不公平的。

综上可知,原本为了保护保险人的利益而设计的参与权,完全可能受保险人掌控,异化成干预被保险人的不当手段,损害被保险人甚至是受害第三人的利益,最终的公平正义价值也将无法实现。此外,保险人既可以参与民事责任的确定,又可以对费用是否属于责任范围做出认定,这显然不符合程序公正。① 因此,保险人享有参与权,可能对被保险人是极为不公平的。

**三、我国责任保险保险人防御义务之构建**

有学者曾言:“法学并非‘纯思’,它的理论兴趣不在于寻求‘纯粹的知识’或‘纯粹的真理’。法学必须关注和面向社会的世俗生活,为人们社会生活中的困惑、矛盾和冲突(例如,人们之间的经济纠纷,人们行为所造成的损失之承担)寻找到切实的法律解决方案,确立基本的原则,或为法律的决定做出合理而有说服力的论证。”② 我国2015年《保险法》除规定保险人负担防御费用外,并未规定保险人应提供防御服务,承担防御义务,这无疑是一项重大的制度缺漏。从我国目前的责任保险实务来看,保险人也是“隐身”在被保险人之后的,让被保险人自己防御受害第三人,保险人仅消极地负担必要的防御费用。缺乏防御义务的责任保险制度根本无法满足被保险人的真正需求,吸引被保险人购买责任保险,带动整个责任保险业的繁荣发展。虽然法学家运用理性智慧所设定的法律,难期其能“放诸四海而皆准,行诸万世而不惑”③,但是,为了满足被保险人

---

① 参见董惠江、徐广海:《责任保险人参与赔偿模式的路径选择》,载《学术交流》2013年第1期。

② 舒国滢等:《法学方法论问题研究》,中国政法大学出版社2007年版,第7页。

③ 杨仁寿:《法学方法论》,中国政法大学出版社2013年版,第49页。

的权利保护需求，我国身处现代社会，不能昧此事实，而彻底解决的方式是修正法律，要求保险人采取积极的方式，从“幕后”走向“台前”，帮助被保险人与受害第三人进行谈判协商或诉讼防御，承担防御义务。

### （一）我国责任保险权义结构之转变：从“一元论”到“二元论”

我国责任保险法的权义结构仍为“一元论”，这种“一元论”的权义结构，显然无法囊括责任保险人的防御义务，为了让保险人履行防御义务，我国责任保险法首先应该转变权义结构。

首先，就“免责请求权”而言，我国对此并无明文规定，法院实务也未对其特别强调，法律规定的缺失导致实务中受害第三人权益遭受侵害的事情时有发生，在被保险人破产的情形下，这种现象尤为明显。倘若被保险人的公司进入停业清算或者破产，那么，受害第三人对被保险人提出的索赔请求，在保险人破产或清算开始后，为补偿被保险人所受索赔请求而付给被保险人的金钱将归属于破产人或破产公司的总资产，受害第三人不能请求获得。受害第三人只有权证明，在破产或清算中自己同被保险人的其他普通债权人一起，都是普通的债权人。如果被保险人的请求权具有“免责请求权”的性质，则该请求权是专属于被保险人的权利，可以实现防止其他债权人染指的可能。因此，国内有学者主张应参考德国法，纳入“免责请求权”的概念，以强化对受害第三人的保障。

其次，就“防御请求权”而言，纯依责任保险条款和现行保险法规定的内容来看，似乎无法将防御解释为保险人的义务。不过，德国帝国法院也是在没有法条和保险条款支持的情形下，提出前述创见，从而，上述德国法的理解，也对我国责任保险的发展或解释提供了参考和借鉴。在未来修法时，我国有必要将“防御义务”纳入其中，使其成为责任保险保险人主要的保险给付义务，这一点已被责任保险业发达的国家所证明。

责任保险权义结构的“二元论”,已被责任保险业发达的国家所采纳,成为现代责任保险当事人权义结构的必然选择。被保险人对保险人应享有“法律保护请求权”,保险人对正当的索赔请求应当给付保险金,对于不正当的索赔请求应代替被保险人进行防御。防御义务是保险人的一项独立义务,保险人可能对不需要给付保险赔偿金的请求进行防御。即防御义务是与保险人是否承担补偿义务没有关联的。在存在多人向被保险人请求的情形下,保险人是不能够以对某一受害第三人赔付了保险单项下的全部保险金为理由而免除其对其他索赔人的防御义务。为了帮助被保险人免受诉累,保护其内心安宁,我国《保险法》应明文规定被保险人遭到受害第三人请求时,保险人应有即刻协助被保险人进行防御的义务。①

(二)保险人防御义务之履行

1. 确定给付义务之启动时点

依据责任保险给付义务的二元结构,保险人有对正当请求权免责、不正当请求权防御的义务,因此,保险人给付义务的履行时点不再是被保险人的赔偿责任确定之后,而应当向前推移,让保险人有参与责任关系的机会。参与是指在受害第三人对被保险人责任关系之求偿程序中,保险人一切的介入行为,包括决定或影响被保险人责任之有无及其范围,亦即决定或影响保险金填补数额之一切相关事项,例如,对受害第三人请求之调查与鉴定、对被保险人责任之评价,在责任关系之诉讼程序中协助或代替被保险人所为之防御或抗辩,以及在和解磋商过程中之谈判与议价等。② 为保证保险人能

---

① 参见梁宇贤:《保险法新论》,中国人民大学出版社2004年版,第297~298页。

② 参见范晓玲:《责任保险之保险人于第三人求偿程序中参与行为之研究》,中国台湾地区台湾大学1998年硕士学位论文,第4页。

够参与责任关系,履行防御义务,在受害第三人向被保险人提出索赔请求时,保险人的给付义务就应该启动,而并非一般意义上的损害事故发生之时。

2. 明确保险人防御义务之履行标准

保险人防御义务的履行标准应采用"形式说"。因为在受害第三人提出赔偿请求时,被保险人即处于被请求的不利地位而必须有适当的反应行为。在大多数案件中,此时已经显现的事实证据并不多,然而法院需要评估保险人的防御义务是否启动,所以,最简单的方法即是以受害第三人提出的诉状或赔偿请求的内容为判断依据。此外,"形式说"简单且易于操作。

3. 规定保险人违反防御义务之责任

因为防御义务属于责任保险人的法定义务,所以,一旦违反,保险人必须承担某些不利的法律后果,这些法律后果应予以明示。首先,保险人会丧失防御控制权和履约请求权;其次,保险人需要承担损害赔偿责任,如必要的防御费用、超额判决的损害、和解金额以及侵权损害赔偿责任的承担。

## 本章小结　我国责任保险法之再造

尽管我国《保险法》已历经四次大修法,但有关责任保险的规定并无多大进步。与责任保险业先进的国家或地区相比,我国责任保险仍显落后。为了导正责任保险之经营,健全责任保险业之发展,更为了顺应现代责任保险之发展趋势,我国《保险法》对责任保险制度应"取其精华,剔除糟粕",进行责任保险的理论变革和制度之再构造。首先,由于责任保险的基本构造、法理基础以及具体制度运作具有特殊性,所以应将它独立于财产保险合同,对其进行单独立法。其次,根据目前我国一方面立法并没有赋予一般性的第三人直接请求权,另一方面保险人主动或被动参与责任诉讼已成常态的背景,责任保险人参与索赔的行为,应从"参与权"转变为"防御义务",这是我国责任保险的权义结构从"一元论"转变成"二元论"的要求。防御义务的引入,既可以解决我国目前司法实践中就保险人于责任诉讼中角色不清、地位不明之争议,同时也为责任诉讼对保险关系的拘束提供了程序法上的依据,简化责任保险中三方当事人的法律关系。最后,为了保证保险人防御义务的完美履行,立法中应增加被保险人履行两次通知义务的规定,这是责任保险被保险人协助义务方面的独特要求。

# 结论与建议

责任保险的理论构成与解决方法，包藏着极多传统财产保险无法解决的难题。遗憾的是，我国《保险法》并未对责任保险的基础理论和具体制度作出专门的规定，在争议问题出现时，仍适用传统财产保险的基础理论和具体制度，实难满足责任保险的特殊需求，迫使全部财产保险法素有的理论为之再构造。

在参酌德国、英国、美国等责任保险业先进国家的立法例、学说和判例基础上，针对我国责任保险法之规定，就上述诸章立论所及，为下列之结论：

1. 责任保险应独立于财产保险合同

责任保险虽为财产保险之一种，但并非以具体物为保险标的，而是以无形的损害赔偿责任为标的，所以，以具体物为保险标的所形成的财产保险的规定与理论，不能适用于责任保险的为数不少。此外,责任保险与其他保险不同,具有复杂的法律构造,除被保险人与保险人间的保险关系外,还有被保险人和受害第三人之间的责任关系,更有进而联结这两种法律关系之保险人和受害第三人间的直接关系。因此,责任保险的理论构成与解决方法,包藏极多难题,迫使我国全部财产保险法素有理论为之再构造。

我国《保险法》关于责任保险制度规定在财产保险合同之中,且仅有两个条文片段规定,其未规定者,当适用传统财产保险理论的规定。然而,责任保险的理论结构,极多无法适用传统保险理论。因此,针对责任保险的特殊性,应制定独立的保险制度体系,以符合实际需要,进而解决理论适用之困境。

2. 现代责任保险体现"诉讼保险"之法本质

责任保险之演进,总共经历了"三阶段":第一阶段责任保险为第一方"纯粹损失填补保险";第二阶段第三方"责任"保险实至名归;第三阶段责任保险演变为"诉讼保险"。责任保险兼具"诉讼保险"之法本质,不仅可以从理论上回避分离原则之缺失,而且可以从实践上满足风险化解之需求。它已经被责任保险业先进国家的立法例、判例及学说所采纳,成为现代责任保险的发展趋势。

3. 现代责任保险权义结构应为"二元性"

长期以来,在"积极财产保险独大"不利理论的影响下,责任保险的权义结构并未引起人们重视,相关责任保险的解释论一直墨守责任保险权义结构为"金钱给付请求权——保险金给付义务"之"一元论"。被保险人只有向受害第三人实际履行赔偿责任、遭受金钱损失后,才能向保险人请求给付保险金,此时,保险人仅履行保险金给付义务,就被保险人的实际金钱损失进行填补。这种"一元论"权义结构,显然无法顺应现代责任保险的先进发展趋向,不能满足被保险人缔约责任保险之目的。在责任保险彰显"诉讼保险”的韵味下，现代责任保险已按照“二元论”结构来进行相关的规范设计。

4. 明确责任保险人之防御义务

观诸域外，无论是大陆法系的德国，还是英美法系的美国，防御义务都已发展成为保险人的主要给付义务，且该义务独立于补偿义务。保险人除了需要对被保险人的赔偿责任进行填补外，更需要帮助被保险人积极防御受害第三人提出的索赔请求。因此，我国《保险法》应增加条款，以确认责任保险保险人的防御义务。

5. 确定责任保险人给付义务启动时点：受请求说

依据责任保险权义结构的“二元论”，保险人不仅需要对正当请求履行免责义务，而且需要对不正当请求履行防御义务。对受害第三人提出的赔偿请求，保险人往往会选择进行防御，如果防御成功，保险人无须给付保险金，如果防御失败，受害第三人的索赔请求正当，对于该请求保险人就需要给付保险金，免除被保险人的赔偿责任。因此，保险人防御义务的履行时点应采用“受请求说”。此外，该学说已成为责任保险先进国家或地区所采用的主流学说，并且从理论解释上它能够达到“连贯性”的效果。

6. 增加责任保险被保险人通知义务之规定

被保险人通知义务的履行，对保险人防御义务的行使具有重要影响。如果被保险人不通知，保险人可能无法知悉损害事故的发生，以及受害第三人何时提出索赔请求。在责任保险中，“损害事故”与“索赔”之间往往存在时间上的间隔，但是，就保险人而言，这两个时点的通知对其防御义务的行使均具有其特有的目的功能。遗憾的是，我国责任保险法并未对此作出专门规定，而一般的通知条款根本无法满足责任保险的特殊需求。因此，为保证保险人更好地行使防御义务，我国《保险法》应增加条款，以确认责任保险被保险人的“二次”通知义务。

我国《保险法》关于责任保险的规定有许多亟待完善之处，结合上述结论，以下将修改建议加以汇总，并按照现行法的条文顺序整理（见表3）。

**表3 我国责任保险相关规定之修改建议汇总**

| 法条编号 | 现行保险法之规定 | 建议修改内容 | 修改理由 |
| --- | --- | --- | --- |
| 无 | 无 | 在责任保险中，对于在保险期间内发生事故导致受害第三人向被保险人提出索赔请求或受害第三人向被保险人恶意诉讼的，保险人都有义务代替被保险人应诉 | 1. 增加防御义务规定，明确保险人的义务范围。<br>2. 明确保险人给付义务启动时点采用“受请求说” |
| 第66条 | 责任保险的被保险人因给第三者造成损害的保险事故而被提起仲裁或者诉讼的，被保险人支付的仲裁或者诉讼费用以及其他必要的、合理的费用，除合同另有约定外，由保险人承担 | 责任保险的被保险人因给受害第三人造成损害的保险事故而被提起仲裁或者诉讼的，被保险人支付的仲裁或者诉讼费用以及其他必要的、合理的费用，由保险人承担。应被保险人的请求，保险人应当预付上述费用 | 1. 删除“除合同另有约定外”，因为该用语有过度保护保险人利益之嫌。<br>2. 被保险人防御索赔请求，有保护保险人利益之功效。<br>3. 在增加保险人“防御义务”规定的前提下，由保险人负担防御费用，具有正当性 |

续表

| 法条编号 | 现行保险法之规定 | 建议修改内容 | 修改理由 |
| --- | --- | --- | --- |
| 第21条 | 投保人、被保险人或者受益人知道保险事故发生后，应当及时通知保险人。故意或者因重大过失未及时通知，致使保险事故的性质、原因、损失程度等难以确定的，保险人对无法确定的部分，不承担赔偿或者给付保险金的责任，但保险人通过其他途径已经及时知道或者应当及时知道保险事故发生的除外 | 除本法另有规定外，投保人、被保险人或者受益人知道保险事故发生后，应当及时通知保险人。故意或者因重大过失未及时通知，致使保险事故的性质、原因、损失程度等难以确定的，保险人对无法确定的部分，不承担赔偿或者给付保险金的责任，但保险人通过其他途径已经及时知道或者应当及时知道保险事故发生的除外 | 增加“除本法另有规定外”，在于适应我国《保险法》对责任保险的专属规定，针对责任保险，通知义务应该另外适用别的法条规定 |
| 无 | 无 | 被保险人应在合理期间内将足以导致其对受害第三人承担赔偿责任之事件通知保险人。如果受害第三人向投保人提出索赔请求，被保险人应在索赔发生后合理期间内将上述索赔事实通知保险人 | 一、本条新增。<br>二、参照《德国保险合同法》第104条以及英美保险实务，无论是“事故发生基础制”抑或是“索赔基础制”保险，被保险人在“足以导致被保险人对第三人负赔偿责任之为危险发生之时”以及“第三人确向被保险人行使请求权之时”都必须履行通知保险人的义务，因此，基于《保险法》第21条立法目的的维持，以及责任保险的特殊性，特增订本条 |

# 参考文献

## 一、中文类

（一）中文著作

[1]曹兴权:《保险法学》,华中科技大学出版社2014年版。

[2]陈瑞华:《程序正义理论》,中国法制出版社2010年版。

[3]陈猷龙:《保险法论》,瑞兴图书股份有限公司2010年版。

[4]陈自强:《民法讲义-Ⅱ——契约之内容与消灭》,法律出版社2004年版。

[5]崔建远:《合同责任研究》,吉林大学出版社1992年版。

[6]崔建远:《合同法》,法律出版社2016年版。

[7]桂裕:《保险法论》,台北,三民书局1984年版。

[8]韩世远:《合同法总论》,法律出版社 2011 年版。

[9]黄立:《民法总则》,中国政法大学出版社 2002 年版。

[10]黄茂荣:《债法总论》,中国政法大学出版社 2003 年版。

[11]黄勇、李之彦:《英美保险法经典案例评析》,中信出版社 2007 年版。

[12]江朝国:《强制汽车责任保险法》,台北,智胜文化事业股份有限公司 1999 年版。

[13]江朝国:《保险法逐条释义》(第一卷至第四卷),台北,元照出版有限公司 2015 年版。

[14]江朝国:《保险法基础理论》,中国政法大学出版社 2002 年版。

[15]江朝国:《保险法规汇编》,台北,元照出版有限公司 2002 年版。

[16]孔涤庵:《保险法》,商务印书馆 1936 年版。

[17]梁慧星:《民法解释学》,中国政法大学出版社 1995 年版。

[18]梁宇贤:《保险法新论》,中国人民大学出版社 2004 年版。

[19]梁治平:《法律的文化解释》,三联书店 1994 年版。

[20]林群弼:《保险法论》,台北,三民书局 2006 年版。

[21]刘士国:《现代侵权损害赔偿研究》,法律出版社 1998 年版。

[22]刘宗荣:《新保险法:保险契约法的理论与实务》,中国人民大学出版社 2009 年版。

[23]马俊驹、余延满:《民法原论》,法律出版社 2007 年版。

[24]覃有土:《保险法概论》,北京大学出版社 2001 年版。

[25]覃有土、樊启荣:《保险法学》,高等教育出版社 2003 年版。

[26]施文森:《保险法总论》,台北,三民书局 1985 年版。

[27]王卫耻:《实用保险法》,新北,文笙书局1981年版。

[28]施文森、林建智:《强制汽车保险》,台北,元照出版有限公司2009年版。

[29]史尚宽:《债法总论》,中国政法大学出版社2000年版。

[30]史尚宽:《民法总论》,中国政法大学出版社2000年版。

[31]最高人民法院民事审判第二庭编著:《最高人民法院关于保险法司法解释(四)理解与适用》,人民法院出版社2018年版。

[32]孙宏涛:《董事责任保险合同研究》,中国法制出版社2011年版。

[33]孙宏涛:《德国保险合同法》,中国法制出版社2012年版。

[34]孙祁祥、郑伟等:《中国保险业发展报告》,北京大学出版社2015年版。

[35]孙宪忠:《民法总论》,社会科学文献出版社2010年版。

[36]孙笑侠:《西方法谚精选——法、权利和司法》,法律出版社2005年版。

[37]王家福:《中国民法学·民法债权》,法律出版社1991年版。

[38]王婧:《庞德:通过法律的社会控制》,黑龙江大学出版社2010年版。

[39]王静:《保险类案裁判规则与法律适用》,人民法院出版社2013年版。

[40]王军:《侵权损害赔偿制度比较研究》,法律出版社2011年版。

[41]王利明:《合同法研究》(第一卷至第三卷),中国人民大学出版社2015年版。

[42]汪信君、廖世昌:《保险法理论与实务》,台北,元照出版有

限公司2006年版。

[43]王泽鉴:《侵权行为》,北京大学出版社2009年版。

[44]王泽鉴:《民法学说与判例研究》,北京大学出版社2009年版。

[45]王泽鉴:《民法概要》,中国政法大学出版社2003年版。

[46]文才:《论完善我国的责任保险法律制度——兼论责任保险对侵权行为法的影响》,西南交通大学出版社2010年版。

[47]吴定富:《〈中华人民共和国保险法〉释义》,中国财政经济出版社2009年版。

[48]最高人民法院保险法司法解释起草小组编著:《〈中华人民共和国保险法〉保险合同章条文理解与适用》,中国法制出版社2010年版。

[49]杨诚对:《意外保险:理论与实务》,台北,三民书局2008年版。

[50]杨立新:《侵权行为法专论》,高等教育出版社2005年版。

[51]杨仁寿:《法学方法论》,中国政法大学出版社2013年版。

[52]姚志明:《诚信原则与附随义务之研究》,台北,元照出版有限公司2003年版。

[53]叶启洲:《保险法专题研究(一)》,台北,元照出版有限公司2007年版。

[54]叶启洲:《保险法实例研习》,台北,元照出版有限公司2011年版。

[55]尹田:《中国保险市场的法律调控》,社会科学文献出版社2000年版。

[56]袁宗蔚:《保险学——危险与保险》,首都经济贸易大学出版社2000年版。

[57]岳卫:《日本保险契约复数请求权调整理论研究》,法律出版社2009年版。

[58]曾世雄:《损害赔偿法原理》,中国政法大学出版社2001年版。

[59]张国键:《商事法论》,台北,三民书局1984年版。

[60]郑玉波:《保险法论》,台北,三民书局1998年版。

[61]郑镇梁:《保险学原理》,台北,五南图书出版公司2014年版。

[62]中国保险学会编:《中国保险史》,中国金融出版社1998年版。

[63]周玉华:《保险合同与保险索赔理赔》,人民法院出版社2001年版。

[64]周玉华:《最新保险法释义与适用》,法律出版社2009年版。

[65]邹海林:《责任保险论》,法律出版社1999年版。

(二)中文译著

[1][澳]彼得·凯恩:《阿蒂亚论事故、赔偿及责任》,王仰光、朱呈义等译,中国人民大学出版社2008年版。

[2][奥]肯·奥利芬特:《损害的合并与分割》,周学峰、王玉花译,中国法制出版社2012年版。

[3][德]乌尔里希·贝克:《风险社会》,何博闻译,译林出版社2004年版。

[4][德]乌尔里希·贝克、约翰内斯·威尔姆斯:《自由与资本主义——与著名社会学家乌尔里希·贝克对话》,路国林译,浙江人民出版社2001年版。

[5][德]罗伯特·霍恩等:《德国民商法导论》,楚建译,中国大

百科全书出版社 1996 年版。

[6][德]格哈德·瓦格纳:《比较法视野下的侵权法与责任保险》,魏磊杰、王之洲、朱淼译,中国法制出版社 2012 年版。

[7][德]伯恩·魏德士:《法理学》,丁小春、吴越译,法律出版社 2003 年版。

[8][德]罗森贝克、施瓦布、戈特瓦尔特:《德国民事诉讼法》(下册),李大雪译,中国法制出版社 2007 年版。

[9][德]拉德布鲁赫:《法学导论》,米健译,商务印书馆 2013 年版。

[10][德]迪尔克·罗歇尔德斯:《德国债法总论》,沈小军、张金海译,中国人民大学出版社 2014 年版。

[11][德]汉斯·布洛克斯、沃尔夫·迪特里希·瓦尔克:《德国民法总论》,张艳译,中国人民大学出版社 2012 年版。

[12][法]勒内·达维德:《当代主要法律体系》,漆竹生译,上海译文出版社 1984 年版。

[13][加拿大]欧内斯特·J. 温里布:《私法的理念》,徐爱国译,北京大学出版社 2007 年版。

[14][美]特瑞斯·普雷切特等:《风险管理与保险》,孙祁祥等译,中国社会科学出版社 1998 年版。

[15][美]约翰·F. 道宾:《美国保险法》,梁鹏译,法律出版社 2008 年版。

[16][美]伯尔曼:《法律与宗教》,梁治平译,三联书店 1991 年版。

[17][美]迈克尔·D. 贝勒斯:《法律的原则——一个规范的分析》,张文显等译,中国大百科全书出版社 1996 年版。

[18][美]肯尼斯·S. 亚伯拉罕:《美国保险法原理与实务》,韩

长印等译,中国政法大学出版社 2012 年版。

[19][美]罗斯科·庞德:《法理学》(第 1 卷),邓正来译,中国政法大学出版社 2004 年版。

[20][美]罗斯科·庞德:《法理学》(第 2 卷),邓正来译,中国政法大学出版社 2007 年版。

[21][美]罗斯科·庞德:《法律史解释》,邓正来译,商务印书馆 2013 年版。

[22][美]罗斯科·庞德:《通过法律的社会控制》,沈宗灵译,商务印书馆 2010 年版。

[23][美]所罗门·许布纳等:《财产和责任保险》,陈欣等译,中国人民大学出版社 2002 年版。

[24][美]博登海默:《法理学:法律哲学与法律方法》,邓正来译,中国政法大学出版社 1999 年版。

[25][美]小詹姆斯·A. 亨德森等:《美国侵权法实体与程序》,王竹、丁海俊等译,北京大学出版社 2014 年版。

[26][美]小罗伯特·H. 杰瑞、道格拉斯·R. 里士满:《美国保险法精解》,李之彦译,北京大学出版社 2009 年版。

[27][美]L. L. 富勒、小威廉·R. 帕杜:《合同损害赔偿中的信赖利益》,韩世远译,中国法制出版社 2004 年版。

[28][美]乔治·E. 瑞达:《风险管理与保险原理》,刘春江、王欢译,中国人民大学出版社 2010 年版。

[29][美]格瑞尔德·J. 波斯特马主编:《哲学与侵权行为法》,陈敏、云建芳译,北京大学出版社 2005 年版。

[30][美]哈威尔·E. 杰克逊、小爱德华·L. 西蒙斯:《金融监管》,吴志攀等译,中国政法大学出版社 2003 年版。

[31][美]詹姆斯·S. 特里斯曼、桑德拉·G. 古斯特夫森、罗伯

特·E.霍伊特:《风险管理与保险》,裴平主译,东北财经大学出版社2002年版。

[32][英]安东尼·吉登斯:《失控的世界:全球化如何重塑我们的生活》,周红云译,江西人民出版社2001年版。

[33][英]M.A.克拉克:《保险合同法》,何美欢、吴志攀等译,北京大学出版社2002年版。

[34][英]P.S.阿蒂亚:《"中彩"的损害赔偿》,李利敏、李昊译,北京大学出版社2012年版。

[35][英]P.S.阿蒂亚:《合同法导论》,赵旭东等译,法律出版社2002年版。

[36][英]彼得·坦斯、约翰·香德:《西方社会的法律价值》,王献平译,中国人民公安大学出版社1990年版。

[37][英]约翰·伯茨:《现代保险法》,陈丽洁译,河南人民出版社1981年版。

[38][英]哈特:《法律的概念》,许家馨、李冠宜译,法律出版社2011年版。

[39][日]高桥宏志:《民事诉讼法——制度与理论的深层分析》,林剑锋译,法律出版社2003年版。

[40][日]吉村良一:《日本侵权行为法》,张挺译,中国人民大学出版社2013年版。

(三)中文论文

1.论文类

[1]陈百灵:《论保险合同解释中的合理期待原则》,载《法律适用》2004年第7期。

[2]沈小军:《论责任保险中被保险人的责任免除请求权——兼评〈保险法司法解释四〉责任保险相关条文》,载《法学家》2019年第

1 期。

[3]陈荣一:《责任保险保护权利之给付的法律上性质》,载《台中商专学报》1978 年第 11 期。

[4]董惠江、徐广海:《责任保险人参与赔偿模式的路径选择》,载《学术交流》2013 年第 1 期。

[5]樊启荣:《中国保险立法之反思与前瞻——为纪念中国保险法制百年而作》,载《法商研究》2011 年第 6 期。

[6]樊启荣:《在公益与私益之间寻求平衡——〈中华人民共和国保险法〉第 45 条规定之反思与重构》,载《法商研究》2010 年第 5 期。

[7]樊启荣:《保险事故与被保险人过错之关系及其法律调整模式——兼评我国〈保险法〉第 27 条第 2 款及相关规定》,载《法学评论》2002 年第 5 期。

[8]樊启荣、刘玉林:《责任保险目的及功能之百年变迁——兼论我国责任保险法制之未来发展》,载《湖南社会科学》2014 年第 6 期。

[9]黄义丰:《论美国责任保险保险人之责任》,载《台大法学论丛》1988 年第 2 期。

[10]黎家兴:《论责任保险之事故发生与通知义务》,载《保险专刊》2011 年第 2 期。

[11]李志峰:《论被保险人于危险事故后之通知义务——兼析两岸保险法及契约条款之相关规定》,载《东吴法律学报》2012 年第 1 期。

[12]李志峰:《长尾责任——美国责任保险保单形式的演变、争议及我国责任保险保单之特色》,载《保险专刊》2009 年第 1 期。

[13]林建智:《从保护被保险人之观点论责任保险人之防御义

务》,我国台湾地区“行政院科学委员会”2011 年专题研究计划成果报告。

[14]林建智、李志峰:《论责任保险人之抗辩义务——以美国法发展为重心》,载《东吴法律学报》2011 年第 2 期。

[15]林建智、李志峰:《论责任保险人之和解义务——以美国法制为参考》,载《中原财经法学》2012 年第 29 期。

[16]刘岩:《风险社会理论视野中的和谐社会议题》,载《吉林大学社会科学学报》2007 年第 5 期。

[17]马宁:《责任保险人抗辩义务规范的继受与调适》,载《法学》2015 年第 4 期。

[18]饶瑞正:《以英国法论海上保险先付后偿条款之适用暨其可能之对应方法与影响——兼论该条款于我国法之适用及保险法第 94 条》,载《保险专刊》1999 年第 58 辑。

[19]李志峰:《责任保险利益冲突下抗辩律师专业责任之研究》,载《台大法学论丛》2018 年第 4 期。

[20]孙宏涛:《董事责任保险人抗辩义务论纲》,载《政法与法律》2009 年第 7 期。

[21]田玲、徐竞、许潆方:《基于权益视角的保险人契约责任探析》,载《保险研究》2012 年第 5 期。

[22]汪信君:《保险法告知义务之义务性质与不真正义务》,载《台大法学论丛》2007 年第 1 期。

[23]温世扬、姚赛:《责任保险保险事故理论的反思与重建》,载《保险研究》2012 年第 8 期。

[24]温世扬:《“相对分离原则”下的保险合同与侵权责任》,载《当代法学》2012 年第 5 期。

[25]伍坚:《论保险法中的出险通知义务》,载《保险研究》2008

年第5期。

[26]武亦文:《论责任保险人的抗辩义务》,载《法商研究》2013年第4期。

[27]王文军:《责任保险人的和解参与权及其规制》,载《保险研究》2021年第5期。

[28]薛晓源、刘国良:《全球风险世界:现在与未来——德国著名社会学家、风险社会理论创始人乌尔里希·贝克教授访谈录》,载《马克思主义与现实》2005年第1期。

[29]杨小勇、李晶雪:《保险的法律困境与出路》,载《法律适用》2008年第Z1期。

[30]叶启洲:《“强制汽车责任保险法”中被保险人的保护——一个立法政策上遗漏的视角》,载《月旦民商法杂志》2014年第6期。

[31]赵延东:《风险社会与风险治理》,载《中国科技论坛》2004年第4期。

[32]周珂、红林:《论我国环境侵权责任保险制度的构建》,载《政法论坛》2003年第5期。

[33]周学峰:《侵权诉讼与责任保险的纠结——从两方对抗到三方博弈》,载《清华法学》2012年第2期。

2. 学位论文类

[1]陈静:《责任保险人的抗辩义务研究》,上海交通大学2008年硕士学位论文。

[2]陈雅萍:《论责任保险人于危险事故发生时之参预权与其为被保险人利益之防御义务》,中国台湾地区政治大学1994年硕士学位论文。

[3]范玲:《责任保险中的保险利益研究》,黑龙江大学2013年博士学位论文。

[4]范晓玲:《责任保险之保险人于第三人求偿程序中参与行为之研究》,中国台湾地区台湾大学1998年硕士学位论文。

[5]郭宏彬:《论责任保险的法理基础——“责任保险危机”的解读与克服》,中国政法大学2010年博士学位论文。

[6]何克:《责任保险承保责任启动之研究》,中国台湾地区政治大学2013年硕士学位论文。

[7]林铭龙:《论受害第三人之直接请求权与我国法制上之适用疑义——以不健全保险关系下为中心》,中国台湾地区台北大学2010年硕士学位论文。

[8]林新裕:《汽车责任保险受害第三人直接请求权权之探讨》,中国台湾地区政治大学2003年硕士学位论文。

[9]刘北方:《论直接请求权在任意责任保险下之定位及相关问题之研究》,中国台湾地区台北大学2013年硕士学位论文。

[10]罗清安:《责任保险契约之研究》,中国台湾地区中兴大学1975年硕士学位论文。

[11]欧千慈:《保险法上对价平衡原则之研究》,中国台湾地区中正大学2007年硕士学位论文。

[12]颜华歆:《论律师契约义务之具体化:以律师伦理规范充实律师契约义务之可能性》,中国台湾地区台湾大学2004年硕士学位论文。

[13]易萍:《风险社会中我国责任保险的定位与制度重构》,上海交通大学2014年博士学位论文。

[14]叶铭进:《论强制汽车责任保险法中受害人之保护及其相关问题》,台北大学1993年硕士学位论文。

[15]周碧云:《论责任保险人之代行防御及其利益冲突》,中国台湾地区政治大学2007年硕士学位论文。

[16]庄修文:《责任保险之研究》,中国台湾地区中华文化学院1976年硕士学位论文。

**二、英文类**

(一)英文著作

[1] A. A. Tarr, *Australian insurance law*, Sydney: Law Book Co., 1991.

[2] Allan D. Windt, *Insurance Claims and Disputes*, West, 2007.

[3] Alison Padfield, *Insurance Claims*, Tottel Publishing, 2007.

[4] Barry R. Ostrager & Thomas R. Newman, *Handbook on Insurance Coverage Disputes*, Aspen Publishers, 2009.

[5] Derrington & Ashton, *The Law of Liability Insurance*, Sydney, 1990.

[6] Digby Charles Jess, *The Insurance of Commercial Risks: Law and Practice*, Sweet & Maxwell, 2001.

[7] G. W. Paton, *A Textbook of Jurisprudence*, Oxford University Press, 1972.

[8] Hardy Ivamy, *General Principles of Insurance Law*, London Butterworth, 1986.

[9] H. Sanderson, R. Emblem & J. L. Woodly, *Commercial General Liability Insurance*, Butterworths, 2000.

[10] Jay F. Christ, *Fundamental Business Law*, American Technology Society, 1944.

[11] Jeffery W. Stempel, *Stempel on Insurance Contracts*, Aspen Law & Business, 2005.

[12] John Birds, *Birds' Modern Insurance Law*, Sweet & Maxwell,

2007.

[13] John Birds et al., *Principles of European Insurance Contract Law (PEICL)*, Sellier European Law Publishers, 2009.

[14] John F. Dobby, *Insurance Law*, West Publishing Co., 1981.

[15] John Lowry & Philip Rawlings, *Insurance Law: Doctrines and Principles*, Hart Publishing, 2004.

[16] Kenneth S. Abraham, *Insurance Law and Regulation: Cases and Materials*, Foundation Press, 2005.

[17] Long, *The Law of Liability Insurance*, Matthew Bender, 2003.

[18] Malcolm A. Clarke, *The Law of Insurance Contracts*, Informa Law, 1994.

[19] Marc A. Franklin, *Injuries and Remedies: Cases and Materials on Tort Law and Alternatives*, The Foundation Press, 1979.

[20] Nicholas et al., *Mac Gillivray on Insurance Law: Relating to all Risks Other Than Marine*, Sweet and Maxwell, 2008.

[21] Raoul Colinvaux, *The Law of Insurance*, Sweet & Maxwell, 1984.

[22] Ray Hodgin, *Insurance Law*, Cavendish Publishing, 1998.

[23] Robert E. Keeton, *Insurance Law-Basic Text*, West Publishing Co., 1971.

[24] Robert E. Keeton & Alan I. Widiss, *Insurance Law*, West Publishing Co., 1988.

[25] Robert H. Jerry & Douglas R. Richmond, *Understanding Insurance Law*, Lexis Nexis, 2007.

[26] Robert H. Jerry Ⅱ, *Understanding Insurance Law*, Matthew Bender & Company Inc., 2002.

[27] Robert Merkin, *Colinvaux's Law of Insurance*, Sweet & Maxwell, 2010.

[28] Tom Baker, *Insurance Law and Policy: Cases, Materials and Problems*, Aspen Publishers, 2003.

[29] Ulrich Beck, *Risk Society: Towards a New Modernity*, Sage Publications, 1992.

[30] William F. Yong & Erie M. Holmes, *Cases and Materials on the Law of Insurance*, Foundation Press, 1985.

[31] W. I. B. Enright, *Professional Indemnity Insurance Law*, Sweet & Maxwell, 1996.

[32] Wolters Kluwer, *Insurance Law and Policy*, Aspen Publishers, 1997.

(二)英文论文

[1] Aviva Abramovsky, *The Enterprise Model of Managing Conflicts of Interest in the Tripartite Insurance Defense Relationship*, 27 Cardozo Law Review 193 (2005).

[2] Bennett L. Ross, *Protecting Corporate Directors and Officers: Insurance and Other Alternatives*, 40 Vanderbilt Law Review 737 (1987).

[3] Bernard D. Hirsh, *Insuring Against Medical Professional Liability*, 12 Vanderbilt Law Review 667 (1959).

[4] Betty R. Dohoney, *The Liability Insurer's Duty to Defend*, 33 Baylor Law Review 451 (1981).

[5] Carolyn M. Frame, "*Claims-made*" *Liability Insurance*:

*Closing the Gaps with Retroactive Coverage*, 60 Temple Law Quarterly 165 (1987).

[6] Clifford A. Platt, *The Insurer's Duty to Defend: New York Folds the Four Corners of the Complaint Rule in Fitzpatrick v. American Honda Motor Co.*, 13 Pace Law Review 141 (1993).

[7] David S. Garbett, *The Duty to Defend Clause in a Liability Insurance Policy: Should the Exclusive Pleading Test Be Replaced*, 36 University of Miami Law Review 235 (1982).

[8] Davis J. Howard, "*Continuous Trigger*" *Liability: Application to Toxic Waste Cases and Impact on the Number of* "*Occurrence*", 22 Tort & Insurance Law Journal 624 (1987).

[9] Diana Reitz, *Gaps Arise in Claims-Made Policy Renewals*, 41 National Underwriter 104 (2001).

[10] Douglas R. Richmond, *Liability Insurance's Right to Defend Their Insureds*, 35 Creighton Law Review 115 (2001).

[11] Douglas R. Richmond, *Reimbursing Insurers' Defense Costs: Restitution and Mixed Actions*, 35 San Diego Law Review 457 (1998).

[12] Ellen S. Pryor, *The Tort Liability Regime and the Duty to Defend*, 58 Maryland Law Review 1 (1999).

[13] Ellen S. Pryor & Charles Silver, *Defense Lawyers' Professional Responsibilities: Part Ⅲ-Contested Coverage Cases*, 15 Georgetown Journal of Legal Ethics 29 (2001).

[14] George L. Priest, *The Current Insurance Crisis and Modern Tort Law*, 96 Yale Law Journal 1521 (1987).

[15] Gwen M. Rogers, *Comment*, *Medical Monitoring*, *Trigger of Coverage Analysis*, *and the Duty to Defend*, 13 Geo. Mason Law

Review & 13 George Mason Law Review 869 (2005).

[16] Harry. W. R. Chamberlain Ⅱ, *Claims-made Policies Are Enforceable in California: Trends after Burns v. International Insurance Company*, 28 Tort & Insurance Law Journal 90 (1992).

[17] Ian Ayres & Peter Siegelman, *The Economics of the Insurance Antitrust Suits: Toward an Exclusionary Theory*, 63 Tulane Law Review 971 (1989).

[18] James F. Hogg, *The Tale of a Tail*, 24 William Mitchell Law Review 515 (1998).

[19] James M. Fischer, *Insurance Coverage for Mass Exposure Tort Claims: The Debate Over the Appropriate Trigger Rule*, 45 Drake Law Review 625(1997).

[20] James M. Fischer, *Broadening the Insurer's Duty to Defend: How Gray v. Zurich Insurance Co. Transformed Liability Insurance into Litigation Insurance*, 25 U. C. Davis Law Review 141 (1991).

[21] James M. Fischer, *Insurer or Policyholder Control of the Defense and the Duty to Fund Settlements*, 2 Nevada Law Journal 1 (2002).

[22] James M. Fischer, *The Doctrine of Reasonable Expectations is Indispensable, If We Only Knew What for?* 5 Connecticut Insurance Law Journal 151 (1999).

[23] John D. Ingram, *Insurance Coverage Problems in Latent Disease and Injury Cases*, 12 Evironmental Law 317 (1982).

[24] Karon O. Bowdre, "*Litigation Insurance*": *Consequences of an Insurance Company's Wrongful Refusal to Defend*, 44 Drake Law Review 743 (1996).

[25] Keith A. Brown, *Conflicts of Interest between Insurer and Inured: When is Independent Counsel Necessary?* 22 The Journal of the Legal Profession 211 (1998).

[26] Kenneth F. Oettle & Davis J. Howard, *Zucherman and Sparks: The Validity of "Claims Made" Insurance Policies as a Function of Retroactive Coverage*, 21 Tort & Insurance Law Journal 659 (1986).

[27] Kent D. Syverud, *The Duty to Settle*, 76 Virginia Law Review 1113 (1990).

[28] M. Elizabeth Medaglia & Gregory H. Horowitz, *The Status of Certain Nonfortuity Defenses in Casualty Insurance Coverage*, 30 Tort & Insurance Law Journal 943 (1995).

[29] Nathan Andersen, *Risky Business: Attorney Liability in Insurance Defense Litigation-A Review of the Arizona Supreme Court's Decision in Paradigm Insurance Co. v. Langerman Law Offices*, 2002 Brigham Young University Law Review 643 (2002).

[30] Paula L. Harrington, *The Duty to Defend in California after Montrose Chemical Corporation v. Superior Court: Is the California Supreme Court Protecting Policyholders or Encouraging Litigation and the Early Settlement of Unworthy Claims*, 31 California Western Law Review 165 (1995).

[31] Randall L. Smith & Fred A. Simpson, *The Mixed Action Rule and Apportionment/Allocation of Defense Costs and Indemnity Dollars*, 29 Thurgood Marshall Law Review 97 (2003).

[32] Robert E. Keeton, *Insurance Law Right at Variance with Policy Provisions*, 83 Harvard Law Review 961 (1970).

[33] Robert E. Keeton, *Liability Insurance and Responsibility for*

Settlement, 67 Harvard Law Review 1136 (1954).

[34] Robert H. Jerry, *The Insurer's Right to Reimbursement of Defense Costs*, 42 Arizona Law Review 13 (2000).

[35] Robert Quinn, *Medical Malpractice Insurance: The Reputation and Defensive Medicine*, 65 The Journal of Risk and Insurance 463 (1998).

[36] Seugene R. Anderson, Joseph D. Tydings & John L. Lewis, *Liability Insurance: A Primer for Corporate Counsel*, 49 Business Lawyer 259 (1994).

[37] Steven W. Pottier & Robert C. Witt, *On the Demand for Liability Insurance: An Insurance Economics Perspective*, 72 Texas Law Review 1681 (1994).

[38] Susan Randall, *Redefining the Insurer's Duty to Defend*, 3 Connecticut Insurance Law Journal 221 (1997).

[39] Tung Yin, *Nailing Jello to a Wall: A Uniform Approach for Adjudicating Insurance Coverage Disputes in Products Liability Cases with Delayed Manifestation Injuries and Damages*, 83 California Law Review 1243(1995).

[40] William G. Ross, *An Ironic and Unnecessary Controversy: Ethical Restrictions on Billing Guidelines and Submission of Insurance Defense Bills to Outside Auditors*, 14 Note Dame Journal of Law, Ethics & Public Policy 527 (2000).

[41] Stephen M. Foxman, *Directors and Officers Liability Insurance for Nonprofits*, 18 Business Law Today 35 (2009).

